中文社会科学引文索引（CSSCI）来源集刊

中国人文社会科学期刊AMI综合评价核心集刊

珞珈管理评论

LUOJIA MANAGEMENT REVIEW

2023年卷 第6辑（总第51辑）

武汉大学经济与管理学院

WUHAN UNIVERSITY PRESS

武汉大学出版社

图书在版编目（CIP）数据

珠海景观技术：2023 年卷·第 6 辑/武汉大学经济与管理学院. —武汉：武汉大学出版社，2023.12

ISBN 978-7-307-24124-4

Ⅰ.①珠… Ⅱ.①武… Ⅲ.①企业景观—文集 Ⅳ.F272-53

中国国家版本馆 CIP 数据核字（2023）第 220684 号

图书在版编目（CIP）数据

责任编辑：沈继荣　　　责任校对：李孟璇　　　版式设计：韩闻锦

出版发行：武汉大学出版社　（430072　武昌　珞珈山）

（电子邮箱：cbs22@whu.edu.cn　网址：www.wdp.com.cn）

印刷：武汉市天恩美印设计印务有限公司

开本：880×1230　1/16　印张：11.25　字数：279 千字

版次：2023 年 12 月第 1 版　2023 年 12 月第 1 次印刷

ISBN 978-7-307-24124-4　　　定价：48.00 元

管理评论

LUOJIA MANAGEMENT REVIEW

中文社会科学引文索引（CSSCI）来源集刊
中国人文社会科学期刊AMI综合评价核心集刊

目　录

2023 年卷第 6 辑（总第 51 辑）

CONTENTS

珞珈管理评论
2023 年卷第 6 辑（总第 51 辑）

Luojia Management Review
No. 6, 2023（Sum. 51）

司法官员更替与公司违规行为[*]

● 周　洲[1,2]　李雅梦[1]　冉　戎[1,2]

（1　重庆大学公共管理学院　重庆　400044；2　重庆大学公共经济与公共政策研究中心　重庆　400044）

【摘　要】以手工收集的 2009—2018 年中国 197 个地级市中院院长更替数据匹配沪深 A 股上市公司的违规数据，实证检验发现司法官员更替通过提高司法公正性和司法效率，产生"威慑效应"，在短期内降低了公司违规的概率、严重程度及频率。此外，区分公司违规类型后发现，司法官员更替只对公司经营性违规和信息披露违规具有抑制作用，对领导人违规影响不显著。区分司法官员的个人特征后发现，当中院院长来源于上级部门或其他政法部门时，抑制作用更显著。区分样本公司的特征后发现，公司属于管制行业、董事会会议频率较高时，司法官员更替对公司违规的抑制作用更显著。本研究丰富了法与金融领域的文献，提供了影响公司违规行为的新证据，对加强公司外部治理具有重要的政策启示。

【关键词】司法官员更替　公司违规　司法公正　司法效率　威慑效应

中图分类号：F275；D926　　　　文献标识码：A

1. 引言

上市公司违规行为一直是资本市场关注的重点。近年来，虽然中国证监会及其领导下的深交所、上交所、北交所（以下简称"一会三所"）不断加强监管力度，上市公司行为趋于规范化，但利益驱动和制度缺陷为上市公司提供了违规动机和空间，公司违规行为仍然层出不穷，根据本文统计，2009—2018 年至少有 59.39% 的上市公司发生过违规行为。上市公司违规行为频发造成了资本市场的非正常波动，严重损害了投资者的合法权益，直接影响了中国经济的平稳健康发展。因此，如何防范和治理上市公司违规成为当下学术界研究的重点和热点。

在过去的几十年里，中国资本市场及上市公司的规范主要依靠行政治理，但司法治理的作用也

* 基金项目：国家自然科学基金面上项目"行政问责及治理政策工具影响企业非市场战略配置决策的机理及经济后果研究"（项目批准号：72074035）；中央高校基本科研业务费科研专项资助项目"司法治理与循数治理协同防范上市公司违规的生成机理及路径研究"（项目批准号：2023CDSKXYGG006）。

通信作者：周洲，E-mail: zzzy_75@ cqu. edu. cn。

日益凸显。2021 年的康美药业违规事件中,不但董事长承担了相应的刑事和民事责任,其独立董事也承担了上亿元的连带责任,引发了社会各界的广泛关注,彰显了司法保护在保护投资者权益、惩治公司违规方面的巨大作用。Pistor 等(2000)认为,对于中国而言,良好的司法执法比法律条文更能保障资本市场的健康稳定发展。Demirgüc-Kunt 和 Maksimovic(1998)认为良好的司法执法能够约束政府部门权力滥用,保障契约的有效执行,提高公司治理水平,从而抑制公司违规行为。在中国司法实践中,法院院长居于法院内部权力金字塔结构的顶端,对司法执行具有决定性作用(左卫民,2014)。其中,中级人民法院院长(以下简称"中院院长")更是发挥着上传下达的重要中枢作用,是联结高级人民法院和基层人民法院的纽带。马超等(2016)通过对中国裁判文书网公布的所有文书进行大数据分析发现,以 2014 年为例,中级及基层人民法院的文书占据了全国法院文书公开量的98.36%,从侧面体现了中级及基层人民法院是司法审判的中坚力量,其司法审判的公正与效率直接影响了地方司法环境的好坏。而中院院长作为各地级市法院系统的最高权力人,不但扮演着"法律家"的角色,直接对审判活动进行指导和监督,还发挥着"管理家"和"政治家"的作用,对所在城市司法政策的实施负有直接领导责任,可以借助其行政管理职权对辖区法院的案件审理施加重要影响,并以此形成对辖区内法院系统从上到下的管控。因此,中院院长更替因个体偏好及理念差异会造成审判质效、司法裁决等司法环境的不确定性。那么,中院院长等核心司法官员的更替能否影响地区司法环境,从而对公司违规行为产生影响呢?

本文利用 2009—2018 年中国沪深 A 股非金融类上市公司数据,以样本公司所在的注册城市为对象,从中院院长更替的角度考察司法官员更替对公司违规行为的影响。研究发现,司法官员更替通过提高司法公正性、司法效率,改善司法环境,短期内降低了上市公司的违规概率、严重程度及频率。进一步研究表明,司法官员更替对公司经营性违规和信息披露违规的抑制作用更显著,对领导人违规作用不显著。此外,从新任司法官员的个人特征看,当新任司法官员来源于上级部门或其他司法部门时,司法官员更替的"威慑效应"作用更为强烈;对处于管制行业、董事会会议频率高的公司,其违规行为受司法官员更替的影响更明显。

本文的边际贡献在于:

(1)既有文献从公司内外部视角对公司违规的影响因素进行了大量研究(陆瑶和李茶,2016;孟庆斌等,2019),也部分涉及了法制因素对公司违规行为的影响(张翼和马光,2005)。然而在司法部门实施"主要领导负责制"的背景下,作为司法政策制定和执行上的重要一环,司法官员的作用还未受到足够重视,鲜有文献研究司法官员更替与公司违规行为的关系。司法官员变更对于公司而言是外生性事件,能够在一定程度上缓解研究公司违规时的内生性问题。本文结论表明司法官员更替能有效抑制公司违规行为,从司法环境角度丰富了公司违规的相关研究。

(2)关于官员更替的既有研究主要集中于地方政府官员更替对微观企业的影响,鲜有学者研究特殊专业职能部门官员更替的社会经济后果。虽然曹春方等(2017)以高院院长异地交流为准自然实验,考察了司法独立性与公司违规的关系,但异地交流无法全面代表司法领导更替,司法独立也只是司法环境的一个维度;而且,高级人民法院主要负责本省司法政策的制定,中级及基层人民法院才是司法政策执行的主力军,中院院长植根于当地,对地区司法质效以及当地公司违规行为的影响更直接。因此,本文的研究更为精细,提供了司法官员更替经济后果的更严谨可靠的经验证据,丰富和拓展了官员治理领域的研究。

（3）本文的内容更加丰富，不仅识别出司法官员更替对公司违规行为具有短期抑制作用，并构建司法质效指标考察了其作用路径，还研究了司法官员更替对公司违规的影响是否会因新上任司法官员个人特征、违规类型的区别或公司本身特征、所在行业地区的不同而产生差异。

余文结构安排如下：第二部分是文献综述和研究假设；第三部分为研究设计；第四部分为实证研究结果；第五部分为进一步研究；最后是结论与启示。

2. 文献回顾与研究假设

2.1 公司违规行为的影响因素

舞弊三角理论认为公司违规的产生是由压力、借口和机会三要素组成，其中，考察违规"机会"与公司违规行为关系的文献与本文最为相关。董事会规模、董事会结构等董事会特征（蔡志岳和吴世农，2007），CEO 对董事会影响力（陆瑶和李茶，2016）及 Chen 等（2005）提出的股权结构等内部治理因素都会影响公司违规的"机会"。在外部治理机制中，媒体监督（周开国等，2016）、卖空机制（孟庆斌等，2019）、巡视监督（孙德芝和郭阳生，2018）作为有效的外部监督机制，也能减少公司进行机会主义行为的"机会"，抑制公司违规倾向。在众多影响公司违规的外部要素中，法律是影响违规"机会"最重要的因素之一。法律能够增加公司控制人剥夺中小股东利益的成本，有利于规范公司内部治理；外部制度环境决定论也表明法律和制度的不规范是公司产生违规行为的决定因素。张翼和马光（2005）通过实证研究表明，完善的地区法律系统能通过威慑作用约束公司管理层的机会主义行为，压缩管理层的舞弊空间。胡海峰等（2022）也发现改善法治环境有助于规范公司行为，遏制公司欺诈等不当行为。然而，虽然对法制环境的探讨已经有比较丰富的文献证据，但缺少对司法官员变动的关注。在目前司法领域的中国式分权机制和以相对绩效为核心的司法官员晋升考核机制下，司法官员的更替可能左右司法政策执行，从而影响地区司法环境，而公司违规决策也可能受到司法官员变更的影响，但司法官员更替与公司违规行为的关系仍存在一些黑箱需要探索。

2.2 司法官员更替的经济后果

既有文献主要以地方政府官员更替为研究对象，考察更替造成的政治、政策不确定性引发的经济后果。近年来，关于司法部门官员更替的研究也逐渐活跃。陈刚（2012）发现高院院长异地交流显著提高了司法效率。此外，高院院长异地交流还具有显著经济后果：通过制衡行政权力的过度扩张、提升政府保护契约自由和财产权力承诺的可信度，缓解市场分隔、促进地区金融发展（陈刚和李树，2013；陈刚和司光月，2017）；通过提升司法效率实现出口结构的转换和升级（王永进和黄青，2018）；通过增加公司诉讼风险，引发公司增加财务灵活性的动机而改变公司资本结构（陈胜蓝等，2020）。从更广泛的意义来说，高院院长的更替还能在行为信号和"凸显效应"作用下通过缓解民营企业融资约束和技术信息约束增加其研发投入(周洲等，2021)。上述既有文献为本研究深入考察司法官员行为的经济后果提供了理论和实践借鉴，但司法官员更替与公司违规的关系还缺乏深入讨论，这不得不说是一种遗憾。

与本文最相似的是曹春方等(2017)的研究，他们将高院院长异地交流识别为司法独立性的提升，考察法官异地交流对上市公司违规的执法力度及执法可置信程度的影响。本研究结果也表明司法官员更迭能够改善司法环境，减少公司违规行为。但本研究的不同之处在于：(1)异地交流虽然能避免司法地方保护主义，改善司法环境，但异地交流只是司法部门领导人更替方式的一小部分，无法全面准确地反映司法官员更替对公司行为的影响；(2)司法独立仅仅是司法环境改善的一个维度，公正与效率才是刻画司法环境的核心要素，司法官员更替对司法公正和司法效率也会产生显著影响；(3)高级人民法院主要负责各省司法政策的制定，而具体司法政策的执行主要由中级人民法院负责，中院院长的更替可能会对公司行为造成更为直接的影响，本文从司法政策执行视角提供了中院院长更替与公司违规行为关系的新证据。

2.3 理论分析与研究假设

司法领导更替可能是"双刃剑"，它对司法环境可能同时具有改善和恶化两种效应(陈刚，2012)。本文从"威慑效应"和"诱致效应"两方面，对司法官员更替与公司违规行为的可能关系进行具体分析并提出竞争性的假设。

2.3.1 司法官员更替影响公司违规行为的威慑效应分析

司法官员更替可能通过以下几条路径改善司法环境：

第一，Ramseyer 和 Rasmusen(1997)的研究认为司法部门内部也存在着晋升锦标赛，司法部门依据司法官员的相对绩效来决定其职业升迁。在"全面依法治国"的战略背景下，营造公正、高效的司法环境成为司法官员的新竞争点。司法官员更替后，新任司法官员为了积累晋升资本，往往实施"新官上任三把火"式的差异化策略，有强烈动机提升司法质效、推动司法制度改革创新，有利于改善司法环境。

第二，虽然在中国现行宪法及其他法律中都确认了司法部门的独立审判权，但司法实践中，Lubman(2000)认为中国司法部门缺乏独立性一直被广为诟病。在中国现行的司法管理体制中，地方法院院长的任免考核以及司法经费都在同级政府和党委的控制之下，地方政府对地方司法部门的运行和审判工作具有相当大的影响力(刘忠，2012)。地方政府为了保护当地企业利益或自身利益，可能通过行政权经常性甚至制度性地干涉和侵犯司法权(龙宗智和李常青，1998)，导致地方保护主义在司法领域的延伸，造成严重的司法权力地方化问题，严重破坏了司法公正。司法官员更替后，新任司法官员还未与地方政府建立密切的联系，而根据 Hayek(1960)的研究，相对独立的司法权可以作为约束政府的重要力量，制衡政府权力的过度扩张，抑制行政权对司法权的干涉，有利于去除司法"地方化""行政化"色彩，推动司法环境改善。

第三，领导干部长期在同一地点任职，容易在其周围形成"利益型"关系网络，滋生各种腐败问题(周黎安，2007)。随着司法官员任期的延长，其可能与辖区内公司建立起类似于政治关联的"司法关联"(周洲等，2021)，为争夺稀缺的司法权力资源，更多的公司会加入行贿行列，加剧地区司法腐败程度。司法官员更替后，围绕前任司法官员建立的司法关联被颠覆，相关利益关系网络需要重构，司法官员与地方利益集团的合谋风险被削弱。此时，司法腐败活动由于渠道不畅而有所减少，有助于营造公正高效的司法环境、提升司法公信力。

第四，司法官员更替可能产生"学习效应"和"交流效应"。一方面，新任司法官员更换岗位后，需要花费时间精力学习新知识、适应新岗位，避免了自身长期在同一岗位上任职而滋生的因循守旧、不思进取等问题，产生的"学习效应"有利于专业素养、职业技能和司法智慧的培养。另一方面，新任司法官员可能带来不同地区或不同部门的先进管理经验，为部门内其他司法官员带来"交流效应"，提高司法人员的综合素质和能力，进而有利于增强司法部门内部活力，提高司法质效，改善司法环境。

根据以上分析，司法官员更替可能通过晋升激励、削弱司法地方保护主义、抑制司法腐败、产生学习和交流效应使得地方司法环境改善。虽然公司违规的惩处主要由"一会三所"负责，但存在违规行为发现难、取证难等问题，而且对投资者权益的司法保护是地方化的。地方司法环境的改善不但可以缓解发现难、取证难等问题，还有利于投资者通过诉讼维护合法权益，增大公司违规被稽查的概率以及违规成本。因此，根据威慑理论和理性选择理论，司法领导更替可以在短期内增强"威慑效应"迫使公司做出减少违规行为的理性选择。具体而言：(1)作为法律实施中私人监督的一种表现形式，举报是监管部门查处公司违规行为的重要线索来源(刘沛佩，2017)。随着司法环境改善，司法公信力得以提升，举报人的合法权益更能够得到有效的司法保护，举报人积极性因此提高，公司违规行为被查处概率增大。(2)随着司法官员更替，司法独立性的提升能够提高司法权对行政权的监督制衡能力，减少了地方政府对公司违规的包庇行为，公司违规被监管机构依法惩处的概率可能增大。(3)公司违规可能损害投资者等利益相关者的合法权益，公司还面临着法律诉讼风险(曹春方等，2017)。司法环境改善使得法院能够更加及时公正地保护投资者的合法权益，违规公司可能面临着更多的赔偿和诉讼成本，进一步加大了司法环境的改善对公司违规的"威慑效应"。总之，司法官员更替改善了司法环境，公司管理者预期违规成本提升，往往做出"避风头"的决策，减少公司违规行为。据此，本文提出如下假设：

H1a：司法官员更替会抑制公司违规。

H1b：司法官员更替通过改善司法环境，抑制公司违规。

2.3.2 司法官员更替影响公司违规行为的诱致效应分析

虽然司法官员更替可能通过改善司法环境抑制公司违规行为，但理论上司法官员更替还可能通过以下两条路径对司法环境产生负面影响：

第一，更替破坏了司法官员的地域性分工和职业稳定性(陈刚，2012)，新任司法官员适应新的环境需要耗费较高的时间成本，短期内难以对司法部门实现系统全面的掌控，导致司法官员"空窗期"。官员职责的缺失使得司法部门内部疏于指导和监督，可能滋生司法腐败；另一方面使司法部门无法对政府权力实现有效监督和制衡，加重司法地方保护主义。

第二，司法官员的周期性换届和平时不定期的调任可能造成地方司法政策及执行的不连续性；而且由于发展环境、工作经历、个人偏好等差异，不同的司法官员有不同的治理方针和风格，加剧了司法官员更替所带来的司法运行的"不连续性"。一方面，新任司法官员可能忽视地区间、部门间差异，将其他地区或部门的管理经验照搬到新任法院，使曾经的"成功经验"变得"水土不服"，造成经验主义错误。另一方面，司法部门内部也是一种科层组织，权力交接的过程可能使得司法部门内部稳定的分工结构和部门机构之间的利益平衡被打破，内部利益博弈加剧，隐藏的矛盾集中爆发，产生司法政策执行的"结构性摩擦"，导致司法政策执行的消极或偏误，降低了司法绩效。

司法环境的恶化可能通过"诱致效应"增加公司违规行为。一方面，在公司内外部治理环境日益完善的当下，公司违规需要多人"合谋"或难免留下蛛丝马迹。当司法环境不完善时，举报人因缺乏保护机制、担心报复风险而产生"寒蝉效应"，难以对司法部门产生信任，举报积极性不高，根据Khanna(2003)的研究，监管部门或司法部门因此难以获取公司违规的相关线索和证据，可能降低公司违规的稽查效率。公司可能利用司法权力更迭"空窗期"与政府或司法部门合谋以获取庇佑，更容易掩盖公司违规行为。另一方面，司法环境恶化增加了投资者等利益相关者的交易成本和被"敲竹杠"风险，利益相关者的合法权益得到有效司法保护的预期下降，利益相关者通过法律手段保护自身利益的动机减少，违规公司需要承担的赔偿及诉讼成本下降。综上所述，司法官员更替带来的"空窗期"和"不连续性"问题可能使公司违规成本降低，诱致公司进行机会主义行为，公司违规动机加强。据此，本文提出如下假设：

H2a：司法官员更替会促进公司违规。

H2b：司法官员更替通过恶化司法环境，诱致公司违规。

3. 研究设计

3.1 样本选择与数据说明

考虑到 2008 年国际金融危机及中国"四万亿"刺激计划对样本公司的违规行为可能产生难以评估的影响，本文选取 2009—2018 年中国沪深两市 A 股上市公司作为初始研究样本。

本文通过各地方法院官方网站、地方年鉴、百度百科等各种途径，聚焦于 2018 年注册上市公司数大于 5 家的地级市，手工收集整理了 197 个地级市 2009—2018 年期间 474 名中院院长的简历信息；公司违规、公司财务和公司治理数据均来自于国泰安数据库(CSMAR)。另外，本文还通过地方统计年鉴和各中级人民法院工作报告等资料手工收集并构建了这些城市的司法环境指标数据；其他城市层面数据来自于《中国城市统计年鉴》。

本文将地级市层面数据与上市公司数据进行匹配，并按照以下原则进行了筛选：剔除所有金融行业公司样本；剔除各年度经营异常(ST、ST＊)和财务数据不全的公司样本；剔除位于直辖市的样本；剔除核心研究变量缺失的样本。为了消除异常值的影响，本文对所有连续型变量进行了上下 1% 分位数的缩尾处理，最终得到 12738 个公司—年度观测数据。本文使用的统计计量软件为 STATA15.0。

3.2 变量说明与模型设定

3.2.1 被解释变量：公司违规行为

在 CSMAR 数据库的违规处理库中，违规数据是按照违规事件排列的截面数据，本文按照违规事件公告日期整理出公司违规的公司—年面板数据。首先，若公司在当年被稽查出有违规行为并进行了公告时，将公司违规（Violation）虚拟变量定义为 1，否则为 0。其次，从"质"的角度构建公司违规严重程度（Degree）变量，参考蔡志岳和吴世农（2007）的做法，若上市公司当年未因违规受罚，则取值为 0；若仅有高管受罚而公司未受罚或公司受罚类型为"其他"，则取值为 1；若公司受罚类型为批评或谴责，则取值为 2；若公司受罚类型为警告、罚款或没收违法所得，则取值为 3；当同时受到多种处罚或者一年内多次受到处罚时，取最严重的受罚类型进行赋值。最后，从"量"的角度构建公司违规频率变量（Frequency），以公司当年违规次数表示。

3.2.2 解释变量：司法官员更替

本文借鉴既有关于地方官员更替研究的做法，中院院长当年发生更替时，Turnover 赋值为 1，否则赋值为 0。

3.2.3 控制变量

更大的公司面临着更严格的监督和公众关注，增加了其违规被稽查的可能性，因此控制了公司规模（Size），以公司总资产的自然对数表示。业绩不佳和存在负债危机的公司更可能铤而走险进行违规行为，它们往往也是监管部门的监督重点，因此本文控制了公司经营业绩的变量，包括以净利润/总资产衡量的资产收益率（ROA）和以负债总额/总资产表示的资产负债率（Lev）。此外，控制了公司治理方面的变量，包括管理层持股比例（Mhold）为高管持股比例/A 股流通股数、独立董事比例（Indr）为独立董事人数/董事会人数、第一大股东持股比例（Top1）为年末第一大股东持股数量/总股本。两职合一（Duality）为董事长和总经理兼任情况，是取值为 1，否为 0；当公司选择四大会计师事务所进行审计时，审计质量（Big4）取值为 1，否则为 0。本文还控制了公司市场价值（Q）和上市年限（Firmage）以衡量公司成长性，其中，Q 取公司市值的自然对数，Firmage 为公司上市距今年限+1 后取对数。高增长的公司往往面临更大的资本市场压力，也面临更大的现金流短缺风险与经营风险，为迎合市场的增长预期以及缓解各类风险，上市公司拥有更强的违规动机。此外，还纳入了公司产权性质（SOEfirm）虚拟变量，如公司为国有则取值为 1，否则为 0，及法官个人特征变量，包括法官当年年龄的对数（Age）、法官实际任期的对数（Tenure）、法官是否籍贯地任职（Residence）和性别（Sex）。因为随着法官年龄的增长，职业晋升带给法官的长期收益的贴现值会下降，使得法官的晋升激励会随着年龄的增长而弱化。虽然法官任期增长可能使法官更熟悉任职地的文化和习俗，但也可能存在负向的"倦怠效应"，从而影响地区司法环境。之所以加入法官是否籍贯地任职（Residence）和性别（Sex）变量，是因为法官在籍贯地任职可能更容易形成利益联结，使法官为了追求私利而做出破坏司法公正的行为,而法官的性别可能影响其审判和治理法院的风格。考虑到司法文化及经济状况的地域性差异,本文还加入了地区 GDP 增长率(GDP growth)来控制地域差异的影响。最后,还控制了行业(Ind)和年度(Year)固定效应。

3.2.4 中介变量:司法环境指标

公正与效率是中国各级人民法院的两大工作主题(肖扬,2001),本文以"审判"作为司法环境的核心,构建了两个指标:(1)司法公正(Justice)。检察院抗诉因其专业性、外部性、客观性而成为司法权外部监督的重要一环,也是司法公正评价的重要依据。因此本文参考周洲等(2019)的指标构建思路,先计算出各城市中级人民法院的刑事公正指数(刑事抗诉件数占刑事案件结案数比例)和民事行政公正指数(民事行政抗诉件数占民事行政案件结案数比例),再分别用刑事案件结案数占总结案数比例和民事行政案件结案数占总结案数比例作为权重进行加权求和并扩大 100 倍,比值越小,司法公正程度越高。(2)司法效率(Efficiency)。"迟到的正义就是非正义",效率的提高也是公正价值必不可少的一部分,结案率是衡量司法效率的常用指标,因此本文参考陈刚(2012)的做法,采用各中级人民法院及所辖基层法院一二审案件结案率作为司法效率的替代。

3.2.5 模型设定

为厘清司法官员更替与公司违规行为的关系,本文构建以下模型:式(1)用于检验假设 H1a、H2a,主要关注解释变量 Turnover 的系数 α_1 的显著情况,若 α_1 显著为负,则表明司法官员更替能抑制公司违规行为;式(2)、式(3)用于检验 H1b、H2b,关注系数 α_2 是否显著,考察司法官员更替对公司违规行为的影响是否由司法绩效水平改变引起。Control 为控制变量集,Mediator 为中介变量,α_0 为常数项,ε_1 至 ε_3 为随机扰动项,其他变量说明见上文。

由于公司违规(Violation)是个二分类变量,采用 Probit 回归分析;而公司违规严重程度(Degree)和违规频率(Frequency)属于有序多分类变量,采用 Oprobit 回归分析;由于 Mediator 属于连续变量,式(2)采用 OLS 回归分析。为了控制潜在的异方差和序列相关性问题,本文对所有回归系数的标准误都在公司层面上进行了聚类处理。

$$\text{Violation} \mid \text{Degree} \mid \text{Frequency} = \alpha_0 + \alpha_1 \text{Turnover} + \alpha \text{Control} + \gamma_h + \delta_t + \varepsilon_1 \tag{1}$$

$$\text{Mediator} = \alpha_0 + \alpha_1 \text{Turnover} + \alpha \text{Control} + \gamma_h + \delta_t + \varepsilon_2 \tag{2}$$

$$\text{Violation} \mid \text{Degree} \mid \text{Frequency} = \alpha_0 + \alpha_1 \text{Turnover} + \alpha_2 \text{Mediator} + \alpha \text{Control} + \gamma_h + \delta_t + \varepsilon_3 \tag{3}$$

3.3 描述性统计与分析

对主要变量的描述性统计如表 1 所示:(1)公司违规的年度统计如 Panel A 所示,结果表明在所有公司—年度观测值中,有 12.1% 的观测值在样本期内被稽查到违规,且违规的公司比例呈现先上升后下降的趋势;(2)将所有违规行为按严重程度分类,如 Panel B 所示,仅有高管受罚而公司未受罚或公司受罚类型为"其他"的公司违规占总违规的 75.6%,严重程度中等和较高的公司违规分别占 11.7% 和 12.8%;(3)Panel C 是对公司违规频率的统计,结果显示有公司在单一年度内最多被稽查到违规 10 次，75.6%的公司单一年度内仅被处罚一次，16.7%的公司在单一年度内被处罚了两次，在一年内被处罚三次及以上的公司占比较低；（4）Panel D 是对司法官员更替情况的统计，结果显示本文样本中所涉及的 197 个城市在 2009—2018 年共发生了 349 次中院院长更替，说明中院院长更替已逐渐成为一种常态。2012 年和 2016 年发生中院院长变更的城市较多，分别占当年统计城市个数的23.86%、29.95%，这主要是因为 2012 年和 2016 年是政府换届年；（5）Panel E 是其他各变量的描述性统计，分别报告了变量的均值、标准差、最小值、中位数、最大值及样本量。

表 1　　　　　　　　　　　　　主要变量的描述性统计

Panel A：公司违规的分年度统计

年份	2009	2010	2011	2012	2013	2014	2015	2016	2017	2018	总计
违规公司数	41	36	79	172	179	151	230	211	196	241	1536
公司总数	666	864	1079	1278	1257	1243	1350	1485	1744	1772	12738
占比（%）	6.156	4.167	7.322	13.459	14.240	12.148	17.037	14.209	11.239	13.600	12.058

Panel B：公司违规严重程度统计

公司违规严重程度	Degree = 1	Degree = 2	Degree = 3	总计
违规数	1161	179	196	1536
占比（%）	75.586	11.654	12.760	100

Panel C：公司违规频率统计

公司违规频率	1	2	3	4	5	6	7	8	9	10	总计
公司数	1161	257	73	29	7	2	2	3	1	1	1536
占比（%）	75.586	16.732	4.732	1.888	0.456	0.130	0.130	0.195	0.065	0.065	100

Panel D：司法官员更替情况统计

年份	2009	2010	2011	2012	2013	2014	2015	2016	2017	2018	总计
更替城市数	23	18	44	47	27	24	33	59	47	27	349
城市总数	197	197	197	197	197	197	197	197	197	197	1970
占比（%）	11.675	9.137	22.335	23.858	13.706	12.183	16.751	29.949	23.858	13.706	17.716

Panel E：其他变量的统计

	均值	标准差	最小值	中位数	最大值	样本量
Size	3.539	1.154	1.455	3.400	6.853	12738
ROA	0.043	0.054	−0.267	0.040	0.207	12738
Lev	0.414	0.208	0.049	0.400	0.969	12738
Mhold	0.137	0.201	0.000	0.004	0.676	12738
Indr	0.371	0.051	0.333	0.333	0.571	12738
Top1	0.349	0.143	0.088	0.335	0.750	12738
Duality	0.262	0.440	0.000	0.000	1.000	12738

续表

	均值	标准差	最小值	中位数	最大值	样本量
Big4	0.033	0.180	0.000	0.000	1.000	12738
Firmage	2.827	0.360	0.693	2.890	3.970	12738
Q	4.129	1.027	2.225	4.026	7.112	12738
SOEfrim	0.352	0.478	0.000	0.000	1.000	12738
Age	3.962	0.069	3.664	3.970	4.127	12738
Tenure	1.361	0.574	0.077	1.386	2.669	12738
Residence	0.060	0.238	0.000	0.000	1.000	12738
Sex	0.941	0.236	0.000	0.000	1.000	12738
GDP growth	0.084	0.042	0.001	0.085	0.172	12738
Justice	0.095	0.091	0.011	0.068	0.618	11205
Efficiency	0.093	0.066	0.712	0.943	1.087	12480

4. 实证分析

4.1 主回归结果

式(1)的回归结果如表 2 所示。Turnover 的系数始终在 5% 水平下显著为负,说明司法官员更替显著降低了公司违规概率、严重程度和频率,支持了假设 H1a。可能的解释是:当公司难以评估新任司法官员的行事风格时,为了规避风险,它将本能地暂时减少违规行为,以避风头。在中国官员晋升锦标赛模式的激励下,公司普遍认为新任司法领导在上任伊始有较强的革新动机,会竭尽全力提升司法指标,在短期内有助于改善司法环境。即使新任中院院长熟悉新的岗位需要一定时间,但中国现行司法体制下一般不会同时进行大范围的司法官员更替,原有"领导班子"及科层制下的各级司法官员仍然会按部就班地维持原有的运作模式,保证了司法部门业务运行及司法环境的稳定性。

表 2 司法领导更替与公司违规行为

变量	(1) Violation	(2) Degree	(3) Frequency
Turnover	−0.134 ** (−2.47)	−0.131 ** (−2.48)	−0.124 ** (−2.31)
Size	−0.077 * (−1.81)	−0.079 * (−1.92)	−0.073 * (−1.75)

续表

变量	（1） Violation	（2） Degree	（3） Frequency
ROA	−1.945*** (−6.00)	−1.889*** (−6.15)	−1.911*** (−6.26)
Lev	0.494*** (4.53)	0.452*** (4.24)	0.517*** (4.93)
Mhold	−0.183* (−1.70)	−0.187* (−1.74)	−0.190* (−1.84)
Indr	0.071 (0.22)	0.053 (0.17)	0.047 (0.15)
Top1	−0.478*** (−4.07)	−0.480*** (−4.11)	−0.509*** (−4.44)
Duality	0.045 (1.22)	0.042 (1.14)	0.049 (1.33)
Big4	−0.314*** (−3.21)	−0.297*** (−2.97)	−0.311*** (−3.11)
Firmage	0.118** (2.06)	0.106* (1.91)	0.120** (2.17)
Q	0.116** (2.46)	0.118** (2.58)	0.112** (2.49)
SOEfrim	−0.181*** (−4.30)	−0.161*** (−3.91)	−0.176*** (−4.27)
Age	−0.186 (−0.67)	−0.177 (−0.65)	−0.179 (−0.65)
Tenure	−0.079** (−1.96)	−0.075* (−1.93)	−0.080** (−2.02)
Residence	0.017 (0.23)	0.001 (0.02)	0.031 (0.43)
Sex	−0.079 (−1.14)	−0.070 (−1.05)	−0.058 (−0.88)
GDP growth	−1.380 (−1.51)	−1.124 (−1.28)	−1.353 (−1.56)
Year	YES	YES	YES
Ind	YES	YES	YES
N	12738	12738	12738
Pseudo R^2	0.054	0.043	0.047

注：括号内是经过公司层面群聚调整的 z 值，*、**、***分别表示10%、5%、1%的显著性水平，下同。

4.2　稳健性检验

为保证研究结论的可靠性，本文进行了如下的稳健性检验。

4.2.1　反事实检验

将中院院长更替分别前置和后置一期、两期、三期代入式(1)进行回归，考察司法官员更替前置或后置以后其对公司违规行为的影响是否随之改变。如表 3 所示，除当期外，Turnover 对公司违规行为的影响均不显著，说明主回归结果稳健，司法官员更替的确会降低公司当年违规的概率、严重程度和频率。

表 3　　　　　　　　　　　　　　　　　　反事实检验

	前置三期	前置两期	前置一期	后置一期	后置两期	后置三期
Panel A 被解释变量：Violation						
Turnover	0.046	0.029	0.005	0.011	−0.061	0.031
	(1.07)	(0.68)	(0.13)	(0.27)	(−1.52)	(0.74)
Pseudo R^2	0.053	0.053	0.053	0.053	0.053	0.053
Panel B 被解释变量：Degree						
Turnover	0.013	0.041	0.011	0.023	−0.071*	0.046
	(0.32)	(0.98)	(0.28)	(0.56)	(−1.82)	(1.14)
Pseudo R^2	0.042	0.043	0.042	0.042	0.043	0.043
Panel C 被解释变量：Frequency						
Turnover	0.038	0.026	0.011	0.024	−0.058	0.014
	(0.90)	(0.64)	(0.28)	(0.57)	(−1.45)	(0.34)
Pseudo R^2	0.046	0.046	0.046	0.046	0.046	0.046
Controls	YES	YES	YES	YES	YES	YES
N	12738	12738	12738	12738	12738	12738

4.2.2　内生性问题

首先，在式(1)的基础上进一步增加了城市层面可能的遗漏变量：教育水平、对外开放水平和政府干预经济水平。其中，教育水平以地方教育支出占 GDP 比例来衡量；对外开放水平以当年外国直接投资额占 GDP 比例表示；政府干预经济水平以财政支出占 GDP 比例来表示。此外，还将全国分为东中西三个区域，加入区域×年份固定效应，以控制地区随时间变化的特征。如表 4 列(1)至(3)所示，在控制了遗漏变量后，司法官员更替对公司违规行为的负向作用仍然显著。

其次，根据前文描述性统计，发生违规行为公司样本占全部观测值的比例为12.1%，为了克服可能存在不均匀样本偏误问题，本文采用PSM回归方法，根据公司经营层面、公司治理层面的特征，包括Size、ROA、Lev、Mhold、Indr、Top1、Q、Firmage，对有违规行为的公司按照1∶4的配对标准匹配无违规行为的公司样本。匹配完成后，利用新的样本对式(1)进行回归，结果如表4列(4)至(6)所示，不论以何种违规指标作为被解释变量，司法官员更替与公司违规行为均存在1%显著性水平下的负相关关系，上文结论并未发生根本性改变。

最后，为最大限度地防止司法官员更替与公司违规行为之间可能的反向因果关系对回归结果的影响，本文还引入工具变量进行测试，选择离任中院院长的任期、更替前一年地区司法水平作为工具变量。离任中院院长任期及更替前地区司法水平与是否发生中院院长更替密切相关，但公司当年违规情况与该市离任中院院长任期和前一年司法水平并无相关性。本文以每万人法院收案数作为司法水平的替代变量，利用Ivprobit方法进行回归。在第一阶段中，工具变量系数均显著且联合检验F统计量远远大于10，说明不存在弱工具变量问题；表4列(7)至(9)报告了第二阶段回归结果，可以看到Turnover的系数仍然在10%水平下显著为负，表明在考虑内生性因素后本文的研究结论依然稳健；另外Wald检验结果显示p值小于0.05，证明了工具变量的外生性。

表4 内生性问题检验

	(1)	(2)	(3)	(4)	(5)	(6)	(7)	(8)	(9)
	Violation	Degree	Frequency	Violation	Degree	Frequency	Violation	Degree	Frequency
Turnover	−0.141** (−2.53)	−0.139** (−2.55)	−0.133** (−2.40)	−0.160*** (−2.98)	−0.157*** (−3.00)	−0.157*** (−2.81)	−3.718* (−2.10)	−3.568* (−2.13)	−3.570* (−2.07)
Controls	YES	YES	YES	YES	YES	YES	YES	YES	YES
N	12738	12738	12738	8261	8261	8261	9009	9009	9009
Pseudo R^2	0.057	0.046	0.050	0.059	0.049	0.051			

注：因工具变量每万人法院收案数存在数据缺失，故回归时样本数有所减少。

4.2.3 替换样本

首先，考虑到省会城市特殊的行政地位，且高级人民法院与中级人民法院处于同一城市，本文剔除省会城市样本重新对式(1)进行回归。其次，为了进一步消除样本选择偏误的问题，剔除从未违规过的公司得到新的样本并进行重新回归。回归结果分别如表5列(1)至(3)、列(4)至(6)所示，替换样本后Turnover对Violation、Degree、Frequency均显著为负，说明司法官员更替确实能使公司违规概率、严重程度和频率显著下降。

表5   **替 换 样 本**

	(1) Violation	(2) Degree	(3) Frequency	(4) Violation	(5) Degree	(6) Frequency
Turnover	-0.173^{**} (-2.52)	-0.176^{***} (-2.63)	-0.167^{**} (-2.48)	-0.129^{**} (-2.14)	-0.112^{**} (-2.11)	-0.116^{*} (-1.94)
Controls	YES	YES	YES	YES	YES	YES
N	7398	7398	7398	8460	8460	8460
Pseudo R^2	0.054	0.046	0.048	0.044	0.035	0.038

4.2.4 替换回归方法

首先,对 Violation 采用 Logit,对 Degree 和 Frequency 采用 Ologit 方法进行重新回归,结果如表6列(1)至(3)所示,与主回归结论保持一致。

其次,本文主回归中采用的是 Probit 进行检验,被解释变量 Violation=1 是违规后被稽查的样本,而公司违规行为具有部分可观测性,那些具有违规倾向的公司发生违规行为但没有被监管稽查的情况是不能被观测到的,因此为了对本文的结论提供进一步的支持,借鉴陆瑶等(2012)的研究方法,使用部分可观测的 Bivariate Probit 模型,将公司违规区分为:(1)违规稽查(Detect),表示公司违规行为被揭露的可能性;(2)违规倾向(Fraud),表示公司的违规倾向,分别考察司法官员更替对违规稽查和公司违规倾向的影响。此时,二者对应的影响因素不完全相同,参考孟庆斌等(2019)的研究,对 Detect 模型而言,控制变量包括资产负债率(Lev)、上市年限(Firmage)、收入增长率(Salesgrowth)、流通股年换手率(Turn)、以年末同行业所有公司 TobinQ 中位数衡量的行业信心(Tqmed)、审计质量(Big4)、分析师跟随(Analyst)、机构投资者持股(Lnssh)及法官年龄(Age)、任期(Tenure)、是否籍贯地任职(Residence)和性别(Sex)变量①;对 Fraud 模型而言,控制变量主要包括股权集中度指标(Top1)、独立董事比例变量(Indr)、董事长和总经理两职合一变量(Duality)、董事会会议次数变量(Meet)、公司规模变量(Size)、产权性质变量(SOEfirm)、审计质量变量(Big4)、高管持股比例(Mhold)、分析师跟随(Analyst)、机构投资者持股(Lnssh)及法官年龄(Age)、任期(Tenure)、是否籍贯地任职(Residence)和性别(Sex)变量。表6列(4)、(5)显示,Turnover 与 Fraud 的系数显著为负,而与 Detect 的系数不显著为正,即发生司法官员更替地区的上市公司,其违规倾向的确会更低。因此,采用部分观测回归模型后再次证实了本文的主要逻辑推理。

---

① 为避免由于变量数量过多带来的模型不收敛问题,参考陆瑶等(2012)的做法,本文在 Bivariate Probit 回归中并未设置行业固定效应和公司固定效应,但通过控制变量 Tqmed 控制了个体公司固定效应与行业固定效应的影响。

表6 其他稳健性检验

	Logit 或 Ologit			Bivariate Probit	
	（1）	（2）	（3）	（4）	（5）
	Violation	Degree	Frequency	Detect	Fraud
Turnover	−0.254**	−0.252**	−0.253**	1.387	−1.271*
	（−2.49）	（−2.49）	（−2.47）	（1.54）	（−1.84）
Controls	YES	YES	YES	YES	YES
N	12738	12738	12738	11722	11722
Pseudo R^2/Wald Chi^2	0.054	0.044	0.044		214.58

注：列（4）、（5）样本在回归中由于模型设置有所损失。

4.3 中介机制检验

为厘清司法官员更替抑制公司违规行为的机制，本文参考 Baron 和 Kenny（1986）的中介模型，构建了式（1）至（3）进行检验。具体分为三个步骤：第一步，Mediator 对 Turnover 进行回归，如式（2）所示；第二步，因变量对 Turnover 进行回归，该步骤的模型即前文的式（1），估计结果如表2所示；第三步，因变量对 Turnover 和 Mediator 回归，如式（3）所示。如果 Turnover 显著影响 Mediator，则可以通过比较第二、三步中 Turnover 估计系数的大小及显著性来确定是否存在中介效应。

本文分别从司法公正和司法效率角度构建衡量司法环境的指标 Justice 和 Efficiency，代入式（3）进行回归，如表7所示，列（1）至（4）是 Justice 变量的回归结果，Turnover 的确能显著提高司法公正水平，而司法公正是司法官员更替影响 Violation、Degree 和 Frequency 的重要中介变量。列（5）至（8）是 Efficiency 变量的回归结果，说明 Turnover 同时也提高了司法效率，虽然在列（7）、（8）中 Efficiency 变量的系数不显著，但列（6）中其系数在10%水平下显著为正，说明司法效率的提升虽然对公司违规严重程度和频率没有显著影响，但确实是司法官员更替影响公司违规概率的重要中介，证明了 H1b。这意味着司法官员更替的确会通过晋升激励使新任司法官员致力于改善地区司法环境，更替还有利于打破固有利益链条和司法地方保护主义格局，降低司法官员与地方政府及地方利益集团间的合谋风险，同时还能产生"学习效应"和"交流效应"，在短期内显著提高地区司法质效水平，改善司法环境，从而抑制公司违规行为。

表7 机制检验结果

	（1） Justice	（2） Violation	（3） Degree	（4） Frequency	（5） Efficiency	（6） Violation	（7） Degree	（8） Frequency
Turnover	−0.013***	−0.081	−0.079	−0.076	0.507**	−0.025*	−0.094*	−0.087*
	（−5.25）	（−1.60）	（−1.60）	（−1.52）	（2.38）	（−2.33）	（−2.04）	（−1.88）

续表

	（1）Justice	（2）Violation	（3）Degree	（4）Frequency	（5）Efficiency	（6）Violation	（7）Degree	（8）Frequency
Justice		0.366*	0.351*	0.391**				
		(1.78)	(1.75)	(1.98)				
Efficiency						0.001*	0.003	0.003
						(1.66)	(1.30)	(1.26)
Controls	YES	YES	YES	YES	YES	YES	YES	YES
N	11205	11205	11205	11205	12480	12480	12480	12480
R^2/ Pseudo R^2	0.081	0.059	0.047	0.051	0.039	0.048	0.048	0.047

注：由于某些城市审判数据存在缺失，故列(1)至(4)的样本有所减少。

5. 进一步研究

前述研究证实司法官员变更短期内改善了地方司法环境从而抑制了当地公司的违规行为。另外，公司的机会主义行为受到司法官员变更影响的程度可能因违规类型、新任司法领导个人特征、公司所在行业的特殊性质以及所在地区的不同而产生差异，因此，本部分将对这些内容做进一步研究。

5.1 司法官员更替与不同类型的公司违规

本文参考陆瑶等(2012)的做法，将公司违规细分为信息披露违规、经营违规及领导人违规三类。虚构利润、虚列资产、虚假记载(误导性陈述)、推迟披露、重大遗漏、披露不实以及一般会计处理不当归类为信息披露违规，当上市公司当年因信息披露违规受到处罚时，Vio_Dis 取值为 1，否则为0；将欺诈上市、出资违规、擅自改变资金用途、占用公司资产、违规担保及其他归类为经营违规，当上市公司当年因经营违规受到处罚时，Vio_Oper 取值为 1，否则为 0；将内幕交易、违法违规买卖股票、操纵股价归类为领导人违规，当上市公司当年因领导人违规受到处罚时，Vio_Lead 取值为 1，否则为 0。本文违规样本中，信息披露违规均值为 58.46%，经营性违规均值为 49.74%，领导人违规均值为 26.17%，三类违规的总和超过 100% 是因为一项违规可能属于多种类型。

将 Vio_Dis、Vio_Oper、Vio_Lead 分别代入式(1)，如表 8 所示，Turnover 与 Vio_Dis、Vio_Oper 之间的回归系数分别为 -0.128、-0.205，且分别在 5% 和 1% 的水平下显著，Turnover 与 Vio_Lead 之间不显著为正。说明司法官员更替抑制了公司信息披露违规和经营违规行为，且对经营违规的抑制作用更强，但对领导人违规无显著作用。可能的解释是：一方面，信息披露违规和经营违规构成了公司违规的主体，监管部门对这两类违规的监管力度较强，而且信息披露违规和经营违规是集体性违规，是一种集体性战略决策，对司法环境的变化更敏感；而领导人违规则更多体现为个人行为，主要受个人动机影响，相对非理性的个人对外部司法环境的变化缺乏洞见且不敏感。另一方面，从违规后果来看，信息披露违规和经营违规对利益相关者权益的损害更为直接，这些违规更容易吸引监管部门的注意，公司面临的诉讼风险也更高；而公司可以更多地将领导人违规归责于领导个人，并能够将公司违规损失部分转嫁给领导个人。因此司法官员更替时，有违规动机的公司出于"避风头"的考量，往往更重视减少信息披露违规和经营性违规。

表 8 司法官员更替与不同类型的公司违规

	（1）Vio_Dis	（2）Vio_Oper	（3）Vio_Lead
Turnover	−0.128**	−0.205***	0.030
	(−2.06)	(−2.97)	(0.36)
Controls	YES	YES	YES
N	12738	12738	12738
Pseudo R^2	0.072	0.055	0.057

5.2 不同类型司法官员更替与公司违规

由于不同司法官员的个人偏好及过往经历不同，其行事风格和司法工作的理念方法也有所不同，故这种官员的异质性使得公司难以估计未来司法环境的变化方向，从而影响其是否违规的决策。司法官员来源能够反映不同的工作经验和人际网络，从而对其司法决策产生重要影响。因此，本文从司法官员来源部门角度，考察司法官员异质性对公司违规行为的影响，将司法官员来源分为上级部门(Down)、法院内部(Innerrise)、其他政法部门(Political)、其他政府部门(Government)，分别构建相应二分虚拟变量。上级部门包括从上级法院或政法部门"空降"；法院内部包括从同级或下级法院系统调入；其他政法部门是指从同级或下级政法委、公安、检察院、司法局等政法部门调入；其他政府部门是指从同级或下级非政法部门调入。该分类同时考虑了法官部门类型和职级的变化，各分类互不交叉。其中，司法官员来自上级部门的样本占全样本的 37.5%，来自法院内部的占 36.8%，其他政法部门占 9.5%，其他政府部门占 16.2%。本文引入这些虚拟变量与 Turnover 的交互项，构建式(4)进行回归分析。当被解释变量为 Violation 时，采用 Probit 回归；被解释变量为 Degree 和 Frequency 时，使用 Oprobit 进行回归。

$$\text{Violation} | \text{Degree} | \text{Frequency} = \alpha_0 + \alpha_1 \text{Turnover} \times \text{Down} + \alpha_2 \text{Turnover} \times \text{Innerrise} + \alpha_3 \text{Turnover}$$
$$\times \text{Political} + \alpha_4 \text{Turnover} \times \text{Government} + \alpha \text{Control} + \gamma_h + \delta_t + \varepsilon_4 \quad (4)$$

比较交互项的系数可以识别不同来源的新任司法官员对公司违规行为的异质性影响。如表 9 所示，对于公司违规概率、严重程度和频率，上级部门调入和其他政法部门调入与司法官员更替的交互项系数都显著为负，来自法院内部和其他政府部门调入与司法领导更替的交互项系数均不显著。说明不是所有类型的司法官员更替都能显著抑制公司违规行为，司法官员更替对公司违规的影响与新任司法官员的来源相关。由上级部门"空降"和其他政法部门调入的司法官员对辖区内公司违规行为的抑制作用显著优于其他来源的司法官员。可能的解释是:(1)上级部门"空降"的中院院长在履新之前大多为上级政法机关的部门领导,在地方被委以司法部门"一把手"的重任,拥有了更多的权力以及更广阔的才干施展空间,至少在上任伊始其工作热情被大大激发。(2)来自上级部门的司法官员未来晋升的几率更大①,往往为了在基层积累领导经验,更有动力做出成绩以获取晋升资本。(3)"空降"中院院长的专业权威性更强,也更容易理解上级所制定的司法政策意图,有利于司法政策执行。另外,良好的司法环境需要各政法部门的良好协作,其他政法部门调入的司法官员具有不同政法部门的工作经验和人际网络,有利于产生多部门协同效应,避免决策的"本位主义"。另一方面,来自法院系统内部的司法官员虽然对法院系统更加熟悉,但不利于打破原有利益关系网络,工作中容易产生"路径依赖";从其他政府部门调入的司法官员则往往专业知识欠缺,缺少司法审判和司法管理经验,而且与政府部门关系更紧密,可能造成司法独立性降低等负面影响,不利于司法环境的改善,因此也不利于抑制公司违法行为。

表 9 　　　　　　　　　　　　不同来源司法官员更替与公司违规

	（1）Violation	（2）Degree	（3）Frequency
Turnover×Down	−0.175**	−0.179***	−0.156**
	(−2.49)	(−2.65)	(−2.23)
Turnover×Innerrise	−0.044	−0.045	−0.056
	(−0.69)	(−0.72)	(−0.92)
Turnover×Political	−0.405***	−0.359**	−0.300*
	(−2.77)	(−2.47)	(−1.91)
Turnover×Government	−0.317*	−0.269	−0.308
	(−1.64)	(−1.40)	(−1.63)
Controls	YES	YES	YES
N	12738	12738	12738
R^2 / Pseudo R^2	0.055	0.044	0.047

5.3 司法官员更替与不同类型公司的违规

考虑到不同类型的公司违规倾向不同,对外部政策环境的敏感度也不同,可能对司法官员更替产生不同的反应,本文从行业性质和公司治理结构角度,考察不同类型公司受司法官员更替影响的差异。

---

① 本文数据显示,上级部门调入的司法领导未来有 31.7% 获得了晋升,相对而言,由法院内部、其他政法部门、其他政府部门调入的司法领导未来获得晋升的比例分别为 24.9%、26.5% 和 22.0%。

　　首先，不同行业受政府管制的程度不同，公司的经营决策有较大差异。处于管制行业的公司进入壁垒较高，面临更多政策限制和更严格的监管，违规行为应该受到更大的约束。然而，政府管制的经济理论认为，被管制公司针对管制者的自利动机通常会进行寻租活动，投入更多的资源建立政商关系（罗党论和刘晓龙，2009），使得被管制公司能够得到地方政府更多的庇护，公司违规的概率可能更大。本文参考程仲鸣等（2020）的做法，将涉及国家安全、自然垄断、提供公共服务的行业及高新技术产业定义为管制型行业，具体而言，按上市公司2012年行业分类指引标准，将采矿业、制造业的石油加工、化学、橡胶和塑料制品业、金属制品业等、电力、热力、燃气及水生产和供应业、交通运输、仓储和邮政业、信息传输、软件和信息技术服务业分类为管制行业，取值为1，否则为0。对管制行业和非管制行业进行分组检验，如表10的Panel A所示，Chow-test的p值均远远小于0.1，说明两组样本存在显著差异，且司法官员更替对管制行业公司的违规行为作用更显著。管制行业公司与政府建立了较为紧密的政商关系，可能导致管制和监督失效，公司"钻空子"进行违规行为的动机反而加大，司法官员更替时这类公司更倾向于减少违规行为以规避风险，司法权力更迭对公司违规的边际治理效用更显著。

　　其次，董事会作为公司的决策核心，在公司战略决策、高级管理人员的甄选和激励约束等方面发挥着重要作用。Lipton和Lorch（1992）认为董事会会议频率更高的公司董事更勤勉，公司治理更民主且更加积极有效，董事会对公司管理经营、财务报告等过程监督水平也更高，因此董事会会议频率高低可能使公司违规倾向存在差异。本文根据公司董事会会议频率构建虚拟变量，公司董事会会议频率大于平均值时赋值为1，否则为0。分组检验结果如表10的Panel B所示，两组样本存在显著差异，司法官员更替对董事会会议频率更高的公司作用更显著。Adams等（2007）认为在公司治理的过程中，信息的获取是董事发挥作用的关键，董事会会议频率越高越有助于董事会成员充分捕捉司法环境变化的信息，从而进行理性决策。当发生司法官员更替时，董事会会议频率更高、公司治理更有效的公司能够更加及时地意识到外部司法环境的改善，更倾向于规避风险、减少公司违规行为。

表10　　　　　　　　　　　　　　　**司法官员更替与不同类型公司的违规**

	Violation		Degree		Frequency	
Panel A：公司是否管制行业						
	是	否	是	否	是	否
Turnover	−0.229*** (−3.16)	−0.019 (−0.31)	−0.223*** (−3.11)	−0.017 (−0.28)	−0.185** (−2.57)	−0.034 (−0.56)
Controls	YES	YES	YES	YES	YES	YES
Chow-test p 值	0.028		0.004		0.009	
N	5428	7310	5428	7310	5428	7310
R^2 / Pseudo R^2	0.060	0.055	0.049	0.044	0.051	0.049

续表

	Violation		Degree		Frequency	
Panel B：公司董事会会议频率高低						
	高	低	高	低	高	低
Turnover	−0.261***	−0.004	−0.260***	−0.002	−0.239***	0.002
	(−3.39)	(−0.05)	(−3.56)	(−0.03)	(−3.14)	(0.02)
Controls	YES	YES	YES	YES	YES	YES
Chow−test p 值	0.000		0.010		0.003	
N	5354	7384	5354	7384	5354	7384
R^2/ Pseudo R^2	0.055	0.065	0.047	0.052	0.048	0.058

5.4 司法官员更替对公司违规影响的滞后效应检验

为了检验司法官员更替对公司违规的影响是否具有滞后效应，我们将解释变量替换为司法官员更替的滞后一期，并重新进行回归。结果如表 11 所示，滞后一期的司法官员更替对公司违规没有显著影响，说明司法官员更替对公司违规行为的影响没有滞后效应。与地方官员更替主要影响辖区的短期经济增长波动类似，中院院长更替只在当年对公司违规行为产生短期的负向影响，长期内对公司违规行为无影响。可能的解释是，在"依法治国"的大背景下，新任司法官员出于晋升激励，往往致力于改善司法环境，而且更替打破了原有司法腐败和司法地方保护主义的格局，公司决策者为了"避风头"循规蹈矩，短期内减少违规行为。但随着任职时间的延长，司法官员被地方政府和地方利益集团俘获的风险上升，容易重新形成利益关系网络，且公司对新任司法官员的司法理念和能力也更加了解，找到了合适的应对策略，司法官员更替对公司违规行为的抑制作用便随之消失。

表 11   **司法官员更替滞后一期的检验结果**

	（1）	（2）	（3）
	Violation	Degree	Frequency
L. Turnover	0.029	0.037	0.038
	(0.64)	(0.84)	(0.88)
Controls	YES	YES	YES
N	10011	10013	10013
Pseudo R^2	0.042	0.033	0.037

6. 结论与启示

上市公司违规的频繁发生严重损害了投资者信心，破坏了资本市场的稳定性。本文首先在理论上讨论了司法官员更替影响公司违规行为的可能机制——"威慑效应"或"诱致效应"，然后以2009—2018年197个地级市中院院长更替数据匹配上市公司违规数据，定量评估司法官员更替对公司违规行为的影响。实证结果发现，司法官员更替提升了地区司法质效，从而改善了司法环境，且通过"威慑效应"在短期内显著抑制了辖区内公司违规行为，降低了公司违规概率、严重程度及频率。进一步研究表明，司法官员更替对不同类型的公司违规作用不同，司法官员更替显著抑制了公司经营性违规和信息披露违规。不同类型的司法官员更替的经济后果也不相同，当新任中院院长来自于上级部门或其他政法部门时，司法官员更替更能够显著抑制公司违规行为。此外，处于管制行业、董事会会议频率更高的公司受司法官员更替的影响更显著。

本研究对中国司法部门体制改革及资本市场监管具有重要的现实启示：

第一，中国资本市场改革进入新阶段，频繁暴露的公司违规问题对于营造平稳健康的市场环境构成了严峻挑战，防范和治理公司违规行为需要依靠高质效的司法体系来监督和公平裁决。本文表明司法官员更替不仅可以抑制司法地方保护主义、打击司法腐败、营造公正高效的司法环境，还有助于抑制公司违规行为，进一步证明了司法官员定期轮换制度的有效性和必要性，为如何防范和治理公司违规行为、优化营商环境提供了新的思路。

第二，司法部门体制改革方面，在配置司法职权、优化绩效考核机制、完善司法官员轮换制度时，应该基于司法审判的特殊性和司法现状，确保司法部门的独立审判权，提高司法官员的任职专业门槛，重视不同司法部门间的交流和学习，实现司法队伍的年轻化、职业化和精英化，为微观经济主体创造公正高效的司法环境，从而有效约束市场主体机会主义行为。还应进一步营造亲清的政商关系，提高司法独立性，防止地方行政权力对司法权的干涉，建立行政监管与司法保护相互配合的公司违规治理体系。

第三，要充分实现司法对市场的监管作用，司法部门应该重视新任司法官员信息的及时全面公开，披露新任司法官员过往的工作业绩、将来的工作理念及方针，缓解信息不对称和不确定性，提振市场主体对司法环境向好的信心。

虽然本文证明了司法官员更替短期内有助于抑制公司违规行为，但是更替过于频繁也必然会造成司法政策不连续、司法领导急功近利等一系列副作用。因此，今后需要进一步研究司法官员更替与市场微观主体行为的非线性关系。此外，对司法官员更替进行更深入的异质性研究也是未来相关研究的发展方向，例如正常和非正常司法官员更替可能产生不同的经济后果。

◎ **参考文献**

[1]蔡志岳，吴世农．董事会特征影响上市公司违规行为的实证研究[J]．南开管理评论，2007(6).

[2]曹春方,陈露兰,张婷婷."法律的名义":司法独立性提升与公司违规[J].金融研究,2017(5).

[3]陈刚.法官异地交流与司法效率——来自高院院长的经验证据[J].经济学(季刊),2012,11(4).

[4]陈刚,李树.司法独立与市场分割——以法官异地交流为实验的研究[J].经济研究,2013,48(9).

[5]陈刚,司光月.司法独立与金融发展——来自中国的经验证据[J].南开经济研究,2017(3).

[6]陈胜蓝,王璟,李然.诉讼风险与公司资本结构——基于法官异地交流的准自然实验[J].上海财经大学学报,2020,22(2).

[7]程仲鸣,虞涛,潘晶晶,等.地方官员晋升激励、政绩考核制度和企业技术创新[J].南开管理评论,2020,23(6).

[8]胡海峰,白宗航,王爱萍.法治环境对公司欺诈行为的影响及作用机制[J].学习与实践,2022(12).

[9]马超,于晓虹,何海波.大数据分析:中国司法裁判文书上网公开报告[J].中国法律评论,2016(4).

[10]刘沛佩.论我国证券监管中有奖举报制度的完善[J].证券市场导报,2017(5).

[11]刘忠.条条与块块关系下的法院院长产生[J].环球法律评论,2012,34(1).

[12]龙宗智,李常青.论司法独立与司法受制[J].法学,1998(12).

[13]陆瑶,李茶.CEO 对董事会的影响力与上市公司违规犯罪[J].金融研究,2016(1).

[14]陆瑶,朱玉杰,胡晓元.机构投资者持股与上市公司违规行为的实证研究[J].南开管理评论,2012,15(1).

[15]罗党论,刘晓龙.政治关系、进入壁垒与企业绩效——来自中国民营上市公司的经验证据[J].管理世界,2009(5).

[16]孟庆斌,邹洋,侯德帅.卖空机制能抑制上市公司违规吗?[J].经济研究,2019,54(6).

[17]孙德芝,郭阳生.巡视监督能够抑制公司的违规行为吗[J].山西财经大学学报,2018,40(12).

[18]王永进,黄青.司法效率、契约密集度与出口绩效:来自高院院长异地交流的证据[J].经济学报,2018,5(4).

[19]肖扬.公正与效率:新世纪人民法院的主题[J].人民司法,2001(1).

[20]张翼,马光.法律、公司治理与公司丑闻[J].管理世界,2005(10).

[21]周开国,应千伟,钟畅.媒体监督能够起到外部治理的作用吗?——来自中国上市公司违规的证据[J].金融研究,2016(6).

[22]周黎安.中国地方官员的晋升锦标赛模式研究[J].经济研究,2007(7).

[23]周洲,夏晓宇,冉戎.司法保护、法律服务与科技创新[J].科研管理,2019,40(2).

[24]周洲,李雅梦,冉戎.司法官员更替与民营企业研发投入[J].科研管理,2021,42(11).

[25]左卫民.中国法院院长角色的实证研究[J].中国法学,2014(1).

[26]Adams, R. B., and D. Ferreira. A theory of friendly boards[J]. The Journal of Finance, 2007, 62(1).

[27]Baron, R. M., and D. A. Kenny. The moderator-mediator variable distinction in social psychological research: Conceptual, strategic, and statistical considerations. [J]. Journal of Personality and Social

Psychology, 1986, 51(6).

[28] Chen, G., M. Firth, and Gao, D. N. Ownership structure, corporate governance, and fraud: Evidence from China[J]. Journal of Corporate Finance, 2005, 12(3).

[29] Demirgüç-Kunt, A., and V. Maksimovic. Law, finance, and firm growth[J]. The Journal of Finance, 1998, 53(6).

[30] Hayek, F. A.. The constitution of liberty[M]. Chicago, IL: The University of Chicago Press, 1960.

[31] Khanna, V. S.. Should the behavior of top management matter? [J]. Geogretown Law Journal, 2003, 91(6).

[32] Lipton, M., and J. W. Lorsch. A modest proposal for improved corporate governance[J]. The Business Lawyer, 1992, 48(1).

[33] Lubman, S. B. Bird in a cage: Legal reform in China after Mao[J]. The Journal of Asian Studies, 2000, 60(3).

[34] Pistor, K., M. Raiser, and S. Gelfer. Law and finance in transition economies[J]. Economics of Transition, 2000, 8(2).

[35] Ramseyer, M. J., and E. B. Rasmusen. Judicial independence in a civil law regime: The evidence from Japan[J]. Journal of Law, Economics, & Organization, 1997, 13(2).

The Turnover of Judicial Officers and Corporate Fraud

Zhou Zhou[1,2] Li Yameng[1] Ran Rong[1,2]

(1 School of Public Affairs, Chongqing University, Chongqing, 400044;

2 Public Economy and Public Policy Research Center, Chongqing University, Chongqing, 400044)

Abstract: Using the data of the turnover of the presidents of the Intermediate People's Court in 197 prefecture-level cities in China from 2009 to 2018 to match the data of Shanghai and Shenzhen A-share listed companies, the empirical findings show that the turnover of judicial officials improves the quality and effectiveness of the judicial system, improves the judicial environment, and reduces the probability, severity and frequency of corporate violations in the short term through the "deterrence effect". This result is still significant after a series of robustness tests. In addition, after distinguishing the types of corporate frauds, it is found that the turnover of judicial officers only has an inhibitory effect on the corporate operating frauds and information disclosure frauds, and has no significant impact on leaders' frauds. After distinguishing the personal characteristics of judicial leaders, it is found that the inhibitory effect is more significant when the president of the middle court comes from a higher-level department or other political and legal departments. After distinguishing the characteristics of the sample companies, it is found that when the company belongs to a regulated industry and the frequency of board meetings is high, the turnover of judicial officers has a more significant inhibitory effect on corporate frauds. This study enriches the literature in the fields of law and finance, provides new evidence that affects corporate frauds, and has important policy implications for strengthening corporate external governance.

Key words：The turnover of judicial officers；Corporate fraud；Judicial justice；Judicial efficiency；Deterrent effect

专业主编：陈立敏

珞珈管理评论

2023 年卷第 6 辑（总第 51 辑）

Luojia Management Review

No. 6，2023（Sum. 51）

中国企业跨国并购对东道国创业的影响[*]

● 田毕飞[1]　邹　昕[2]

（1　中南财经政法大学工商管理学院　武汉　430073；2　武汉大学经济与管理学院　武汉　430072）

【摘　要】 本文基于 FDI 溢出效应理论和制度理论，运用 2001—2021 年全球 59 个国家的非平衡面板数据，实证检验了中国企业跨国并购对东道国创业的影响及其具体机制和异质性。研究发现，中国企业跨国并购通过影响东道国的创业意愿，进而对东道国创业产生倒 U 形效应，且东道国的规范环境强化了该倒 U 形效应。异质性分析表明，中国企业跨国并购对发达国家的创业存在倒 U 形效应，对发展中国家的创业存在线性正向影响；中国企业投资于第二产业而不是第三产业的跨国并购对东道国创业存在倒 U 形效应；不同于中国上市企业，只有非上市企业的跨国并购对东道国创业存在倒 U 形效应。本文的研究结论可为中国企业开展跨国并购和东道国利用跨国并购提供决策参考，并为回击"中国威胁论"等不实言论提供理论依据。

【关键词】 跨国并购　东道国　创业

中图分类号：F74　　　文献标识码：A

1. 引言

近年来，随着"一带一路"倡议的持续推进，中国企业对外直接投资（OFDI）蓬勃发展。然而，部分西方国家将中国企业 OFDI 污名化为"新马歇尔计划"，鼓吹"中国威胁论"，并对中国企业 OFDI 持歧视性态度，严重打击了中国企业的投资信心。在此背景下，深入研究中国企业 OFDI 对东道国的影响至关重要。众所周知，OFDI 主要包括绿地投资和跨国并购两种模式。自 20 世纪 90 年代以来，跨国并购已成为外资进入东道国的重要模式。根据《2022 年世界投资报告》，跨国并购是推动全球投资增长和复苏的重要力量，全球 OFDI 总额的 75% 来自于并购交易和留存收益。同时，跨国并购在中国

---

　*　基金项目：国家社会科学基金一般项目"制度环境视角下中国对外直接投资对东道国创业的影响研究"（项目批准号：19BJY015）；国家社会科学基金重点项目"新发展格局下中国制造业企业高端嵌入全球价值链研究"（项目批准号：22AZD126）。

　通讯作者：田毕飞，E-mail：tianbifei@ foxmail.com。

OFDI 中的地位也日益攀升。2003—2020 年，中国企业跨国并购投资规模和数量波动上升，在 OFDI 总额中的占比由 3.76%跃升至 52.72%，并于 2006 年、2010 年和 2020 年三次超过绿地投资规模。特别是在绿地投资规模近年来受疫情冲击大幅下降的情形下，中国企业跨国并购规模不降反升，呈现出强有力的发展态势①。当前，随着管理型经济向创业型经济的转变，全球各国愈发重视创业带来的社会效益，并将外商直接投资（FDI）视为激发当地创业的动力源之一。其中，跨国并购倾向于解决企业面临的战略瓶颈（范黎波等，2014），能够产生比绿地投资更大、更快的知识溢出效应（谢运，2012），为潜在创业者学习和升级技术提供更有力的保障。此外，不同于绿地投资，跨国并购通常无法享受外资优惠政策（李国学，2013），不会挤占当地企业的生存空间，更可能显著影响东道国创业。因此，研究中国企业跨国并购对东道国创业的影响既紧迫又必要。

现有文献较少涉及本国作为 FDI 的母国即 OFDI 对东道国创业的影响，更多关注的是本国作为 FDI 的流入国对本国创业的影响，且研究结论各异。促进论认为 FDI 能积极影响国内创业（Munemo，2018；许和连和梁亚芬，2019）和国际创业（田毕飞等，2018），阻碍论则认为 FDI 会挤出创业（Goel，2018），且程度因劳动力素质（Berrill et al.，2020）、创业类型（Feng，2021）等因素而异。此外，还有文献认为 FDI 与创业存在非线性关系（田毕飞和陈紫若，2016；王佳等，2021）。目前关于跨国并购与创业的研究相对零散，Danakol 等（2017）着眼于总体，通过运用 70 个国家的滞后数据，发现跨国并购会对国内创业产生负面影响，且在发达经济体和制造业中表现得更为明显。Lougui 和 Broström（2021）侧重于人员流动效应，重点探讨了包括跨国并购在内的并购行为对瑞典公司员工创业的影响。李思儒等（2022）则进一步聚焦于特定类型的跨国并购，指出数字型跨国并购能够正向影响创业决策和创业质量。

也有学者研究了中国企业跨国并购与东道国的关系，发现中国企业跨国并购对东道国存在多方面的积极效应。例如，牛华等（2020）认为，相较于绿地投资，中国企业跨国并购能更显著地改善东道国收入分配格局，促进经济包容性增长。景光正和盛斌（2021）指出，引入跨国并购能显著提高东道国在全球价值链中的分工地位。肖建忠等（2021）发现，跨国并购比绿地投资更有利于形成中国企业对"一带一路"沿线国家能源投资的良性循环，从而实现长期合作共赢。然而，现有文献并未关注中国企业跨国并购对东道国创业的影响。

鉴于现有研究的不足，本文拟探讨中国企业跨国并购与东道国创业的关系。本文的贡献主要体现在以下三个方面。第一，将跨国并购与创业结合起来，以中国作为投资母国，从理论上分析了中国企业跨国并购对东道国创业的非线性影响。第二，揭示了中国企业跨国并购影响东道国创业的具体机制及其异质性，深化了学术界对于中国等新兴经济体对外直接投资效应的认识。第三，有力回击了"中国威胁论""新殖民主义论"等不实言论，为中国政府引导跨国并购、中国企业开展跨国并购以及东道国利用中国投资提供了思路。

---

① 数据来源于 FDI Markets 数据库和 Zephyr 数据库。

2. 理论分析与研究假设

2.1 跨国并购与东道国创业

有关 FDI 与创业之间关系的探讨由来已久，但并无定论，主要包括挤入效应和挤出效应两种观点。近年来，越来越多的研究发现二者之间可能存在非线性关系，认为 FDI 对创业的影响是挤入效应和挤出效应两种力量相互作用的结果（田毕飞和陈紫若，2016；陈强远等，2021）。跨国并购作为 FDI 的主要形式之一，同样会对创业产生挤入和挤出两种效应。

一方面，跨国并购通过技术溢出、人员流动和适度竞争促进东道国创业。在技术溢出方面，FDI 溢出效应理论认为跨国企业能够发挥示范作用，向东道国传播先进的经验、技术和知识。创业知识溢出理论指出，新知识正是创业机会的重要来源（Danakol et al.，2017）。不同于绿地投资，跨国并购无需在东道国从零开始建厂，而是直接在并购标的基础上获得属地优势，这能够加快知识传播和技术扩散的速度，提升东道国相关行业的技术竞争力和研发创新水平（Otchere & Oldford，2018），进而促进东道国创业。在人员流动方面，由于跨国并购完成后需要整合并购标的，这一过程既可能导致直接的人员流动，也可能因为理念差异增强员工的离职倾向，从而导致间接的人员流动。从直接的人员流动上看，Siegel 和 Simons（2010）认为并购是对员工的一种再分配，通常会伴随着裁员。Ataullah 等（2014）也指出，相较于原公司，并购方往往更愿意以违背原公司劳动合同的方式解雇员工，从而降低劳动力成本，提高企业运营效率。这些被迫失业的员工为了获得新的收入来源，可能会不得不选择开展创业活动。从间接的人员流动上看，员工在考量企业经营理念、自身权利以及发展前景等一系列变化后，可能会选择主动离职进行创业。Kim（2022）的研究表明，并购会增加企业高管的流动比率，这种现象在员工格外注重自主性和独立性的初创公司中表现得尤为明显。Lougui 和 Broström（2021）也认为，并购在管理上面临着严峻的挑战，员工很可能会因为个人愿望与公司管理层观念的不匹配而选择运用原公司的客户等资源开展自主创业。在竞争方面，适度的跨国并购能起到活跃经济、促进发展的作用。跨国企业通常会因生产率较高而在市场中获得优势，这会倒逼东道国企业改进技术和提高效率，从而有利于创造商机。此外，并购标的原股东在获得交易金额后，可能会再次选择进行投资（李昶等，2015），这同样能促进东道国创业。

另一方面，跨国并购也会因为技术保护、工资提高和过度竞争阻碍东道国创业。在技术保护方面，跨国并购本质上属于逐利性活动，传播知识并不是其主要目的。实际上，由于跨国并购企业对自身拥有的知识具有一定的垄断性，这使其给东道国带来的真实知识技术溢出远不及预期，无法真正促进东道国创业。何映昆和曾刚（2003）指出，跨国并购中存在着技术转让陷阱，会使东道国产业进步对外部技术流入产生依赖，这反而不利于培养本土企业的创新能力。李昶等（2015）的研究同样表明，跨国并购带来的可能只是技术提升的假象，其本质上是高技术水平的外资企业对低技术水平的本土企业的挤出。此外，姚战琪（2006）通过比较绿地投资和跨国并购产生的技术溢出效应发现，跨国并购的技术转让程度还会受到股权比例的制约，产生的技术溢出没有绿地投资多。在工资提高方面,跨国并购过程中无意识的知识流动会提高员工的劳动效率,从而相应地提高员工工资 (Clougherty et al.,2014)。同时,跨国并购企业还会为了防止知识外溢或人才流失,选择使用提高工资的方式吸引员工留下(Orefice et al.,2021)。根据职业选择理论,当劳动者认为当前的工作符合自身的职业期望时,他们会选择继续被雇用,而不会选择创业。在竞争方面,过度的跨国并购严重挤压本土企业的生存空间,削弱本土企业的竞争力,从而阻碍东道国创业。叶生洪等(2016)的研究表明,无论本土企业处于何种规模,跨国并购都会对其长期竞争力产生显著的抑制效应。Otchere 和 Oldford(2018)也指出,跨国并购会改变行业竞争所处的平衡状态,提高并购标的在行业中的竞争地位,从而不利于新企业的创建。

综上所述,跨国并购与东道国创业之间存在非线性关系。初期随着投资总额的增加,跨国并购带来知识溢出、人员流动和适度竞争,东道国创业活跃度也相应上升,此时以挤入效应为主。但当投资总额过大时,跨国企业在东道国的占比过高,会吸纳更多的本土就业,并凭借自身优势提高行业进入门槛,东道国创业活跃度相应下降,此时以挤出效应为主。基于上述理论分析,本文提出假设:

H1:中国企业跨国并购对东道国创业呈倒 U 形效应。

2.2 创业意愿的中介作用

创业意愿是一种主观态度,会受到市场环境、创业机会和个人特征等因素的影响。跨国并购作为一项冲击,涉及基于标的企业的整合扩充等一系列行为,将从内、外部两个层面影响东道国创业意愿。在企业内部,中国企业跨国并购在很大程度上会激发核心员工的创业意愿。一方面,中国企业跨国并购主要流向发达国家和地区,具有逆向投资特征(孙灵希和储晓茜,2018),这使其不得不面临"来源国劣势"的挑战。由于容易遭受有关能力和合法性的质疑(杨勃和刘娟,2020),中国企业将更难以获得标的企业员工的认可。另一方面,核心员工所掌握的先进技术和社会网络资源为其提供了丰富的创业初始资本(于海云等,2015)。当出现理念冲突或不满现状的情况时,并购会被视为创业机会,成为核心员工萌生创业意愿的重要拉动因素(Lougui & Broström,2021)。此外,员工创业意愿的强弱还与并购规模有关。员工创业现象在小规模企业中更为常见(Yeganegi et al.,2022),而大规模并购通过与经验丰富的机构投资者合作,能更灵活地采用留任激励和实行独立运营等方式阻止员工创业(Zhang et al.,2018)。在企业外部,中国企业跨国并购能通过拓展市场范围提供创业机会,增强东道国创业意愿。中国国内市场规模独具优势,是促成并购交易的加分项(赵剑波和吕铁,2016)。中方并购搭建了沟通双方的有效桥梁,新市场和新需求为孕育潜在企业家营造了良好的环境。然而,中国企业的劳动力需求和竞争强度也会减弱东道国创业意愿。为获取战略性资产,中国企业愿意以支付高工资的方式集聚本土技术人才,这会降低创业选择的吸引力,并增加新创企业的用工成本和雇佣难度(Chen & Zhou,2023)。随着并购规模的扩大,中国企业的劳动力需求会进一步增加,交易中"强强联合"的可能性也会有所提升,这将加剧竞争压力,提高创业门槛。

创业意愿是预测创业行为的有效指标(何良兴和张玉利,2022)。首先,创业意愿是创业行为形成的关键前提。计划行为理论和创业事件模型作为解释创业意图的核心理论（Schlaegel & Koenig，2014），常用于探讨二者关系（王季等，2020）。这两种理论都肯定了意愿之于行为的重要前置作用，即当个体拥有一定强度的创业意愿时，创业行为才更可能发生（何良兴和张玉利，2020）。例如，Gieure 等（2020）通过测试计划行为理论的有效性，肯定了创业意图对个人创业行为的积极影响。其次，创业行为是创业意愿发展的目标导向。当拥有创业意愿时，个体会有意识地向落实创业行为而努力。例如，宋国学（2022）以大学生为研究对象，发现行动导向能有效促成创业意愿向创业行为的转化。基于上述理论分析，本文提出假设：

H2：中国企业跨国并购通过倒 U 形关系影响东道国创业意愿，并通过创业意愿的中介作用对东道国创业产生倒 U 形影响。

2.3 制度环境的调节作用

基于对挤入效应和挤出效应的综合分析，本文阐述了中国企业跨国并购对东道国创业的倒 U 形效应。然而，影响东道国创业的因素众多。东道国创业除了会受到跨国并购的影响，还会受到自身制度环境的制约。根据新制度经济学的观点，社会制度在促进和阻碍创业方面发挥着关键性作用（Burns & Fuller，2020）。因此，中国企业跨国并购与东道国创业的关系可能因为东道国制度环境的不同而存在显著差异。

制度环境可分为管制环境、认知环境和规范环境（Kostova & Roth，2002）。管制环境是指激励或约束特定行为的法律法规，具体表现为东道国在融资、税收和公共政策方面对创业的支持程度。当东道国管制环境水平较低时，政府对创业的政策支持力度不足，潜在创业者不仅面临着一系列资源约束，而且还会受到寻租行为的挑战（陈成梦等，2022），创业阻碍多且难度大。此时，即使中国企业跨国并购带来了知识溢出、人员流动和有效竞争，东道国居民也很可能会因为阻力过大而放弃创业，这使得中国企业跨国并购对东道国创业的促进作用被弱化。随着东道国管制水平的不断提高，政府通过提供更多类型的信贷工具以及简化创业程序等方式，能够尽可能地减少市场中的创业阻碍（Aparicio et al.，2016）。此时，即使中国企业跨国并购会因技术保护、工资提高和过度竞争挤出本土企业，东道国的新创企业也能在政府政策的支持下提高存活率，这使得中国企业跨国并购对东道国创业的阻碍作用被弱化。基于上述理论分析，本文提出假设：

H3：东道国管制环境削弱了中国企业跨国并购对东道国创业的倒 U 形效应。

认知环境是指人们用于解释特定现象的社会共识，具体表现为东道国在教育方面对创业的支持程度，与人们的创业技能和创业信心密不可分。当东道国认知环境水平较低时，当地居民所能了解的创业知识相对有限，大部分人不仅缺少对创业机会的敏感度，而且缺少创业技能和经验，对创办和管理企业的方式知之甚少。这将在无形中抬高创业成本，削弱当地创业积极性（Yang et al.，2020）。此时，即使中国企业跨国并购能够通过传播先进的技术和经验为东道国带来商机，当地居民也会因受限于能力而难以开展创业活动，这使得中国企业跨国并购对东道国创业的促进作用被弱化。随着东道国认知环境水平的不断提高，东道国的创业教育趋于完善，这有助于培育良好的创业氛围（任胜钢等，2017）。通过学习，当地居民能够有效提升创业技能，从而提振创业信心。已有研究表明，对自身技能的信心在创办新企业中发挥着重要作用（Estrin & Mickiewicz，2012）。同时，具有较高认知环境水平的东道国通常有许多专业协会和中介机构，能够帮助新企业解决常见问题，从而提升新企业的存活率。此外，当东道国认知环境水平较高时，政府将会更加重视本土企业与跨国企业之间的联系，鼓励本土企业与跨国企业积极互动，以此增加学习机会（Yang et al.，2023），这能在一定程度上削弱跨国并购企业因知识保护而对东道国创业产生的阻碍作用。基于上述理论分析，本文提出假设：

H4：东道国认知环境削弱了中国企业跨国并购对东道国创业的倒 U 形效应。

规范环境是指人们对于特定行为的价值观和信仰，具体表现为东道国在社会文化方面对创业的支持程度，与人们对待创业的态度密不可分。当东道国规范环境水平较低时，创业者在社会中的地位不高，当地居民并不认为创业是一种明智的选择。随着东道国规范环境水平的不断提高，当地居民对创业的认可程度也会相应提高，成功创业者的社会地位逐渐得到认可，这能在一定程度上降低居民创业选择的心理压力及对创业失败的恐惧。已有研究表明，惧怕失败会影响居民的创业意愿（Wyrwich et al.，2016）。因此，较高的规范环境水平有利于强化中国企业跨国并购对当地创业的促进作用，帮助当地居民把握商机。但当东道国规范环境水平过高时，社会中的冒险倾向趋于激进（Clarke & Liesch，2017），当地居民可能会做出不合理的投资决策。换句话说，即使市场中不确定性因素较多，当地居民仍然可能选择创业，这种盲目性的创业行为更可能遭受中国企业跨国并购对东道国创业产生的不利影响。基于上述理论分析，本文提出假设：

H5：东道国规范环境强化了中国企业跨国并购对东道国创业的倒 U 形效应。

3. 模型设定、变量选择与数据来源

3.1 模型设定

3.1.1 基准回归模型

本文首先探讨中国企业跨国并购是否影响东道国创业。为检验假设 H1，本文构建基准回归模型如下：

$$\text{TEA}_{it} = \alpha_0 + \alpha_1 \text{MA}_{it} + \alpha_2 \text{MA}_{it}^2 + \sum \text{Controls}_{it} + u_i + v_t + \varepsilon_{it} \tag{1}$$

其中，i、t 分别表示国家和年份，TEA_{it} 为东道国创业活跃度，MA_{it} 为中国企业跨国并购总额，MA_{it}^2 为中国企业跨国并购总额的二次项，Controls_{it} 为影响东道国创业活跃度的控制变量集，u_i 和 v_t 分别为国家固定效应和年份固定效应，α_0 为截距项，ε_{it} 为随机扰动项。

3.1.2 中介效应模型

本文其次探讨中国企业跨国并购如何影响东道国创业。考虑到中国企业跨国并购与东道国创业之间可能存在非线性关系，为检验假设 H2，本文采用 Edwards 和 Lambert（2007）提出的调节路径分析

方法，构建非线性中介效应模型如下：

$$M_{it} = \beta_0 + \beta_1 \mathrm{MA}_{it} + \beta_2 \mathrm{MA}_{it}^2 + \sum \mathrm{Controls}_{it} + u_i + v_t + \varepsilon_{it} \quad (2)$$

$$\mathrm{TEA}_{it} = \beta_0 + \beta_1 \mathrm{MA}_{it} + \beta_2 \mathrm{MA}_{it}^2 + \beta_3 M_{it} + \beta_4 \mathrm{MA}_{it} \times M_{it} + \sum \mathrm{Controls}_{it} + u_i + v_t + \varepsilon_{it} \quad (3)$$

其中，M_{it} 为中介变量，即东道国创业意愿，其余变量设定与式(1)保持一致。具体而言，式(2)用于检验中国企业跨国并购与东道国创业意愿的非线性关系，式(3)用于检验东道国创业意愿在中国企业跨国并购与东道国创业的非线性关系中发挥的中介作用。

3.1.3 调节效应模型

本文最后探讨制度环境对中国企业跨国并购与东道国创业之间关系的影响。为检验假设 H3、H4 和 H5，本文在式(1)的基础上分别加入管制环境、认知环境和规范环境与中国企业跨国并购总额一次项及二次项的交互项，并对交互项进行中心化处理，构建调节效应模型如下：

$$\mathrm{TEA}_{it} = \delta_0 + \delta_1 \mathrm{MA}_{it} + \delta_2 \mathrm{MA}_{it}^2 + (\delta_3 + \delta_4 \mathrm{MA}_{it} + \delta_5 \mathrm{MA}_{it}^2) \times \mathrm{Reg}_{it} + \sum \mathrm{Controls}_{it} + u_i + v_t + \varepsilon_{it} \quad (4)$$

$$\mathrm{TEA}_{it} = \delta_0 + \delta_1 \mathrm{MA}_{it} + \delta_2 \mathrm{MA}_{it}^2 + (\delta_3 + \delta_4 \mathrm{MA}_{it} + \delta_5 \mathrm{MA}_{it}^2) \times \mathrm{Cog}_{it} + \sum \mathrm{Controls}_{it} + u_i + v_t + \varepsilon_{it} \quad (5)$$

$$\mathrm{TEA}_{it} = \delta_0 + \delta_1 \mathrm{MA}_{it} + \delta_2 \mathrm{MA}_{it}^2 + (\delta_3 + \delta_4 \mathrm{MA}_{it} + \delta_5 \mathrm{MA}_{it}^2) \times \mathrm{Nor}_{it} + \sum \mathrm{Controls}_{it} + u_i + v_t + \varepsilon_{it} \quad (6)$$

其中，Reg_{it} 为管制环境，Cog_{it} 为认知环境，Nor_{it} 为规范环境，其余变量设定与式(1)一致。

3.2 变量选择

3.2.1 被解释变量

被解释变量为创业活跃度(TEA)。现有研究主要采用早期创业活动指标(TEA)、新企业注册数量和新企业注册密度等指标衡量一国的创业水平。其中，TEA 指标来源于全球创业观察(GEM)，新企业注册数量和新企业注册密度来源于世界银行。相较于世界银行的数据，GEM 提供的数据具有可比性强和内容丰富的优势。一方面，二者的统计口径不同。GEM 是以问卷形式统计各国创业人口占比的一项全球性调查，而世界银行统计的是各国正式注册的有限责任公司的数量。由于各国对注册有限责任公司的标准不一，新企业注册数量和新企业注册密度在衡量创业情况时缺少可比性，而 TEA 指标作为成年人口问卷调查(APS)的结果，能在一定程度上解决跨国研究数据的可比性问题(Hong et al., 2021)。另一方面，二者的统计内容不同。世界银行仅考虑了正式创业，忽略了非正式创业。GEM 不仅包括了正式创业和非正式创业，而且还区分了不同创业动机、创业阶段和创业者性别，便于从多个角度全面衡量一国的创业情况。基于上述分析，本文最终选择使用 TEA 指标来衡量东道国创业活跃度，即 18~64 岁新创业者或新企业拥有者的人口占比。

3.2.2 解释变量

解释变量为中国企业跨国并购总额的对数(MA)。跨国并购研究中常用的数据库有 SDC Platinum

数据库和 Zephyr 数据库,二者均以交易事件为单位呈现全球并购情况,提供包括交易双方、交易状态以及交易金额在内的一系列内容。根据数据库特点,本文基于跨国并购事件,通过加总交易金额得到各年度各国接受的中国企业跨国并购总额,单位为百万美元。由于存在小于 100 万美元的跨国并购总额,本文统一对数据进行加一取对数处理。另外,考虑到除绝对数指标以外,现有文献也常采用相对数指标衡量中国企业对外直接投资水平,因此,本文在稳健性检验中引入中国企业跨国并购总额与东道国国内生产总值之比作为替代性指标。

3.2.3 中介变量

创业意愿能够反映一国居民对待创业的主观态度和潜在企业家数量。现有研究大多集中于单一国家或指定群体,采用问卷或量表采集创业意愿数据(Esfandiar et al., 2019)。GEM 以 APS 问卷为基础,提供了可供跨国比较的创业意愿数据。因此,本文选取该数据衡量东道国的创业意愿(Intention),具体涵盖 18~64 岁计划在三年内创业的潜在企业家的人口占比。

3.2.4 调节变量

本文借鉴田毕飞等(2018)的方法,运用 GEM 的国家层面专家问卷调查(NES)数据来衡量东道国的制度环境。NES 问卷中的 A 问项、B 问项①和 I 问项分别体现了东道国在融资、公共政策和社会文化方面对创业的支持程度。基于此,本文中的管制环境(Reg)用 A 问项和 B 问项的总体均值来衡量,规范环境(Nor)用 I 问项的总体均值来衡量。在田毕飞等(2018)的研究中,L 问项体现了东道国居民对创业技能的掌握程度,用于衡量认知维度。但是 L 问项自 2014 年起不再进行统计,因此本文借鉴陈成梦等(2022)的方法,使用 NES 问卷中 D 问项②的总体均值衡量认知环境(Cog),该问项体现的是东道国在教育方面对创业的支持程度。需要注意的是,NES 调查提供了包括 5 分制、7 分制和 9 分制在内的三种评分标准,其中仅 5 分制具有时间可比性。然而,5 分制的相关数据目前仅披露至 2020 年。因此,调节变量的时间范围为 2001—2020 年。

3.2.5 控制变量

基于创业折中理论(Audretsch et al., 2002)和现有研究(Danakol et al., 2017;田毕飞等,2018),本文纳入以下控制变量。一是除中国外的他国企业跨国并购总额的对数(Ma_other),用样本期内东道国接受到的跨国并购总额减去来自中国企业的跨国并购总额来衡量,并进行加一取对数处理。二是经济增长率(Gdpgr),用基于固定当地货币的市场价格计算的国内生产总值年增长率来衡量。三是已建立企业率(Ebo),用 18~64 岁拥有企业并支付工资已经超过 42 个月的人口占比来衡量。四是创业成本(Cost),用企业注册成本占人均国民总收入的比例来衡量。

---

① B 问项中具体包含 B1 和 B2 两个维度,分别侧重于政府支持政策和政府税收政策。
② D 问项中具体包含 D1 和 D2 两个维度,分别侧重于学校阶段的创业教育和毕业后的创业教育。

3.3　数据来源与描述性统计

本文以2001—2021年59个国家①的非平衡面板数据为样本。选取该时间范围的主要原因在于，作为被解释变量的TEA指标在国家层面的详细调查数据仅限于2001—2021年。具体而言，创业活跃度、创业意愿、管制环境、认知环境、规范环境和已建立企业率来源于GEM数据库，中国企业跨国并购总额和除中国外的他国企业跨国并购总额来源于Zephyr数据库和SDC Platinum数据库，其余变量来源于世界银行。

考虑到跨国并购交易数据相对较为零散，为尽可能全面准确地获得中国企业的跨国并购情况，本文综合了两个在跨国并购研究中认可度较高的数据库提供的交易数据，具体的数据处理过程如下。首先，本文分别从SDC Platinum数据库和Zephyr数据库中获得2001—2021年以中国为并购方的跨国并购交易事件，各有3930条、2879条。由于跨国并购事件包括宣告、待定、完成、延迟等多种状态，为保证中国企业跨国并购事件的完整性，本文仅考虑处于完成状态下的交易事件，分别对应于SDC Platinum数据库中的"complete"状态以及Zephyr数据库中的"complete"和"complete assumed"两种状态。其次，依据TEA指标调查国对跨国并购交易事件进行初步筛选，仅保留并购标的所在国与TEA指标调查国相匹配的交易数据②，同时删去对中国香港和澳门地区的并购事件。经过筛选后，来自SDC Platinum和Zephyr数据库的交易事件分别有2855条、1507条。再次，通过仔细比对两个数据库的交易数据，依据并购双方名称以及交易年份③判断重复记录的事件，此类交易事件共有395条。最后，合并两个数据库中清洗完毕的跨国并购交易事件，共得到3967条有效交易事件，以标的所在国为依据加总中国企业跨国并购交易金额后，共得到705条数据。需要说明的是，在Zephyr数据库提供的详细跨国并购交易事件中，有时会出现并购方由处于不同国家的多个企业组成的情况。此时，若直接使用交易金额进行加总，会高估中国企业的实际跨国并购总额。为解决这一问题，本文在处理该类数据时，以中国企业在并购方中所占的比例为权重计算交易金额的加权平均数。类似地，控制变量中的除中国外的他国企业跨国并购总额的对数(Ma_other)的处理方式与此相同。各变量的描述性统计见表1。

---

①　59个国家包括安哥拉、阿根廷、澳大利亚、奥地利、巴巴多斯、比利时、玻利维亚、巴西、加拿大、智利、哥伦比亚、克罗地亚、塞浦路斯、捷克、丹麦、埃及、芬兰、法国、德国、加纳、希腊、匈牙利、印度、印度尼西亚、爱尔兰、以色列、意大利、牙买加、日本、哈萨克斯坦、拉脱维亚、卢森堡、马来西亚、墨西哥、摩洛哥、荷兰、挪威、巴拿马、秘鲁、波兰、葡萄牙、俄罗斯、沙特阿拉伯、新加坡、斯洛伐克、斯洛文尼亚、南非、韩国、西班牙、瑞典、瑞士、泰国、土耳其、乌干达、阿联酋、英国、美国、乌拉圭、越南。

②　数据中所包含的百慕大群岛、巴勒斯坦等地区因无法完成匹配而被自然剔除，不再特别讨论。

③　SDC Platinum数据库中的交易事件以"date effective"对应的年份为准，Zephyr数据库中的交易事件以"completed date"或"assumed completion date"对应的年份为准。

表 1 描述性统计

变量名称	变量定义	观测值	均值	标准差	最小值	最大值
TEA	创业活跃度,18~64 岁新生企业家或新企业拥有者的人口占比(%)	1000	11.707	7.805	1.480	52.110
MA	中国企业跨国并购总额的对数	377	5.116	2.367	0.001	10.513
MA^2	中国企业跨国并购总额对数的平方	377	31.756	23.713	0.000	110.521
Intention	创业意愿,各东道国 18~64 岁计划在三年内创业的潜在企业家的人口占比(%)	990	20.256	15.715	0.750	90.950
Reg	管制环境,东道国在融资和公共政策方面对当地创业的支持程度	904	2.529	0.427	1.518	3.773
Cog	认知环境,东道国在教育方面对当地创业的支持程度	904	2.423	0.350	1.340	3.890
Nor	规范环境,东道国在社会文化方面对当地创业的支持程度	904	2.858	0.507	1.620	4.790
Ma_other	除中国外的他国企业跨国并购总额的对数	812	7.796	2.019	0.058	12.772
Gdpgr	经济增长率,基于固定当地货币的市场价格计算的国内生产总值年增长率(%)	1003	2.550	3.673	-17.998	25.176
Ebo	已建立企业率,18~64 岁拥有企业并支付工资已经超过 42 个月的人口占比(%)	1017	7.612	5.032	0.420	37.740
Cost	创业成本,企业注册成本占人均国民总收入的比例(%)	800	12.617	21.235	0.000	226.600

4. 实证分析

4.1 基准回归

表 2 中从列(1)到列(3)为双向固定效应模型回归结果。表 2 列(1)用于检验线性关系,此时中国企业跨国并购在 5% 的水平上显著正向影响东道国创业。表 2 列(2)纳入了中国企业跨国并购的二次项,结果显示,一次项的回归系数在 5% 的水平上显著为正,二次项的回归系数在 10% 的水平上显著为负。表 2 列(3)在此基础上添加控制变量,中国企业跨国并购一次项和二次项的回归系数的符号与列(2)保持一致,且分别在 1% 和 5% 的水平上显著。经测算,对应拐点为 5.891①,位于样本的取值范围内,这表明中国企业跨国并购与东道国创业之间存在倒 U 形关系。当中国企业跨国并购总额

① 计算方法为: $-\alpha_1/(2 \times \alpha_2) = -0.754/[2 \times (-0.064)] \approx 5.891$。本文其余拐点计算方法与此相同。

小于 360.767 百万美元时①，中国企业跨国并购总额增加能显著提高东道国创业活跃度；当中国企业跨国并购总额大于 360.767 百万美元时，中国企业跨国并购总额增加会显著降低东道国创业活跃度。表 2 列(4)和列(5)分别为最大似然估计(MLE)和广义最小二乘估计(GLS)回归结果，核心解释变量一次项和二次项的符号方向和显著性水平与列(3)基本保持一致，同样体现出中国企业跨国并购与东道国创业之间的倒 U 形关系。假设 H1 得到验证。

表 2　　　　　　　　　　　　　　　　基 准 回 归

	(1)FE	(2)FE	(3)FE	(4)MLE	(5)GLS
MA	0.217**	0.666**	0.754***	0.584**	0.570***
	(0.090)	(0.277)	(0.232)	(0.231)	(0.154)
MA^2		−0.047*	−0.064**	−0.050**	−0.051***
		(0.026)	(0.025)	(0.024)	(0.016)
Ma_other			0.155	−0.096	0.185
			(0.185)	(0.195)	(0.115)
Gdpgr			−0.171*	−0.148*	−0.104**
			(0.096)	(0.088)	(0.046)
Ebo			0.319*	0.394***	0.361***
			(0.168)	(0.124)	(0.065)
Cost			0.249*	0.250***	0.149***
			(0.143)	(0.079)	(0.055)
_cons	7.391***	6.355***	2.560	4.687*	−1.473
	(0.837)	(1.150)	(2.747)	(2.497)	(2.557)
国家固定效应	YES	YES	YES	YES	YES
时间固定效应	YES	YES	YES	YES	YES
拐点		7.085	5.891	5.840	5.588
N	377	377	296	296	281
R^2	0.284	0.291	0.342		

注：括号内为稳健标准误，*、**、***分别表示在 10%、5%和 1%的置信水平上显著。下同。

4.2　内生性分析与稳健性检验

4.2.1　考虑样本选择偏差的影响

中国企业的跨国并购行为是非随机的，而本文样本为接受中国企业跨国并购且金额已知的东道

① 计算方法为：$e^{5.891}-1=360.7669\approx360.767$。

国，剔除了未接受中国企业跨国并购或接受中国企业跨国并购但金额未知的东道国①，这可能使参数估计有偏。为缓解样本选择偏差可能带来的内生性问题，本文运用 Heckman 两阶段模型进行检验，具体回归模型如下：

$$\text{Pr}(\text{MA\_dum} = 1) = a'_0 + a'_1 \text{Cul\_dis} + \sum \text{Controls}_{it} + v_t + \varepsilon_{it} \tag{7}$$

$$\text{TEA}_{it} = \beta'_0 + \beta'_1 \text{MA}_{it} + \beta'_2 \text{MA}^2_{it} + \beta'_3 \text{Imr} + \sum \text{Controls}_{it} + u_i + v_t + \varepsilon_{it} \tag{8}$$

其中，式（7）为第一阶段决策方程②，用于衡量中国企业跨国并购行为发生的概率。式（8）为第二阶段规模方程，用于考察样本选择偏差的影响。MA_dum 为中国企业跨国并购行为是否发生对应的哑变量，Cul_dis 为中国与东道国的文化距离③，Imr 为逆米尔斯比率，其余变量含义与式（1）相同。其中，Cul_dis 为排他性约束变量，这是因为跨国并购需要面对反垄断审查、资源整合和协调管理等方面的挑战，而文化差异会通过影响整合难度进一步影响中国跨国并购行为发生的可能性，但不会直接影响东道国创业。表 3 汇报了 Heckman 两阶段模型的回归结果。表 3 列（1）显示文化距离在5%的水平上显著为负，说明排他性约束变量有效。表 3 列（2）显示中国企业跨国并购一次项和二次项的符号方向、显著性水平与基准回归保持一致，同时 Imr 不显著，说明回归结果没有明显受到样本选择偏差的影响，本文结论稳健。

表 3　　　　　　　　　　　　　　　**Heckman 两阶段模型**

	（1）决策方程	（2）规模方程
MA		0.791***
		(0.249)
MA²		−0.070**
		(0.027)
Cul_dis	−0.139**	
	(0.062)	
Imr		1.233
		(2.228)
控制变量	YES	YES
国家（固定）效应	NO	YES

① SDC Platinum 数据库和 Zephyr 数据库中均包含交易金额未知的并购事件，本文有关中国企业对东道国进行跨国并购但交易金额未知的样本共有 86 个。

② 式（7）中的被解释变量为中国企业是否进行跨国并购对应的 0~1 变量，研究对象为中国企业，故未引入国家效应。

③ 借鉴 Hofstede 的文化维度理论以及 Kogut 和 Singh（1988）的做法，选择权力距离、个人主义与集体主义、不确定性规避和刚柔性四个维度表征文化距离，计算公式为：$\text{Cul\_dis}_j = \sum_{i=1}^{4} [(I_{ij} - I_{ic})^2 / V_i]/4$，其中 c 为中国，j 为东道国，$I_{ij}$、$I_{ic}$ 分别代表东道国和中国在第 i 个维度上的文化评分，V_i 为 i 维度下所有东道国文化评分的总体方差，数据来源于 https://geerthofstede.com/。

续表

	（1）决策方程	（2）规模方程
时间（固定）效应	YES	YES
拐点		5.650
N	565	273
R^2	0.301	0.346

注：列（1）、列（2）中的 R^2 分别为 Pseudo R^2 和 Within R^2。此外，列（1）使用的是 Probit 模型，不存在固定效应，此时将引入虚拟变量以控制不可观测因素的方式称为国家效应和时间效应更为严谨。

4.2.2 考虑解释变量的替代指标

被解释变量 TEA 在衡量不同国家创业活跃度时可比性优势凸显，具备一定的不可替代性。因此，本文重点考虑对解释变量 MA 进行替换，采用的是中国企业跨国并购总额与东道国国内生产总值之比，用于反映中国企业跨国并购相对于东道国经济发展的重要程度。对于这一指标，考虑到分子与分母数值悬殊且存在小于 100 万美元的跨国并购数据，本文先对数据进行加一取对数处理，再求得比值。回归结果如表 4 中的列（1）所示，中国企业跨国并购总额与东道国国内生产总值之比的一次项和二次项分别在 5% 和 10% 的水平上显著，符号方向与基准回归保持一致，回归结果较为稳健。

表4   稳健性检验

	（1）替代指标	（2）反向因果	（3）金融危机	（4）异常值
L. TEA		0.458***		
		(0.154)		
MA	7.555**	0.872**	0.604**	0.745***
	(2.996)	(0.437)	(0.246)	(0.241)
MA^2	-7.718*	-0.074*	-0.052*	-0.063**
	(4.386)	(0.044)	(0.026)	(0.026)
控制变量	YES	YES	YES	YES
国家固定效应	YES	YES	YES	YES
时间固定效应	YES	YES	YES	YES
拐点	0.489	5.892	5.808	5.913
N	296	256	288	296
AR(1)P 值		0.015		
AR(2)P 值		0.823		
Hansen 检验 P 值		0.186		
R^2	0.337		0.330	0.342

4.2.3 考虑反向因果的影响

一方面，创业活跃度较高的东道国可能本身更能吸引中国企业开展跨国并购。另一方面，东道国的创业活跃度可能存在惯性，即前期创业活跃度很可能对当期创业活跃度产生影响。因此，本文将滞后一期的创业活跃度纳入回归方程，运用 GMM 两步法检验中国企业跨国并购与东道国创业活跃度之间可能存在的反向因果关系，并设定被解释变量 TEA 与解释变量 MA 为内生变量，其余变量为外生变量。

表 4 中的列（2）为 GMM 两步法的回归结果，滞后一期的东道国创业活跃度在 1% 的水平上显著，说明上一期的创业活跃度将正向影响当期的创业活跃度。同时，中国企业跨国并购一次项和二次项的符号方向与基准回归相同，并分别在 5% 和 10% 的水平上显著。这表明反向因果关系没有产生明显影响，回归结果总体是稳健的。此外，AR(1) 的 P 值为 0.015，AR(2) 的 P 值为 0.823，这表明存在一阶自相关，不存在二阶自相关，通过了 Arellano-Bond 检验。Hansen 检验的 P 值为 0.186，接受了所有工具变量均为外生的原假设，说明模型估计中使用的工具变量有效。

4.2.4 考虑金融危机冲击的影响

考虑到 2008 年金融危机爆发，不仅直接影响中国企业跨国并购进程，而且可能对东道国创业产生冲击。因此，本文在剔除 2008 年样本后重新进行回归，结果如表 4 中的列（3）所示。中国企业跨国并购一次项在 5% 的水平上显著为正，二次项在 10% 的水平上显著为负，中国企业跨国并购与东道国创业之间存在倒 U 形关系。调整样本后的回归结果与基准回归基本一致，回归结果较为稳健。

4.2.5 考虑异常值的影响

考虑到对数化前中国企业跨国并购总额的标准差均大于均值，数据变异程度较大，可能存在影响回归结果的极端值。因此，本文首先对解释变量在 1% 的水平上进行了双边缩尾处理，其次求出对应的平方项，最后运用处理后的数据再次进行回归。表 4 中的列（4）是剔除异常值后的回归结果，核心解释变量的显著性水平与基准回归保持一致，体现了回归结果的稳健性。

4.3 异质性分析

4.3.1 区分东道国经济发展水平

考虑到中国企业跨国并购对东道国创业的影响可能与东道国的经济状况有关，本文区分东道国经济发展水平，分样本检验中国企业跨国并购与东道国创业的关系。依据世界银行的分类，本文将处于"高收入水平"的东道国视为发达国家，共 38 个①；将处于"中高收入水平""中低收入水平"和

---

① 38 个发达经济体指澳大利亚、奥地利、巴巴多斯、比利时、加拿大、智利、克罗地亚、塞浦路斯、捷克、丹麦、芬兰、法国、德国、希腊、匈牙利、爱尔兰、以色列、意大利、日本、拉脱维亚、卢森堡、荷兰、挪威、巴拿马、波兰、葡萄牙、沙特阿拉伯、新加坡、斯洛伐克、斯洛文尼亚、韩国、西班牙、瑞典、瑞士、阿联酋、英国、美国、乌拉圭。

"低收入水平"的东道国视为发展中国家，共21个①。

表5是区分东道国经济发展水平得到的回归结果。从表5列（1）可以看出，当东道国为发达国家时，中国企业跨国并购与当地创业呈现倒U形关系，与基准回归结果一致。从表5列（2）和列（3）可以看出，当东道国为发展中国家时，中国企业跨国并购对当地创业的非线性影响较弱。当单独考察中国企业跨国并购对东道国创业的线性作用时，中国企业跨国并购的一次项在1%的水平上显著为正，表明中国企业跨国并购正向影响发展中国家的创业活动，即中国企业跨国并购对东道国创业的促进作用超过了阻碍作用。

在接受中国企业跨国并购时，两类东道国的创业活动产生不同反应的原因可能有二。一是相较于发展中国家，发达国家本身具备较高的经济发展水平，市场发展空间有限，对于中国企业跨国并购所带来的知识溢出不太敏感，反而是中国企业可能获得了逆向知识溢出。此时，随着中国企业跨国并购规模不断增加，在知识溢出相对有限的情况下市场竞争会进一步加剧，不利于当地企业生存。因此，中国企业跨国并购在刺激发达国家的创业活动时面临的门槛更高，当中国企业跨国并购总额超过一定数量时，中国企业跨国并购对发达国家创业活动的效果将会由正转负。二是随着中国经济的飞速发展，部分发达国家出于政治考量对来自中国的并购投资十分警惕，这使得中国企业在发达国家的并购投资频频受阻，被允许投资的行业相对受限，一些优秀中国企业因为并购投资被叫停而失去进入发达国家的机会。因此，中国企业跨国并购所能产生的知识溢出和资源协同效果大打折扣，对发达国家创业活动的促进作用也相对受限。相反，发展中国家大多对引进包括中国资本在内的世界投资持欢迎态度，这使得中国企业跨国并购能更好地与当地企业配合，进而发挥中国企业跨国并购对当地创业活动的促进作用。

表5　　　　　　　　　　　　　　　**区分东道国经济发展水平**

	（1）发达国家	（2）发展中国家	（3）发展中国家
MA	0.604**	0.422	0.311***
	(0.233)	(0.322)	(0.105)
MA²	−0.063**	−0.012	
	(0.026)	(0.038)	
控制变量	YES	YES	YES
国家固定效应	YES	YES	YES
时间固定效应	YES	YES	YES
拐点	4.794		
N	207	89	89
R^2	0.494	0.456	0.456

① 21个发展中经济体指安哥拉、阿根廷、玻利维亚、巴西、哥伦比亚、埃及、加纳、印度、印度尼西亚、牙买加、哈萨克斯坦、马来西亚、墨西哥、摩洛哥、秘鲁、俄罗斯、南非、泰国、土耳其、乌干达、越南。

4.3.2　区分投资行业和上市情况

对于投资行业,本文基于并购标的对应的标准产业分类代码(US SIC Code)划分三大产业①,由于第一产业匹配后的样本数量仅有 19 个,故重点考虑中国企业在第二产业和第三产业中的跨国并购与东道国创业之间的关系。对于上市情况,本文基于中国跨国并购企业的股票代码进行划分,其中上市企业共涉及 1392 条交易事件,非上市企业共涉及 2575 条交易事件,加总后分别得到 398 条、603 条数据。

表 6 是区分中国跨国并购企业投资行业和上市情况的回归结果。表 6 列(1)和列(2)显示,中国企业投资于第二产业的跨国并购与东道国创业之间存在显著的倒 U 形关系,而中国企业投资于第三产业的跨国并购对东道国创业没有显著的非线性影响。可能的原因有两点。一是中国第二产业起步较早且技术先进,更能在中国企业跨国并购的过程中向东道国传播有效的经验、技术和知识,从而对当地相关行业的创业活动产生促进作用。二是第二产业能够带来更高的产业关联度(李思儒等,2022),更能通过上下游关联效应带动东道国创业。表 6 列(3)和列(4)显示,中国非上市企业跨国并购与东道国创业之间存在显著的倒 U 形关系,而中国上市企业跨国并购对东道国创业没有显著的非线性影响。可能的原因在于相较于上市企业,中国非上市企业跨国并购的交易金额尽管略低,但交易事件更多,与东道国当地企业的互动更频繁,因此更可能通过知识溢出与上下游关联从而促进东道国创业。

表 6　　　　　　　　　　　　　**区分投资行业和上市情况**

	投资行业		上市情况	
	(1)第二产业	(2)第三产业	(3)上市	(4)非上市
MA	0.795**	0.319	0.342	0.730**
	(0.350)	(0.542)	(0.364)	(0.322)
MA^2	−0.069*	−0.032	−0.037	−0.066*
	(0.038)	(0.052)	(0.031)	(0.034)
控制变量	YES	YES	YES	YES
国家固定效应	YES	YES	YES	YES
时间固定效应	YES	YES	YES	YES
拐点	5.761			5.530
N	252	171	181	238
R^2	0.362	0.346	0.296	0.457

---

① 标准产业分类代码共由四位编码组成,前两位代码为 01~09 对应第一产业,10~17 和 20~39 对应第二产业,40~99 对应第三产业。其中,10~14、15~17 和 20~39 分别为采矿业、建筑业和制造业。

5. 进一步讨论

5.1 中介效应检验

表7是中国企业跨国并购影响东道国创业的中介效应检验结果。表7列（1）显示，中国企业跨国并购的一次项和二次项分别在5%和10%的水平上显著为正和负，说明中国企业跨国并购与东道国创业意愿之间存在倒U形关系。列（2）显示，在纳入东道国创业意愿及其与中国企业跨国并购的交互项后，中国企业跨国并购的一次项和二次项不再显著，而东道国创业意愿在1%的水平上显著为正。一方面，这说明中国企业跨国并购与东道国创业意愿的倒U形关系会通过东道国创业意愿的完全中介作用影响东道国创业，验证了本文的假设H2。另一方面，这说明东道国创业意愿正向影响当地创业，即随着东道国创业意愿的提高，当地创业活动也在增加。此外，东道国创业意愿与中国企业跨国并购的交互项不显著，说明东道国创业意愿与当地创业之间的正向关系不会受到中国企业跨国并购的影响。为加强结论的可信度，本文还参考了 Sui 等（2016）及林伟鹏和冯保艺（2022）的研究，在列（1）验证中国企业跨国并购与东道国创业意愿之间存在非线性关系的基础上，直接纳入中介变量，考察东道国创业意愿与当地创业之间的线性关系，结果如列（3）所示。可以看出，中国企业跨国并购的一次项和二次项不再显著，而东道国创业意愿在1%的水平上显著为正，这同样说明了东道国创业意愿在中国企业跨国并购与东道国创业之间表现为完全中介作用。

表7   **中介效应检验**

	（1）Intention	（2）Tea	（3）Tea
MA	1.349** (0.578)	0.254 (0.246)	0.386 (0.245)
MA^2	−0.114* (0.058)	−0.033 (0.026)	−0.033 (0.026)
Intention		0.220*** (0.062)	0.273*** (0.069)
MA×Intention		0.009 (0.006)	
控制变量	YES	YES	YES
国家固定效应	YES	YES	YES
时间固定效应	YES	YES	YES
拐点	5.917	3.848	5.848
N	296	296	296
R^2	0.224	0.517	0.512

　　图 1 直观地展示了中国企业跨国并购对东道国创业的作用渠道。中国企业跨国并购与东道国创业意愿之间倒 U 形关系的拐点为 5.917，与中国企业跨国并购和东道国创业之间倒 U 形关系的拐点基本一致。这说明，中国企业跨国并购对东道国创业意愿的影响与投资规模有关。当并购规模较小时，中国企业在内部容易引发核心员工的不满情绪，在外部可以提供面向国际市场的有效渠道，这会创造出更多的创业机会，营造良好的创业氛围，增强东道国潜在创业者的创业意愿，进而促成创业行为落地。但随着并购规模的扩大，中国企业在内部能更妥善地处理人员流动，在外部兼具扩张的劳动力需求和竞争优势，高工资和高进入门槛会降低创业的吸引力，减弱东道国的创业意愿，从而阻碍创业行为的发生。

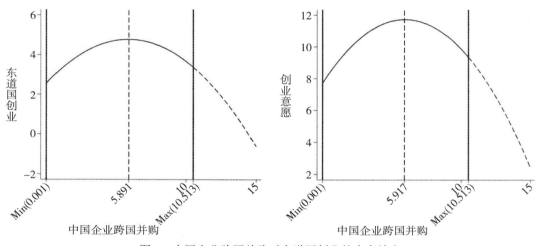

图 1　中国企业跨国并购对东道国创业的中介效应

5.2　调节效应检验

　　表 8 是制度环境的调节效应检验结果。表 8 列（1）用于检验管制环境的调节效应，结果显示，中国企业跨国并购的二次项与管制环境的交互项不显著，说明管制环境不能显著削弱中国企业跨国并购对东道国创业的倒 U 形效应，假设 H3 未得到证实。可能的原因是，本文 61.7% 的样本管制环境变量大于平均水平 2.5，未能充分体现东道国管制环境的特征，这使得管制环境在回归过程中不够凸显。

　　表 8 列（2）用于检验认知环境的调节效应，结果显示，中国企业跨国并购的二次项与认知环境的交互项不显著，说明认知环境不能显著削弱中国企业跨国并购对东道国创业的倒 U 形效应，假设 H4 未得到证实。可能的原因有二。一方面，本文样本中认知环境变量的均值为 2.47，低于平均水平 2.5，样本数据无法充分体现东道国认知环境的调节作用。另一方面，认知环境在实践中对东道国创业的影响可能并没有想象中的大，创业教育对创业意愿仅有微弱的相关性（Bae et al., 2014），现有研究也无法证明创业教育能培养更多更好的企业家（Martin et al., 2013）。

　　表 8 列（3）用于检验规范环境的调节效应，可以看出，中国企业跨国并购的一次项在 1% 的水平

上显著为正，二次项在5%的水平上显著为负。同时，中国企业跨国并购的二次项与规范环境的交互项在10%的水平上显著为负，与中国企业跨国并购二次项的符号相同，说明规范环境强化了中国企业跨国并购对东道国创业的倒U形效应，因此本文的假设H5得到证实。

表8　　　　　　　　　　　　　　　　　制度环境的调节效应检验

	（1）管制环境	（2）认知环境	（3）规范环境
MA	0.688***	0.707***	0.832***
	（0.229）	（0.245）	（0.263）
MA^2	−0.053**	−0.058**	−0.068**
	（0.023）	（0.026）	（0.027）
Reg	−0.811		
	（2.106）		
MA×Reg	0.334		
	（0.811）		
MA^2×Reg	−0.048		
	（0.070）		
Cog		0.677	
		（2.126）	
MA×Cog		−0.524	
		（0.799）	
MA^2×Cog		0.056	
		（0.080）	
Nor			−3.559**
			（1.643）
MA×Nor			1.080**
			（0.454）
MA^2×Nor			−0.076*
			（0.039）
控制变量	YES	YES	YES
国家固定效应	YES	YES	YES
时间固定效应	YES	YES	YES
N	282	282	282
R^2	0.351	0.348	0.358

图2直观地展示了不同规范环境水平下中国跨国并购与东道国创业之间关系的变化情况。随着东道国规范环境水平的提高，二者之间的倒U形关系得到强化。可能的解释是，当规范环境处于较

高水平时，东道国的创业氛围相对浓厚，创业变得更加普遍。当跨国并购强度未达到临界值时，东道国民众可以运用中国企业带来的技术外溢开展创业活动。由于规范环境处于较高水平，社会舆论不会成为创业的阻碍，这有利于提高本土企业对技术外溢的利用效率，从而强化了跨国并购对东道国创业的促进作用。在跨国并购强度达到并超过临界值后，中国企业的技术外溢在吸引本土企业进入的同时，竞争效应也日益凸显。此时，较高水平的规范环境使得行业内企业数量众多，而跨国并购企业与当地企业建立的联系毕竟是有限的，这进一步加剧了本土企业间的竞争。同时，当规范环境水平过高时，社会中的冒险倾向趋于偏激，可能出现不理智的创业行为。在竞争效应和不理性投资的综合作用下，中国企业跨国并购对东道国创业的阻碍作用得到强化。

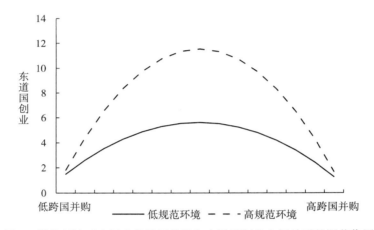

图 2　规范环境对中国企业跨国并购与东道国创业之间关系的调节作用

6. 结论与政策建议

6.1　结论

本文基于 FDI 溢出效应理论和制度理论，分析了中国企业跨国并购对东道国创业的影响，并运用 2001—2021 年全球 59 个国家的非平衡面板数据进行了实证检验，探讨了二者间的作用渠道和制度环境的调节作用，并进行了异质性分析。研究发现，中国企业跨国并购对东道国创业存在倒 U 形效应，该结论通过了稳健性检验。中介效应检验表明，中国企业跨国并购通过影响东道国创业意愿，进而影响东道国创业。调节效应检验表明，东道国的规范环境强化了中国企业跨国并购对东道国创业的倒 U 形效应。异质性分析表明，中国企业跨国并购对发达国家的创业存在倒 U 形效应，对发展中国家的创业存在线性正向影响；中国企业投资于第二产业而不是第三产业的跨国并购对东道国创业存在倒 U 形效应；不同于中国上市企业，只有非上市企业的跨国并购对东道国创业存在倒 U 形效应。

6.2 政策建议

从中国角度看，首先，中国政府要适度扩大跨国并购的投资规模，支持中国企业以并购方式参与国际市场，加大并购投资的广度和深度，推动中国企业跨国并购蓬勃健康发展。其次，中国政府要合理调控跨国并购的支出结构，引导企业加大对第二产业的并购力度，同时警惕企业对第三产业的并购行为。最后，中国政府要准确把握跨国并购的投资难点，简化审批手续流程，强化配套综合服务，破除非上市企业"走出去"的障碍，推动更多的非上市企业开展跨国并购。

从东道国角度看，一方面，东道国要根据实际情况制定引资政策。若东道国为发达国家，在引进中资规模越过拐点前，应持续批准并购交易；在引进中资规模越过拐点后，东道国应认识到"由量转质"的重要性，有针对性地引入中资企业的跨国并购。若东道国为发展中国家，则应大胆接纳更多来自中国的跨国并购，充分发挥并购对当地创业的积极影响。另一方面，东道国要调整完善规范环境，灵活运用成功企业家事迹宣传等手段，培育良好的创业氛围，强化中国企业跨国并购对东道国创业的促进作用，竭力消除"中国威胁论"的负面影响。

◎ **参考文献**

[1]陈成梦，黄永春，吴商硕，等．制度环境与创业认知组态如何驱动不同模式创业[J]．科技进步与对策，2022，39(13)．

[2]何映昆，曾刚．跨国并购与东道国产业发展[J]．世界经济与政治，2003(4)．

[3]景光正，盛斌．跨国并购、汇率变动与全球价值链地位[J]．国际金融研究，2021(3)．

[4]李昶，李善民，Philip Chang，等．跨国并购能促进经济增长吗？——FDI进入模式、内源投资与东道国经济增长的关系研究[J]．管理评论，2015，27(4)．

[5]李思儒，杨云霞，曹小勇．数字型跨国并购与创业行为研究[J]．国际贸易问题，2022(7)．

[6]林伟鹏，冯保艺．管理学领域的曲线效应及统计检验方法[J]．南开管理评论，2022，25(1)．

[7]牛华，毕汝月，蒋楚钰．中国企业对外直接投资与"一带一路"沿线国家包容性增长[J]．经济学家，2020(8)．

[8]任胜钢，贾倩，董保宝．大众创业：创业教育能够促进大学生创业吗？[J]．科学学研究，2017，35(7)．

[9]宋国学．创业意愿如何转化为创业行为？——基于行动—状态导向作用的研究[J]．商业经济与管理，2022(3)．

[10]田毕飞，陈紫若．FDI对中国创业的空间外溢效应[J]．中国工业经济，2016(8)．

[11]田毕飞，梅小芳，杜雍，等．外商直接投资对东道国国际创业的影响：制度环境视角[J]．中国工业经济，2018(5)．

[12]肖建忠，肖雨彤，施文雨．"一带一路"倡议对沿线国家能源投资的促进效应：基于中国企业对外投资数据的三重差分检验[J]．世界经济研究，2021(7)．

[13] 许和连，梁亚芬. 外商直接投资与企业家精神[J]. 财贸研究，2019，30(11).

[14] 杨勃，刘娟. 来源国劣势：新兴经济体跨国企业国际化"出身劣势"——文献评述与整合框架构建[J]. 外国经济与管理，2020，42(1).

[15] 叶生洪，王开玉，孙一平. 跨国并购对东道国企业竞争力的影响研究——基于中国制造业企业数据的实证分析[J]. 国际贸易问题，2016(1).

[16] 于海云，赵增耀，李晓钟，等. 基于企业衍生的 FDI 知识转移影响因素研究[J]. 科研管理，2015，36(3).

[17] 赵剑波，吕铁. 中国企业如何从"逆向并购"到"逆向吸收"？——以工程机械制造业跨国并购为例[J]. 经济管理，2016，38(7).

[18] Aparicio, S., Urbano, D., Audretsch, D. Institutional factors, opportunity entrepreneurship and economic growth: Panel data evidence[J]. Technological Forecasting and Social Change, 2016(102).

[19] Ataullah, A., Le, H., Sahota, A. S. Employee productivity, employment growth, and the cross-border acquisitions by emerging market firms[J]. Human Resource Management, 2014, 53(6).

[20] Audretsch, D., Thurik R., Verheul, I., et al. Entrepreneurship: Determinants and policy in a European-US comparison[M]. New York: Springer, 2002.

[21] Bae, T. J., Qian, S., Miao, C., et al. The relationship between entrepreneurship education and entrepreneurial intentions: A meta-analytic review[J]. Entrepreneurship Theory and Practice, 2014, 38(2).

[22] Berrill, J., O'Hagan-Luff, M., Van Stel, A. The moderating role of education in the relationship between FDI and entrepreneurial activity[J]. Small Business Economics, 2020, 54(4).

[23] Chen, J., Zhou, Z. The effects of FDI on innovative entrepreneurship: A regional-level study[J]. Technological Forecasting and Social Change, 2023(186).

[24] Clarke, J. E., Liesch, P. W. Wait-and-see strategy: Risk management in the internationalization process model[J]. Journal of International Business Studies, 2017, 48(8).

[25] Clougherty, J. A., Gugler, K., Sørgard, L., et al. Cross-border mergers and domestic-firm wages: Integrating "spillover effects" and "bargaining effects"[J]. Journal of International Business Studies, 2014, 45(4).

[26] Danakol, S. H., Estrin, S., Reynolds, P., et al. Foreign direct investment via M&A and domestic entrepreneurship: Blessing or curse? [J]. Small Business Economics, 2017, 48(3).

[27] Edwards, J. R., Lambert, L. S. Methods for integrating moderation and mediation: A general analytical framework using moderated path analysis[J]. Psychological Methods, 2007, 12(1).

[28] Estrin, S., Mickiewicz, T. Shadow economy and entrepreneurial entry[J]. Review of Development Economics, 2012, 16(4).

[29] Feng, W. How can entrepreneurship be fostered? Evidence from provincial-level panel data in China [J]. Growth and Change, 2021, 52(3).

[30] Gieure, C., Benavides-Espinosa, M. del M., Roig-Dobón, S. The entrepreneurial process: The link

between intentions and behavior[J]. Journal of Business Research, 2020(112).

[31] Goel, R. K. Foreign direct investment and entrepreneurship: Gender differences across international economic freedom and taxation[J]. Small Business Economics, 2018, 50(4).

[32] Hong, S., Reed, W. R., Tian, B., et al. Does FDI promote entrepreneurial activities? A meta-analysis [J]. World Development, 2021(142).

[33] Kim, J. D. Startup acquisitions, relocation, and employee entrepreneurship[J]. Strategic Management Journal, 2022, 43(11).

[34] Kogut, B., Singh, H. The effect of national culture on the choice of entry mode [J]. Journal of International Business Studies, 1988, 19(3).

[35] Kostova, T., Roth, K. Adoption of an organizational practice by subsidiaries of multinational corporations: Institutional and relational effects[J]. Academy of Management Journal, 2002, 45(1).

[36] Lougui, M., Broström, A. New firm formation in the wake of mergers and acquisitions: An exploration of push and pull factors[J]. Journal of Evolutionary Economics, 2021, 31(1).

[37] Orefice, G., Sly, N., Toubal, F. Cross-border merger and acquisition activity and wage dynamics[J]. ILR Review, 2021, 74(1).

[38] Otchere, I., Oldford, E. Cross-border acquisitions and host country competitiveness[J]. Journal of Business Finance & Accounting, 2018, 45(9-10).

[39] Schlaegel, C., Koenig, M. Determinants of entrepreneurial intent: A meta-analytic test and integration of competing models[J]. Entrepreneurship Theory and Practice, 2014, 38(2).

[40] Siegel, D. S., Simons, K. L. Assessing the effects of mergers and acquisitions on firm performance, plant productivity, and workers: New evidence from matched employer-employee data[J]. Strategic Management Journal, 2010, 31(8).

[41] Wyrwich, M., Stuetzer, M., Sternberg, R. Entrepreneurial role models, fear of failure, and institutional approval of entrepreneurship: A tale of two regions[J]. Small Business Economics, 2016, 46(3).

[42] Yang, M. M., Li, T., Wang, Y. What explains the degree of internationalization of early-stage entrepreneurial firms? A multilevel study on the joint effects of entrepreneurial self-efficacy, opportunity-motivated entrepreneurship, and home-country institutions[J]. Journal of World Business, 2020, 55 (6).

[43] Yang, K. M., Tang, J., Donbesuur, F., et al. Institutional support for entrepreneurship and new venture internationalization: Evidence from small firms in Ghana[J]. Journal of Business Research, 2023(154).

[44] Yeganegi, S., Dass, P., Laplume, A. O. Reviewing the employee spinout literature: A cross-disciplinary approach[J]. Journal of Economic Surveys, 2022, DOI: 10.1111/joes.12540.

[45] Zhang, H., Young, M. N., Tan, J., et al. How Chinese companies deal with a legitimacy imbalance when acquiring firms from developed economies[J]. Journal of World Business, 2018, 53(5).

Impact of China's Cross-border Mergers and Acquisitions on Host Countries' Entrepreneurship

Tian Bifei[1]   Zou Xin[2]

（1 School of Business Administration, Zhongnan University of Economics and Law, Wuhan, 430073;

2 Economics and Management School, Wuhan University, Wuhan, 430072）

Abstract：Based on FDI spillover theory and institutional theory, this paper empirically examines the impact, its mechanism and heterogeneity of China's cross-border mergers and acquisitions on host countries' entrepreneurship by using non-equilibrium panel data of 59 countries from 2001 to 2021. It shows that China's cross-border mergers and acquisitions have an inverted U effect on host countries' entrepreneurship through affecting host countries' entrepreneurial intention. Furthermore, host countries' normative environment positively moderates this inverted U effect. Heterogeneity analysis shows that China's cross-border mergers and acquisitions have inverted U effect on entrepreneurship in developed countries while have positive effect on entrepreneurship in developing countries. Meanwhile, China's cross-border mergers and acquisitions which occur in manufacturing rather than service have inverted U effect on host countries' entrepreneurship. Moreover, China's cross-border mergers and acquisitions which conducted by non-listed rather than listed corporations have inverted U effect on host countries' entrepreneurship. Accordingly, this paper provides a policy reference for China to carry out cross-border mergers and acquisitions and the use of cross-border mergers and acquisitions by host countries, and provides an academic evidence for fighting against false statements such as "China threat argument".

Key words：Cross-border mergers and acquisitions；Host country；Entrepreneurship

专业主编：陈立敏

员工主动行为与同事行为选择：认知评估和目标互依性的作用[*]

● 唐于红[1]　丁振阔[2]

（1　南宁师范大学经济与管理学院　南宁　530007；2　广西师范大学经济管理学院　桂林　541004）

【摘　要】基于认知评估理论和目标互依性理论，本研究通过构建一个有调节的中介模型探讨了员工主动行为对同事行为选择的影响机理。通过两个样本的实证研究发现，员工和同事之间的合作性目标互依性水平较高时，同事更有可能对员工主动行为产生挑战性评估，并且员工主动行为通过同事的挑战性评估对同事支持行为的间接影响更强；员工和同事之间的竞争性目标互依性水平较高时，同事更有可能对员工主动行为产生威胁性评估，员工主动行为通过同事的威胁性评估对同事职场排斥行为的间接影响更强。研究结果为员工主动行为的研究提供了新的视角和框架，同时对企业管理实践有一定的现实意义。

【关键词】主动行为　认知评估　目标互依性　支持行为　职场排斥行为

中图分类号：C272. 92；C933. 2　　　文献标识码：A

1. 引言

全球化逆流、双循环构建及疫情防控"常态化"（李玲玲和黄桂，2021），企业面临着前所未有的生存和发展挑战，员工被动地按组织要求完成工作任务的模式已不合时宜，以应对动态竞争为目标的主动性工作行为模式逐渐受到越来越多组织的推崇。主动行为是指员工按照计划和目标，为了改变自身现状及组织环境而实施的具有前瞻性、主动性和变革性的行为（Grant & Ashford，2008）。作为一种主动搜寻机会、积极发现和解决问题的自我指导和管理的行为模式，其决定因素和形成机制一直被研究者所关注（Sun et al.，2021）。回顾主动行为的相关研究可以发现，以往研究更多关注员工主

---

* 基金项目：国家自然科学基金地区项目"适应能力、国际化速度与国际绩效——基于国际成长阶段的国际新创企业研究"（项目批准号：72062006）；2023 年度广西高等教育本科教学改革工程项目"校赛企协同育人的人力资源管理专业应用型人才培养模式创新研究与实践"（项目编号：2023JGB271）。

通讯作者：丁振阔，E-mail：595177868@qq. com。

动行为对其自身带来的增益及领导对员工主动行为的感知和行为反应（Grant et al., 2009；Duan et al., 2021；曹元坤等，2019；Han et al., 2019）。但关于同事对员工主动行为的感知评价和相应的行为选择的研究还比较缺乏，且已有的研究结论还存在互相矛盾地方：一方面，员工实施主动行为能使同事"见贤思齐"而产生自主性动机进而提升工作绩效（张颖等，2022）。员工主动行为也能使同事对其产生正向印象并作出肯定评价，从而有利于形成高质量的成员交换关系（王淑红等，2019）。另一方面，个体主动行为也会因影响和挑战同事的任务和工作流程而引发同事的负面反馈（Chan, 2006），甚至遭到同事的打击报复（Lapierre & Allen, 2006）。面对同事矛盾的心理感知和行为反应现象，现有研究并没有作出清晰的解答，然而诱发和操控同事对员工主动行为的积极反应对组织健康发展有重要意义。

为了厘清同事"如何"及"何时"对员工的主动行为作出正面或负面评估及相应的行为反应，本文将整合认知评估理论（Cognitive Appraisal Theory，CAT）和目标互依性理论（Goal Interdependence Theory，GIT），同时考察员工主动行为、同事和员工的目标互依性以及同事的认知评估如何共同影响同事的行为反应。依据认知评估理论，外部情境事件会驱动个体产生挑战性评价和威胁性评价两种不同的认知评估，进而采取相应的行为策略来应对该事件（Blader et al., 2013）。这为揭示员工主动行为对同事行为反应的影响机制提供了重要的理论线索。同事可能将员工的主动行为评估为一种挑战，进而采取建设性的支持行为的应对策略。另一方面，同事也可能将员工主动行为评估为威胁，进而采取职场排斥这一偏差性的行为策略。因此，员工的主动行为可能激发同事不同类型的认知评价，从而采取与其认知评估相一致的行为选择，也即员工主动行为对同事行为选择的影响是通过同事的认知评价这一中介机制实现的。

然而，同事何时会将员工的主动行为评价为挑战？何时认知为威胁？可能与组织情境特征息息相关（Lazarus & Folkman, 1984）。现有研究主要关注行为者和领导者的特征在员工主动行为发挥影响效应过程中的调节作用，而员工与同事的目标互依性作为重要的组织情境因素是否在员工主动行为与同事行为选择之间起调节作用尚缺乏足够探讨。目标互依性理论将目标分为合作性目标互依性和竞争性目标互依性，个体间目标的合作性和竞争性程度将影响对彼此行为的认知评价和互动模式，员工与同事的目标一致性可能在同事的评价过程中扮演着重要的角色。也就是说，同事对员工主动行为究竟产生挑战性评估还是威胁性评估可能取决于二者目标的一致性，继而对彼此的结果产生重要影响（如工作绩效及行为应对策略）（Johnson et al., 1981）。在高合作性目标互依性的条件下，员工和同事想要达成的结果积极相关，互相促进，员工的主动行为可能被同事认为是促进自身进步与提升的挑战，进而产生挑战性评估，对员工表现出支持行为。而在高竞争性目标互依性条件下，员工和同事想要达成的结果消极相关，相互冲突，员工为了实现目标而实施的主动行为可能会引发同事的威胁性评估，从而同事表现出消极的职场排斥行为。鉴于此，本研究纳入员工与同事的目标互依性特征，探讨员工主动行为与目标互依性的交互作用对同事行为选择产生的影响，深化对员工主动行为影响效应的认识。

总体而言，本研究在认知评估理论和目标互依性理论的基础上，探讨员工主动行为影响同事行为选择的中介机制和边界条件，一方面可从理论上加深对员工主动行为影响组织中同事行为选择的作用机制的认知和理解，另一方面也可以为组织管理者及主动行为者提供对策和建议。

2. 理论基础与研究假设

2.1 员工主动行为、同事认知评估与目标互依性

　　根据认知评估理论，外部情境事件会引发个体的认知评估过程，包括初级评估和次级评估两个阶段(Lazarus & Folkman，1984)：在初级评估阶段，个体主要评估该事件对自己是否造成威胁或伤害，利益或挑战(严瑜等，2014)，如果感知外部情境事件符合期望或与自己的目标存在一致性，则产生挑战性评估，评价该事件为积极或有利事件，而如果感知该事件不符合期望或与自身目标不相容，则产生威胁性评估，评价该事件为消极或不利事件(朱千林等，2020)。在次级评估阶段，个体将赋予外部事件更多意义上的认知，进一步根据初级评估结果采取相应的行为应对策略。也即是说，同事对员工主动行为的评估为其接下来的行为选择提供了基础。已有研究发现，个体在处理复杂的任务和工作实践时，会重点关注与自己的工作目标具有相关性的事件以及该事件是否能帮助自己达成目标。当员工作出改变自身处境或组织环境的主动行为影响到同事的工作流程或资源时，同事很可能因员工的主动行为事件增加或者损害了自己的利益而作出积极或消极的评估，并因此采取相应积极或消极的行为应对策略(Li et al.，2019)。由此可以推断，同事与员工之间的合作/竞争关系或目标一致性是影响同事对员工主动行为进行认知评估的关键因素。

　　目标互依性理论可以为上述关系提供理论支持。Deutsch (1973，1980)认为个体间的目标互依关系在很大程度上决定彼此的互动模式，进而影响行为结果，并将目标关系区分为合作性目标互依性(cooperative goal linkage)及竞争性目标互依性(competitive goal linkage)(Tjosvold，1986)。在合作性目标互依性关系中，个体间的目标积极相关，是一种双赢的关系，个体目标的实现有助于他人目标的达成，人们对彼此寄予乐观和积极的期望，互相帮助和支持，开诚布公地交换资源和建立牢固的人际关系以实现共同目标。而在竞争性目标互依性关系中，个体间的目标消极相关，是一种输赢的关系，个体目标的实现会阻碍或威胁他人目标的实现，他人的行为无效或失败反而会促进自己成功，彼此鲜少交换观点和分享信息(杨林波和干晨静，2019)，也并不期望从他人那里得到有效的帮助和支持(唐于红等，2021)。

　　基于认知评估理论并结合目标互依性理论的观点，我们认为员工与同事之间的目标互依性是员工主动行为与同事认知评估之间关系的重要权变条件。具体而言，在高合作性目标互依性条件下，主动行为者与同事之间建立的目标依赖关系会强化二者之间的良性互动，员工积极主动争取和积累资源的主动行为会对同事的目标实现产生间接的积极影响。尽管同事会因为员工主动行为导致的组织情境变化而体会到无形的压力，但作为利益共同体，同事会将员工的主动行为视为挑战性压力源，认为是促进个人进步与提升的挑战，潜存着绩效与收益、突破和提升的机会，还有可能将员工主动行为视为鞭策自己提升工作绩效的"高标准，严要求"及实现目标的"助推剂"，从而将员工主动行为解读为有利事件，此时便会作出挑战性评估。与之相反，在高竞争性目标互依性关系中，同事与员工存在相悖的工作目标和利益关系，虽然员工实施主动行为改变了现有工作方法、流程及角色关系，

使得自身具有更强的竞争力和获取更多的组织资源,但也增加了其他同事的工作量和工作不确定性,从而同事可能将员工的主动行为认知为带来危害与损失的阻碍性压力源,进而将员工的主动行为解读为不利事件,此时,同事便会作出威胁性评估。据此,本文提出以下假设:

H1a:合作性目标互依性正向调节员工主动行为与同事挑战性评估之间的关系,合作性目标互依性水平越高,员工主动行为导致同事产生挑战性评估的可能性越大;反之,则越小。

H1b:竞争性目标互依性正向调节员工主动行为与同事威胁性评估之间的关系,竞争性目标互依性水平越高,员工主动行为导致同事产生威胁性评估的可能性越大;反之,则越小。

2.2 同事认知评估与其行为选择

研究进一步指出,由目标互依性所激发的同事不同的认知评估会导致同事产生与之相匹配的态度与行为选择(朱千林等,2021)。现有的研究表明,作出挑战性评估的同事具有强烈的成长和学习动机,对未来抱有更高的预期,更加关注工作情境中的机会、成长与收获(侯昭华和宋合义,2020),善于在组织中寻找机会提升自己。员工的主动行为可能会被同事视为对工作的"高标准、严要求"而加以学习与模仿,对员工在实施主动行为过程中表现出愿意承担更多责任的意愿及积极的工作态度产生赞赏和喜欢,进而将主动行为者视为"圈内人",与之建立良好的人际互动关系,倾向于对行为者表现出亲社会行为,即支持行为。

相反,作出威胁性评估的同事,会更加担心未来的危害与损失,倾向于抵制变革,进入自我防御状态(Lazarus & Folkman,1984)。员工实施主动行为对同事现有的工作任务和流程产生了影响,然而周围的同事可能并不喜欢去适应新的东西或者被迫放弃之前的习惯(蒋琳锋和袁登华,2009),因此员工的主动行为会引起同事的不满甚至反感。较早的研究发现,装配线上的主动行为通常是不受欢迎的,因为装配线是基于标准化的,而个体主动行为总是意味着某种程度的非标准化(Frese & Fay,2001),势必会造成任务冲突,增加互相之间的摩擦(Spychala & Sonnentag,2011)或者打击报复(Lapierre & Allen,2006)。进一步的研究表明,由于主动行为超出了最低要求,并以意料之外的形式出现,偏离了同事的期望(李玲玲和黄桂,2021),容易被同事羡慕、嫉妒,进而对主动行为者产生敌意,将其视为"圈外人",引发消极的人际互动,最终对主动行为者实施职场排斥行为。

因此,本文提出以下假设:

H2a:挑战性评估与同事支持行为正相关。

H2b:威胁性评估与同事职场排斥行为正相关。

2.3 同事认知评估的中介作用及有调节的中介效应

同事是员工在组织中的重要利益相关者,员工的主动行为必然会对同事的态度和行为产生影响(唐于红等,2021)。根据认知评估理论,员工的主动行为作为外部情境事件会激发同事的认知评价过程去评估该事件对自身的潜在威胁或挑战,继而作出与评估结果相一致的行为选择。一方面,由于主动行为本质上是对组织传统流程和既定模式的质疑和挑战,在实施的过程中还会超越员工的职位边界和角色边界，引入新的、有时更令人精疲力竭的任务执行方式，挑战了同事的任务和工作流程，使同事陷入压力境地（Grant et al.，2009），从而引发同事的威胁性评估，此时同事可能采取一系列排斥行为，如孤立、沉默对待、漠不关心，甚至隐瞒重要的工作信息，以此压制或者打击员工的主动行为；另一方面，当同事观察到员工通过实施主动行为展现出的能力和潜质改变了员工自身或者组织的处境而产生了积极的结果时，可能会引发同事的挑战性评估，会增加对员工的认同和亲近倾向，进而激励和支持员工开展更多的主动行为。

结合 H1a 和 H1b、H2a 和 H2b 的论述，可以预测同事的认知评估在员工主动行为与同事的行为选择之间发挥中介作用。即同事的挑战性评估中介了员工主动行为与同事支持行为之间的关系，同事的威胁性评估中介了员工主动行为与同事职场排斥行为之间的关系。由此提出以下假设：

H3a：同事挑战性评估在员工主动行为与同事支持行为之间起中介作用。

H3b：同事威胁性评估在员工主动行为与同事职场排斥行为之间起中介作用。

在上述分析的基础上，本研究进一步提出有调节的中介模型，即目标互依性还可能调节员工主动行为通过同事认知评估对同事的行为选择产生的间接效应。具体而言，员工主动行为对同事行为选择的间接影响是通过同事认知评估的中介机制而实现的，而同事产生何种认知评估又取决于员工与同事之间的目标互依性。当员工与同事之间的目标互依性表现为较高的合作水平时，二者处于同一利益共同体，员工促进双方目标共同实现的主动行为会引发同事的挑战性评估，进而对实施主动行为的员工表现出支持行为，如当员工实施主动行为遇到障碍时同事将自己独特的知识分享给对方。而当二者之间的竞争性目标互依性水平较高时，员工主动行为会诱发同事的威胁性评估，从而导致同事采取针对行为者的偏差行为即职场排斥行为。据此，本文提出以下假设：

H4a：合作性目标互依性正向调节挑战性评估在员工主动行为与同事支持行为间的中介作用，二者的合作性目标互依性越强，主动行为通过同事的挑战性评估对同事支持行为的间接影响越强，反之，则越弱。

H4b：竞争性目标互依性正向调节威胁性评估在员工主动行为与同事职场排斥行为间的中介作用，二者的竞争性目标互依性越强，主动行为通过同事的威胁性评估对同事排斥行为的间接影响越强，反之，则越弱。

本研究的理论模型如图 1 所示：

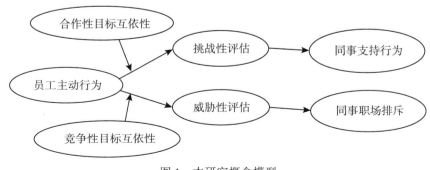

图 1　本研究概念模型

3. 样本 1 研究设计

3.1　研究样本 1

鉴于关键事件技术(critical incident technique)能有效评估个体对情境事件的感知和反应(Priesemuth & Schminke, 2019),本研究采用问卷调研与关键事件技术相结合的方式收集数据。调查对象是三家位于南宁、深圳和武汉的大型企业,业务领域涉及环保科技、机械制造、通信技术等。研究团队事先征得三家企业高管的许可,为了保证样本的随机性,我们请求各公司人力资源部采取抽签法抽取填答问卷的员工,即打乱员工的编号,再以抽签的方式从中任意抽取所需的样本。三家公司的人力资源部合计为我们准备了 372 名随机选择的被试员工名单。为了避免同源偏差对研究效度的影响,本次调研采用纵向的研究设计,分两阶段收集数据,前后间隔两个月。在第一阶段的正式问卷发放之前,要求被试尽可能详细地回忆在过去一年中目睹与其在工作中存在联系和互动的员工为了改变自身或组织处境而实施的自发性和变革性的主动行为事件。之后,研究团队前往各公司开展第一阶段问卷调研,将纸质问卷装入信封(信封封口处已贴好双面胶),请人力资源部或各部门经理帮忙发放问卷 372 份,调查对象(同事)报告员工实施主动行为的情况、目标互依性(合作性目标互依性与竞争性目标互依性)、对员工的主动行为所作出的认知评估(挑战性评估和威胁性评估)以及年龄、性别、学历、共事时间、职位等人口统计信息。调查对象填答完问卷即可撕开双面胶的覆膜,自行封装好后交到人力资源部。我们从人力资源部拿到第一阶段回收的问卷后立即进行有效性审查,排除存在规律性作答及填答不完整等问题的问卷,回收有效问卷 306 份,有效回收率为 82.3%。

两个月后,按前述流程向提供有效问卷的 306 位员工开展第二阶段问卷调研,调查对象报告自身的行为选择(支持行为、职场排斥行为),通过问卷上的编号匹配两轮问卷,剔除存在漏填题项、提供虚假信息等问题的问卷,最后回收有效问卷 256 份,有效回收率为 83.7%。

在最终的有效样本中,主动行为者中男性占 71.1%(182 人),女性占 28.9%(74 人)。同事(调查对象)中男性占 65.6%(168 人),女性占 34.4%(88 人)。员工和同事共事时间为 1~3 年的占 45.7%(117人),4~6 年的占 27.6%(71 人),7~9 年的占 17.3%(44 人),10 年以上的占 9.4%(24 人)。

3.2　变量测量

为了保证本研究的严谨性和可信度,本研究在问卷调查中涉及的所有变量的测量都采用国外文献的成熟量表,为了确保其在国内的适用性,结合中国实际情况进行了一定的修订。为避免语义困惑影响问卷填答质量,各量表均根据 Brislin(1970)进行了翻译和返译(translation and back translation)。首先,我们邀请两位有国外留学背景的组织行为学副教授将英文量表翻译成中文。其次,他们交换了各自的中文版本,并将其回译为英文。接着,对回译的英文版本与对应的中文版本进行充分讨论,达成一致后形成中文版量表。最后,我们邀请两位组织行为学和人力资源管理专业的教授审核量表的中英文版本，以确保最终的中文量表符合中国文化背景，且清晰易懂。为了检验问卷的效度，在一所大学随机抽取 62 名 MBA 学生进行了试测。通过这一程序，所有条目的语言清晰度和逻辑性、条理性都进一步得到了改进。

本研究的量表均按李克特 5 点量表法予以测量(5 = 十分同意，4 = 同意，3 = 不确定；2 = 不同意，1 = 十分不同意)。

主动性行为采用 Frese 等(1997)开发的量表进行测量，一共 7 个条目，如"通常情况下该员工做的比别人要求他做的要多""该员工会主动利用各种机会实现自己的目标"，量表的 Cronbach alpha 系数为 0.926。

认知评估采用 Drach-Zahavy 和 Erez(2002)编制的量表进行测量，该量表包括挑战性评估和威胁性评估两个维度，各 4 个题项。挑战性评估的典型题项为"该员工的主动行为对我而言是一种挑战""该员工的主动行为有助于我克服障碍"。挑战性评估的 Cronbach alpha 系数为 0.923。威胁性评估的典型题项为"该员工的主动行为对我而言是一种威胁""该员工的主动行为暴露了我的弱点"。威胁性评估的 Cronbach alpha 系数为 0.914。

目标互依性采用 Chen 和 Tjosvold(2006)编制的量表测量。竞争性目标互依性包括 4 个题项，如"我与该员工是一种输赢的关系""我与该员工的目标不相容"。合作性目标互依性包括 5 个题项，如"我们希望彼此都获得成功""我们有共同的目标"，量表的 Cronbach alpha 系数分别为 0.891 和 0.878。

支持行为采用 Westring 和 Ryan(2010)开发的 9 题项量表测量。代表性题项如"我会给予该员工情感上的支持""我会帮助该员工应对现状"，量表的 Cronbach alpha 系数为 0.856。

职场排斥采用 Ferris 等(2008)的 10 题项量表测量。代表性题项如"该员工遇到问题向我咨询时，我会不予理睬或敷衍作答""我会在工作中回避该员工"，量表的 Cronbach alpha 系数为 0.874。

控制变量：以往的研究表明，主动行为者的性别、同事的性别以及二者的共事时间(Priesemuth，2013)会影响同事的行为反应，因此，借鉴 Mitchell 等(2015)的做法，本研究将主动行为者和同事的性别、二者的共事时间作为控制变量。

3.3 研究方法

本研究借助 SPSS 23.0 和 Mplus 8.0 统计软件进行数据分析。首先，开展验证性因子分析以检验变量间的区分效度，并在此基础上检验共同方法偏差；其次，采用 SPSS23.0 对各变量均值、标准差和相关系数进行分析；最后，采用路径分析的方法对研究假设进行检验，并使用 Bootstrap 方法估计 95% 水平下效应值的偏差矫正置信区间，以检验中介效应及有调节的中介效应。

3.4 数据分析与结果

3.4.1 同源方差检验

本研究的所有变量数据均由同事自我报告，因此有可能存在共同方法偏差。为了尽量避免同源方差对本研究效度的影响,本文采用事前预防方法:一是分时段收集数据,时段的间距为两个月,在时段一(Time1)调研自变量、调节变量、中介变量,然后在时段二(Time2)调研因变量。二是数据收集全程采用匿名方式,告知调研对象问卷仅用于学术研究,不对外开放,并对问卷题项顺序进行不规则调整。该方法可以有效降低被试因为社会称许会猜测题项间相互关系而出现的共同方法偏差,并且能加强变量间因果关系的推断能力(Podsakoff et al., 2003; Podsakoff et al., 2012)。本文还进行了事后检验,首先采用 Harman 单因素和竞争模型比较方法。通过 Harman 单因素方法共抽取出 7 个主成分因子,它们解释了 69.41% 的总变异,第一个因子对变异的解释为 24.44%,并未占到总变异解释量的一半。同时,竞争模型比较方法表明,单因素模型的拟合效果在七种竞争模型中最差(见表1)。初步表明本研究不存在严重的共同方法偏差问题。进一步,本研究根据 Podsakoff 等(2003)的建议,在原有七因子模型的基础上加入一个共同方法潜因子,构建八因子模型,如八因子模型的拟合指标显著提高,即 CFI 和 TLI 提高 0.1 以上,RMSEA 和 SRMR 降低 0.5 以上,则说明本研究存在严重的共同方法偏差问题。结果表明,八因子模型的拟合结果(χ^2/df = 1.686;CFI = 0.934;TLI = 0.926;RMSEA = 0.049;SRMR = 0.041)优于七因子模型,但各项拟合指标的增加幅度(ΔCFI = 0.009;ΔTLI = 0.005)均小于 0.1,RMSEA 和 SRMR 的降低幅度(ΔRMSEA = 0.004;ΔSRMR = 0.002)均小于 0.5,拟合度未得到显著改善。由此可知,共同方法偏差不会对本研究结论产生严重干扰。

表1 验证性因子分析(CFA)结果表

模型	因子	χ^2	df	χ^2/df	CFI	TLI	RMSEA	SRMR
八因子模型	PB;CA;TA;CO;CP;OS;SB;CMV	989.682	587	1.686	0.934	0.926	0.049	0.041
七因子模型	PB;CA;TA;CO;CP;OS;SB	1092.535	619	1.765	0.925	0.921	0.053	0.043
六因子模型	PB;CO+CP;CA;TA;OS;SB	1526.250	625	2.442	0.891	0.885	0.078	0.086
五因子模型	PB;SB;CO+CP;CA+TA;OS	2155.230	630	3.421	0.788	0.793	0.091	0.115
四因子模型	OS;CO+CP;CA+TA;PB+SB	2428.220	634	3.830	0.754	0.722	0.112	0.136
三因子模型	CA+TA+CO+CP;OS;PB+SB	2756.936	637	4.328	0.673	0.656	0.125	0.165
二因子模型	CO+CP+OS;PB+CA+TA+SB	4042.953	639	6.327	0.492	0.394	0.158	0.221
单因子模型	PB+CA+TA+CO+CP+OS+SB	5043.840	640	7.881	0.284	0.269	0.177	0.235

注:n = 256,PB 表示主动行为;CA 表示挑战性评估;TA 表示威胁性评估;CO 表示合作性目标互依性;CP 表示竞争性目标互依性;OS 表示职场排斥;SB 表示支持行为;CMV 表示共同方法潜因子。

3.4.2 验证性因子分析

本研究通过验证性因子分析(CFA)检验 7 个核心构念(员工主动行为、挑战性评估、威胁性评估、合作性目标互依性、竞争性目标互依性、支持行为、职场排斥)的区分效度。从表1可知,七因子假设模型的拟合指数与其他假设模型(单因子模型、二因子模型、三因子模型、四因子模型、五因子模型、六因子模型)相比最优(χ^2/df = 1.765,p<0.001;CFI = 0.925;TLI = 0.921;RMSEA = 0.053;

SRMR = 0.043），证明构念区分效度较好。

3.5 变量的相关性分析

本研究采用 SPSS23.0 对各变量均值、标准差和相关系数进行分析，结果如表 2 所示。员工主动行为与挑战性评估正相关（$r = 0.241$，$p < 0.01$），与威胁性评估正相关（$r = 0.268$，$p < 0.01$）；挑战性评估与支持行为正相关（$r = 0.397$，$p < 0.01$），威胁性评估与职场排斥正相关（$r = 0.413$，$p < 0.01$），为本文假设提供初步证据。

表 2   描述性统计分析结果

变量	均值	标准差	1	2	3	4	5	6	7	8	9
1. 主动行为者性别	0.71	0.45									
2. 同事性别	0.67	0.47	−0.102								
3. 共事时间	5.04	4.01	−0.003	−0.078							
4. 主动行为	2.75	0.68	−0.044	−0.046	0.037						
5. 挑战性评估	2.43	0.79	0.055	0.129*	0.092	0.241**					
6. 威胁性评估	2.64	0.67	0.075	0.066	0.059	0.268**	−0.323**				
7. 合作性目标互依性	3.76	0.57	−0.157*	0.042	0.078	−0.133	0.083	−0.212*			
8. 竞争性目标互依性	2.91	0.71	0.117	0.051	0.049	−0.154	0.441*	0.407**	−0.381**		
9. 支持行为	3.85	0.59	−0.091	0.084	0.081	0.303**	0.397**	−0.112	0.433**	−0.225*	
10. 职场排斥	2.51	0.72	0.123	−0.104	0.039	0.241**	−0.083*	0.413**	−0.257**	0.315**	−0.448**

注：$n = 256$；* 表示 $p < 0.05$，** 表示 $p < 0.01$（双尾检验）。

3.6 假设检验

3.6.1 检验调节效应

H1a 假设合作性目标互依性调节主动行为与挑战性评估之间的关系，H1b 假设竞争性目标互依性调节主动行为与威胁性评估之间的关系。利用 Mplus8.0 进行路径分析的结果如表 3 所示。由表 3 的 M3 可知，在控制了主动行为者的性别、同事性别、二者共事时间及主动行为和合作性目标互依性对挑战性评估的主效应之后，主动行为与合作性目标互依性的交互项对挑战性评估的影响显著（$\beta = 0.153$，$p < 0.01$），即合作性目标互依性强化了员工主动行为与同事挑战性评估之间的关系，H1a 得到验证。同样，从表 3 的 M6 可知，在控制了主动行为者的性别、同事性别、二者共事时间及主动行为和竞争性目标互依性对威胁性评估的主效应之后，主动行为与竞争性目标互依性的交互项对威胁性评估的影响显著（$\beta = 0.146$，$p < 0.01$），也即竞争性目标互依性强化了员工主动行为与同事威胁性

评估之间的关系，H1b 得到支持。为了直观地表达目标互依性的调节效应，我们分别绘制了合作性目标互依性和竞争性目标互依性在高于和低于一个标准差水平条件下对员工主动行为和同事认知评估之间关系的调节效应图。从图 2 可以发现，低合作性目标互依性情境弱化了主动行为与挑战性评估之间的正向关系($\beta = 0.069$，$p > 0.05$)；相反，高合作性目标互依性情境强化了主动行为与挑战性评估之间的正向关系($\beta = 0.287$，$p < 0.01$)。同样，如图 3 所示，低竞争性目标互依性也弱化了主动行为与威胁性评估之间的正向关系($\beta = 0.086$，$p > 0.05$)；而在高竞争性目标互依性条件下，主动行为与威胁性评估之间的正向关系较强($\beta = 0.237$，$p < 0.001$)。由此假设 H1a 和 H1b 得到进一步验证。

表3   调节效应分析结果

变　　量	挑战性评估			威胁性评估		
	M1	M2	M3	M4	M5	M6
主动行为者性别	0.119	0.125	0.157	0.179*	0.107	0.099
	(0.107)	(0.106)	(0.126)	(0.095)	(0.087)	(0.074)
同事性别	0.274*	0.269	0.263*	0.188*	0.121	0.094
	(0.131)	(0.132)	(0.130)	(0.087)	(0.073)	(0.071)
共事时间	0.022	0.023	0.021	-0.007	-0.009	-0.007
	(0.018)	(0.018)	(0.018)	(0.014)	(0.012)	(0.011)
主动行为		0.227**	0.207**		0.243**	0.238**
		(0.068)	(0.069)		(0.052)	(0.048)
合作性目标互依性		0.073	0.056			
		(0.071)	(0.069)			
竞争性目标互依性					0.344**	0.412**
					(0.061)	(0.056)
主动行为×合作性目标互依性			0.153**			
			(0.068)			
主动行为×竞争性目标互依性						0.146**
						(0.063)
R^2	0.031	0.062	0.087	0.036	0.351	0.413
ΔR^2		0.031	0.025		0.315	0.062

注：回归系数为非标准化系数，括号中的值为标准误，＊表示 $p < 0.05$，＊＊表示 $p < 0.01$，＊＊＊表示 $p < 0.001$。

3.6.2　检验主效应、中介效应及有调节的中介效应

为了检验 H2a 和 H2b 提出的同事认知评估对同事行为的直接效应，以及 H3a 和 H3b 提出的中介效应、H4a 和 H4b 提出的有调节的中介效应，本研究仍然采用 Mplus8.0 进行路径分析，路径分析系

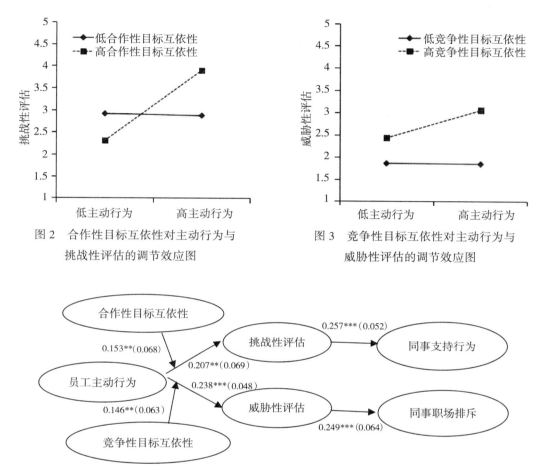

数如图 4 所示。

图 2　合作性目标互依性对主动行为与
挑战性评估的调节效应图

图 3　竞争性目标互依性对主动行为与
威胁性评估的调节效应图

注：路径系数为非标准化解，括号中的值为标准误，＊表示 $p<0.05$，＊＊表示 $p<0.01$，＊＊＊表示 $p<0.001$。

图 4　本研究概念模型路径分析结果

首先，检验 H2a 和 H2b 提出的同事挑战性评估和威胁性评估对其支持行为和职场排斥行为选择的直接效应。图 4 的路径分析结果显示，挑战性评估显著正向影响同事的支持行为（$\beta=0.257$，$p<0.001$），威胁性评估显著正向影响同事的职场排斥行为（$\beta=0.249$，$p<0.001$），由此，H2a、H2b 得到支持。

其次，本研究采用偏差纠正的 Bootstrap 方法检验认知评估的中介效应，若路径效应的模拟结果在 95% 水平的置信区间不包含 0，则表示该影响路径存在。表 4 给出了中介效应检验结果。从表 4 可以看出，样本量选择 5000，在 95% 的置信水平下，同事挑战性评估的中介效应没有包括 0（LLCT = 0.014，ULCT = 0.466），表明中介效应显著，中介效应大小为 0.158；同样，同事威胁性评估的中介效应也没有包括 0（LLCT = 0.032，ULCT = 0.572），中介效应值为 0.201，说明同事威胁性评估的中介效应也显著。由此可见，同事认知评估在员工主动行为与同事行为选择间发挥着部分中介作用，假设 H3a 和 H3b 得到检验。

表 4　　　　　　　　　　　　中介效应的 **Bootstrap** 检验结果

路　　径	效应值	标准误	95%的置信区间
员工主动行为→同事挑战性评估→同事支持行为	0.158	0.043	[0.014, 0.466]
员工主动行为→同事威胁性评估→同事职场排斥行为	0.201	0.055	[0.032, 0.572]

注：Bootstrap = 5000，95%的置信区间，表中汇报为非标准化解。

最后，检验有调节的中介效应。同样利用偏差纠正的 Bootstrap 方法进行检验，即检验在目标互依性不同水平上认知评估中介效应的大小。由表 5 可知，当合作性目标互依性水平较高时（高于均值一个标准差），在 95%的置信区间下，偏差校正置信区间不包含 0（LLCI = 0.036，ULCI = 0.144），主动行为通过挑战性评估对支持行为的条件中介效应为 0.201；当合作性目标互依性水平较低时（低于均值一个标准差），主动行为通过挑战性评估对支持行为的条件中介效应为 0.069，95%偏差校正置信区间不包含 0（LLCI = 0.053，ULCI = 0.178），此时中介效应显著；合作性目标互依性水平在高值和低值的差值水平时，主动行为通过挑战性评估对支持行为的条件中介效应为 0.132，在 95%的置信区间下，偏差校正置信区间不包含 0（LLCI = 0.049，ULCI = 0.083）。同样，当竞争性目标互依性水平较高时（高于均值一个标准差），主动行为通过威胁性评估对职场排斥行为的间接效应为 0.264（95%偏差校正置信区间不包含 0，LLCI = 0.033，ULCI = 0.145）；当竞争性目标互依性水平较低时（低于均值一个标准差），主动行为通过威胁性评估对职场排斥行为的间接效应为 0.093（95%偏差校正置信区间包含 0，LLCI = −0.022，ULCI = 0.064）；竞争性目标互依性水平在高值和低值的差值水平时，效应值为 0.171（95%偏差校正置信区间不包含 0，LLCI = 0.019，ULCI = 0.108）。由此可见，主动行为通过挑战性评估影响同事支持行为的路径和通过威胁性评估影响同事职场排斥的路径均存在有调节的中介效应，H4a 和 H4b 均得到验证。

表 5　　　　　　　　　　有调节的中介效应的 **Bootstrap** 检验结果

因变量	中介变量	调节变量		效应值	标准误	95%的置信区间
支持行为	挑战性评估	合作性目标互依性	高值	0.201	0.017	[0.036, 0.144]
			低值	0.069	0.099	[0.053, 0.178]
			高低差异	0.132	0.077	[0.049, 0.083]
职场排斥行为	威胁性评估	竞争性目标互依性	高值	0.264	0.105	[0.033, 0.145]
			低值	0.093	0.085	[−0.022, 0.064]
			高低差异	0.171	0.064	[0.019, 0.108]

注：Bootstrap = 5000，95%的置信区间，表中汇报为非标准化解。

3.7　讨论

通过对 256 份两个时间点的问卷数据调研，研究发现员工主动行为可以通过激发同事两种截然不同的认知评估(挑战性评估和威胁性评估)，驱使同事采取支持行为和职场排斥的行为应对方式，并且员工和同事的目标互依性的调节作用也得到了验证。然而，由于本研究的理论模型存在多个中介变量、调节变量和因变量，且采用的是横截面的数据，尽管是两个时间点的多来源的调研数据，但所有变量都由员工的同事自评，因而可能无法严谨地检验变量之间的关系。鉴于模型本身的复杂性和数据的局限性，有必要再次收集更大规模调研数据对模型进行验证。因此研究团队选择五家企业收集了新的样本数据，进一步检验研究假设，以弥补样本 1 的局限，并增加研究结论的外部效度。

4. 样本 2 研究设计

4.1 研究样本 2

研究样本 2 来自深圳、武汉和重庆的五家大型企业，我们分两阶段采集数据，前后间隔两个月。在时间点 1，向随机抽取的 619 名调查对象发放纸质问卷，由调查对象(同事)评价员工主动行为、目标互依性、挑战性评估和威胁性评估以及年龄、性别、学历、共事时间、职位等人口统计信息，合计 466 名调查对象完成本次问卷。在时间点 2，在时间点 1 完成问卷的 466 名调查对象被邀请评价支持行为和职场排斥行为。将两次问卷进行匹配后，最后共有 412 份配套问卷纳入数据分析。在最终的有效样本中，主动行为者中男性占 67%(276 人)，女性占 33%(136 人)。同事(调查对象)中男性占 64%(264 人)，女性占 36%(148 人)。员工和同事共事时间为 1~3 年的占 52.1%(215 人)，4~6 年的占 19.8%(82 人)，7~9 年的占 13.4%(55 人)，10 年以上的占 14.7%(60 人)。

4.2 测量工具与研究方法

本次调研所用的测量工具、数据分析方法与样本 1 的测量工具、研究方法一致，各变量的内部一致性系数如表 6 所示。

4.3 数据分析与结果

4.3.1 描述性统计、共同方法偏差检验和验证性因子分析

样本 2 中所涉及变量的均值、标准差和相关系数及内部一致性系数如表 6 所示。数据分析结果与预期一致，员工主动行为与挑战性评估正相关($r=0.149$，$p<0.01$)，与威胁性评估正相关($r=0.217$，$p<0.01$)；挑战性评估与支持行为正相关($r=0.282$，$p<0.01$)，威胁性评估与职场排斥正相关($r=0.343$，$p<0.01$)。

表6 　　　　　　　　　　　变量的均值、标准差和相关矩阵

变量	均值	标准差	1	2	3	4	5	6	7	8	9	10
1. 主动行为者性别	0.68	0.46										
2. 同事性别	0.65	0.45	-0.096									
3. 共事时间	5.10	4.58	-0.007	-0.098								
4. 主动行为	2.87	0.59	-0.061	-0.004	0.028	**0.894**						
5. 挑战性评估	2.81	0.67	0.0415	0.031	0.088	0.149**	**0.864**					
6. 威胁性评估	2.52	0.89	-0.066	0.093	0.064	0.217**	-0.279**	**0.842**				
7. 合作性目标互依性	3.89	0.61	0.082	0.054	0.081	0.065	0.076	0.142*	**0.924**			
8. 竞争性目标互依性	3.04	0.63	0.138*	0.033	0.036	0.114*	0.244*	0.423**	-0.261**	**0.866**		
9. 支持行为	3.78	0.71	-0.073	0.039	-0.033	0.229**	0.282**	-0.086	0.418**	0.118*	**0.921**	
10. 职场排斥	2.49	0.68	0.112	0.115	0.024	0.262**	0.151*	0.343**	-0.366**	0.255**	-0.465**	**0.940**

注：$n=412$；* 表示 $p<0.05$，** 表示 $p<0.01$；内部一致性系数已加粗，标注在对角线上。

采用 Harman 单因素检验方法对所有变量条目进行分析，利用主成分分析法抽出 7 个主因子，解释了 69.81% 的总变异，解释力度最强的因子占 25.53%，少于总解释方差的一半，表明共同方法偏差在可接受范围。

接着对变量进行验证性因子分析，如表 7 所示。结果表明，观测数据与假设预期模型（七因子）之间的拟合度相对最好，$\chi^2/df = 1.647$，$p<0.001$；RMSEA = 0.035，CFI = 0.939，IFI = 0.951，GFI = 0.935，TLI = 0.926，表明主动行为、挑战性评估、威胁性评估、合作性目标互依性、竞争性目标互依性、职场排斥、支持行为等七个变量之间有非常好的区分效度。

表7 　　　　　　　　　　验证性因子分析（CFA）结果表

模型	因子	χ^2	df	χ^2/df	IFI	GFI	TLI	CFI	RMSEA
七因子模型	PB；CA；TA；CO；CP；OS；SB	1382.094	839	1.647	0.951	0.935	0.926	0.939	0.035
六因子模型	PB；CO+CP；CA；TA；OS；SB	1811.807	845	2.144	0.921	0.873	0.908	0.917	0.054
五因子模型	PB；SB；CO+CP；CA+TA；OS	2386.012	850	2.807	0.881	0.853	0.893	0.863	0.069
四因子模型	OS；CO+CP；CA+TA；PB+SB	3106.556	854	3.638	0.702	0.765	0.741	0.743	0.098
三因子模型	CA+TA+CO+CP；OS；PB+SB	3490.466	857	4.073	0.624	0.636	0.632	0.661	0.109
二因子模型	CO+CP+OS；PB+CA+TA+SB	4740.961	859	5.519	0.475	0.507	0.321	0.471	0.148
单因子模型	PB+CA+TA+CO+CP+OS+SB	5998.262	860	6.975	0.327	0.391	0.271	0.323	0.168

注：$n=412$，PB 表示主动行为；CA 表示挑战性评估；TA 表示威胁性评估；CO 表示合作性目标互依性；CP 表示竞争性目标互依性；OS 表示职场排斥；SB 表示支持行为。

4.4 假设检验

与样本 1 方法一致，我们运用 Mplus8.0 进行全模型路径分析，分析结果如图 5 所示。

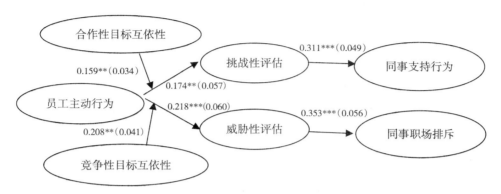

注：路径系数为非标准化解，括号中的值为标准误，* 表示 $p<0.05$，** 表示 $p<0.01$，*** 表示 $p<0.001$。

图 5 本研究概念模型路径分析结果

首先，检验目标互依性的调节效应。针对 H1a 和 H1b，图 5 的路径分析结果显示，主动行为与合作性目标互依性的乘积项显著（$\beta=0.159$，$p<0.01$），主动行为与竞争性目标互依性的乘积项也显著（$\beta=0.208$，$p<0.01$），即目标互依性的调节效应存在。此外，为了更好地理解结果，交互效应如图 6、图 7 所示。简单斜率检验的结果表明：低合作性目标互依性弱化了主动行为与挑战性评估之间的正向关系（$\beta=0.047$，$p<0.01$）；而在高合作目标互依性条件下，主动行为与挑战性评估之间的正向关系较强（$\beta=0.253$，$p<0.01$）。同时，低竞争性目标互依性也弱化了主动行为与威胁性评估之间的正向关系（$\beta=0.036$，$p>0.05$）；而在高竞争性目标互依性条件下，主动行为与威胁性评估之间的正向关系较强（$\beta=0.226$，$p<0.001$）。因此，假设 H1a 和 H1b 得到支持。

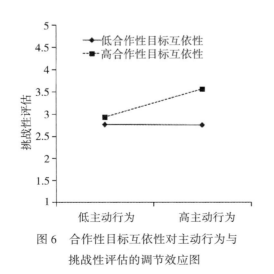

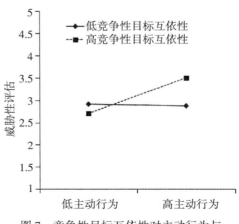

图 6 合作性目标互依性对主动行为与挑战性评估的调节效应图

图 7 竞争性目标互依性对主动行为与威胁性评估的调节效应图

其次，检验 H2a 和 H2b 提出的同事挑战性评估和威胁性评估对其支持行为和职场排斥行为选择的直接效应。图 5 的路径分析结果显示，挑战性评估对同事支持行为的正向影响显著（$\beta = 0.311$，$p < 0.001$），威胁性评估对同事职场排斥行为的正向影响显著（$\beta = 0.353$，$p < 0.001$）。因此，H2a、H2b 得到支持。

再次，与样本 1 的方法一致，我们使用偏差纠正的 Bootstrap 方法检验认知评估的中介效应。表 8 路径 1 分析结果显示，样本量选择 5000，在偏差纠正的 95% 的置信水平下，同事挑战性评估的中介效应没有包括 0（LLCT = 0.009，ULCT = 0.126），表明挑战性评估在员工主动行为与同事支持行为的关系上中介效应显著，中介效应为 0.283；路径 2 的分析结果显示，同事威胁性评估的中介效应也没有包括 0（LLCT = 0.068，ULCT = 0.239），中介效应值为 0.215，说明同事威胁性评估在员工主动行为与同事职场排斥的关系上中介效应也显著。因此，假设 H3a 和 H3b 得到检验。

表 8　　　　　　　　　中介效应及被调节的中介效应的 Bootstrap 检验结果

路　　径		效应值	标准误	95% 的置信区间
1. 员工主动行为→同事挑战性评估→同事支持行为				
中介效应		0.283	0.041	［0.009，0.126］
被调节的中介效应	高合作性目标互依性	0.161	0.045	［0.057，0.170］
	低合作性目标互依性	0.033	0.011	［-0.080，0.123］
	高低差异	0.128	0.068	［0.056，0.094］
2. 员工主动行为→同事威胁性评估→同事职场排斥行为				
中介效应		0.215	0.037	［0.068，0.239］
被调节的中介效应	高竞争性目标互依性	0.105	0.036	［0.042，0.154］
	低竞争性目标互依性	0.077	0.012	［0.006，0.089］
	高低差异	0.029	0.051	［0.016，0.122］

注：Bootstrap = 5000，95% 的置信区间。

最后，检验有调节的中介效应，检验结果如表 8 所示。针对假设 H4a，当合作性目标互依性水平较高时，间接效应显著，在纠正偏差的 95% 的置信区间下，被调节的中介结果系数不包含 0（LLCI = 0.057，ULCI = 0.170），且间接效应值为 0.161；当合作性目标互依性水平较低时，间接效应不显著，在纠正偏差的 95% 的置信区间下，被调节的中介结果系数包含 0（LLCI = -0.080，ULCI = 0.123），且间接效应为 0.033。针对假设 H4b，当竞争性目标互依性水平较高时，间接效应显著，在纠正偏差的 95% 的置信区间下，被调节的中介结果系数不包含 0（LLCI = 0.042，ULCI = 0.154），间接效应为 0.105；当竞争性目标互依性水平较低时，间接效应显著，在纠正偏差的 95% 的置信区间下，被调节的中介结果系数不包含 0（LLCI = 0.006，ULCI = 0.089），间接效应值为 0.077。因此，H4a 和 H4b 均得到验证。

5. 研究结论、启示与展望

5.1 研究结论

鉴于以往的研究主要从主动行为实施者和领导者的视角对员工主动行为进行研究，而忽略了员工主动行为对组织中另一重要利益相关者——同事的影响，本研究基于认知评估理论和目标互依性理论，探索员工主动行为对同事行为选择的影响机制。通过问卷调查获取两个研究样本数据进行实证分析后发现：员工主动行为对同事的行为选择有着显著影响，面对员工主动行为，同事既有可能选择以建设性的支持行为来应对，也有可能选择负面性的职场排斥行为来应对，这一选择的过程借助同事的挑战性和威胁性认知评估的中介作用实现，员工与同事的目标互依性程度在其间发挥调节效应。具体而言，在高合作性目标互依性条件下，员工主动行为更能激发同事的挑战性评估，同时，员工主动行为通过引起同事的挑战性评估对同事的支持行为选择的间接影响更为显著；在高竞争性目标互依性条件下，员工主动行为更能激发同事的威胁性评估，并且员工主动行为通过同事威胁性评估对同事的排斥行为选择的间接影响更为显著。

5.2 理论贡献

第一，本研究采取同事视角，整合了主动行为的负面效应和正面效应，较为全面地构建了主动行为的影响效应模型。现有关于主动行为的研究主要聚焦于员工主动行为对其自身态度和工作结果的影响。虽然有部分学者从领导视角研究了主动行为对领导的感知和行为反应产生的影响效应，但与员工处于同一工作系统的同事是员工的重要互动对象，面对员工的主动行为，同事将会产生怎样的感知和行为应对策略？以往研究对此鲜少探究。基于此，本研究从同事视角探讨员工主动行为如何通过引发同事的认知评估，对同事的行为反应产生影响，这是对当前研究的有益补充和拓展，也有助于我们全面理解主动行为的影响效应。

第二，本研究基于认知评估理论，提出并实证验证了同事认知评估的两面性(挑战性评估与威胁性评估)在员工主动行为与同事行为选择关系间的中介作用，探讨了员工主动行为对同事行为选择产生正负双面影响的内在作用机制。研究结果表明，员工主动行为既可能引发同事的挑战性评估，继而使同事表现出以主动行为者为导向的建设性行为(支持行为)；也可能引发同事的威胁性评估，继而使同事表现出针对行为者的偏差行为(职场排斥)。这一结论不仅回应了李玲玲等(2021)关于未来研究应关注观察者特征的两面性在主动行为产生利弊结果过程中发挥中介作用的呼吁，也进一步诠释了员工主动行为影响同事行为选择的内在机理，扩展了主动行为产生双刃剑影响效应的理论视角。

第三，本研究基于目标互依性理论，提出并检验了目标互依性在员工主动行为影响同事行为选择过程中的调节作用，丰富了主动行为边界条件的理解。本研究将认知评估理论和目标互依性理论结合起来探讨了同事何时会产生与其认知评估相一致的行为反应，这取决于员工和同事的合作性目标互依性和竞争性目标互依性。也即员工主动行为与员工和同事目标互依性的交互作用能激发同事不同的认知评估反应，进而对同事的不同行为选择产生间接影响。既有研究在探讨主动行为影响效果的边界条件时，主要关注主动行为者特征（如内部动机、人格特质、态度、能力、价值观）及领导者特征（如外向性、地位威胁感、建设性变革责任感）。而本研究从同事视角识别出员工与同事的目标互依性是员工主动行为影响同事做出积极或消极行为选择的重要边界条件，从而发现员工主动行为产生利弊结果的背后机制与组织情境密切相关，拓展了员工主动行为对同事行为选择影响机制的情境研究，并就如何增加员工主动行为对同事行为选择的积极效应，减少消极效应提供了一定的理论支撑。

5.3 实践启示

本研究旨在探讨员工主动行为对同事行为反应的影响机制，对于组织的管理实践具有一定的参考价值。

首先，本研究结果发现员工的主动行为会激发同事的挑战性评估和威胁性评估，进而相应地导致同事作出建设性的支持行为和破坏性的职场排斥行为。对此，组织管理者在激励员工实施主动行为，改善自身处境和组织情境应对不断变化的外部环境的同时，也要营造良好的组织内部文化，引导员工之间形成相互包容、信任和支持的互动关系，为员工创造实施主动行为的外部条件，从根本上减少员工主动行为对同事的负向影响。对于同事已经作出的职场排斥行为选择，管理者应采取干预策略，对其采取劝说、教育等方式使其认识到职场排斥的危害性，防止事态的恶化，并引导同事将偏差行为向亲社会行为转变。而对于已经遭受职场排斥的主动行为者，管理者应深入沟通，鼓励其自我化解或通过心理疏导的方式协助其调节负面情绪，引导员工理性看待职场排斥事件，不能因为同事的消极行为而减少或放弃主动行为。

其次，本文的研究结果发现，主动行为者与同事的目标互依性能调节员工主动行为对同事的认知评价及行为选择的作用效果。鉴于此，组织应致力于营造合作共赢的工作氛围，采取措施优化和完善员工的目标结构，设计以合作为导向的激励机制，淡化员工之间目标关系的竞争性，以降低组织中利益相关者的心理防御和负面行为，鼓励员工之间合作与互助。

最后，本研究发现，良好的行为未必会带来良好的结果，员工主动行为对组织中的利益相关者存在利弊并存的效应，其主动行为在激发同事亲社会行为选择的同时，也可能遭到同事的漠视和抵制。因此，启示员工个体要充分估计同事认知和评价的双面性，审时度势智慧地展现和运用主动行为，预判和规避消极影响。

5.4 研究局限和未来展望

首先，我们认为只有自己最了解自己，因此变量的测量数据源自同事的自我报告，本研究进行了同源偏差分析，验证了数据的同源偏差并不严重，但测评结果仍可能存在社会称许偏差而带有较强的主观色彩。然而，他评的方法也有可能存在观察偏差，如被试往往在被观察的阶段因为害怕质疑而表现出更多的称许性特征和行为。因此，为了深入研究概念模型，未来研究可以选择自评和他评相结合的方式进行测量。

其次，我们的研究结果可能局限于相对积极和必要的主动行为形式。主动行为存在积极与消极、必要和不必要的两面性，从而对主动行为的作用结果产生截然不同的影响。若个体在不需要主动行为的工作领域展示主动行为或者当自身的专业知识和技能不足时，个体盲目实施主动行为可能带来相当负面的后果。未来的研究可以从主动性行为的两面性进行深入挖掘，揭示两种相反的主动性行为对组织中的他人造成的不同影响效应。

最后，本研究依据目标互依性理论提出员工和同事之间的合作性目标互依性和竞争性目标互依性是员工主动行为触发同事认知评估的重要边界条件，然而，同事自身的主动行为经历也可能会影响其对员工主动行为的解读。例如，当同事也是高主动行为者，可能因为二者的相似性而相互吸引，对员工产生赞赏、喜欢的情感，将其视为"圈内人"，从而倾向于对员工的主动行为产生挑战性评估；而当同事是安于现状，被动执行工作的低主动行为者，可能因为二者的差异性而相互排斥，对主动行为者产生敌意，将其视为"圈外人"，从而倾向于对员工的主动行为产生威胁性评估。因此，未来的研究应当考虑同事的主动性程度在员工主动行为对同事行为反应的作用机制过程中的重要作用。

◎ 参考文献

[1]曹元坤，周青，刘善仕，等．勇敢追随行为研究述评与展望[J]．外国经济与管理，2019，41(9)．

[2]侯昭华，宋合义．辱虐管理影响工作投入的双刃效应——不确定性容忍度与认知评估的作用[J]．经济管理，2020，42(9)．

[3]蒋琳锋，袁登华．个人主动性的研究现状与展望[J]．心理科学进展，2009，17(1)．

[4]李玲玲，黄桂．组织中个体主动性行为"利与弊"[J]．心理科学进展，2021，29(8)．

[5]唐于红，赵琛徽，毛江华，等．地位竞争视角下员工主动性行为与创新绩效的关系研究[J]．科研管理，2021，42(3)．

[6]王淑红，龙立荣，王玉同．员工主动行为对上下级及同事关系的影响研究[J]．软科学，2019，33(4)．

[7]严瑜，吴艺苑，郭永玉．基于认知和情绪反应的工作场所无礼行为发展模型[J]．心理科学进展，2014，22(1)．

[8]杨林波，干晨静．目标互依在组织管理领域的研究评述与展望[J]．上海财经大学学报，2019，21(5)．

[9]张颖，段锦云，王甫希，等．"近朱者赤"：同事主动行为如何激发员工动机和绩效[J]．心理学报，2022，1(13)．

[10]朱千林，魏峰，杜恒波．职场排斥与旁观者行为选择：情绪和目标互依性的作用[J]．外国经济与管理，2020，42(6)．

[11]Blader, S. L., Wiesenfeld, B. M., Fortin, M., et al. Fairness lies in the heart of the beholder: How the social emotions of third parties influence reactions to injustice[J]. Organizational Behavior and Human Decision Processes, 2013, 121(1).

[12]Chan, D. Interactive effects of situational judgment effectiveness and proactive personality on work perceptions and work outcomes[J]. Journal of Applied Psychology, 2006, 91(2).

[13]Chen, G. Q., Tjosvold, D., Liu, C. H. Cooperative goals, leader people and productivity values: Their contribution to top management teams in China[J]. Journal of Management Studies, 2006, 43(5).

[14]Drach-Zahavy, A., Erez, M. Challenge versus threat effects on the goal-performance relationship[J]. Organizational Behavior and Human Decision Processes, 2002, 88(2).

[15]Duan, J., Xu, Y., Wang, X., et al. Voice for oneself: Self-interested voice and its antecedents and consequences[J]. Journal of Occupational and Organizational Psychology, 2021, 94(1).

[16]Ferris, D. L., Brown, D. J., Berry, J. W., et al. The development and validation of the workplace ostracism scale[J]. Journal of Applied Psychology, 2008, 93(6).

[17]Frese, M., Fay, D. Personal initiative: An active performance concept for work in the 21st century[J]. Research in Organizational Behavior, 2001, 23(5).

[18]Frese, M., Fay, D., Hilburger, T., et al. The concept of personal initiative: Operationalization, reliability and validity in two German samples [J]. Journal of Occupational and Organizational Psychology, 1997, 70(2).

[19]Grant, A. M., Ashford, S. J. The dynamics of proactivity at work [J]. Research in Organizational Behavior, 2008, 28(28).

[20]Grant, A. M., Parker, S. K., Collins, C. G. Getting credit for proactive behavior: Supervisor reactions depend on what you value and how you feel[J]. Personnel Psychology, 2009, 62(1).

[21]Han, S., Harold, C. M., Cheong, M. Examining why employee proactive personality influences empowering leadership: The roles of cognition and affect based trust[J]. Journal of Occupational and Organizational Psychology, 2019, 92(2).

[22]Johnson, D. W., Maruyama, G., Johnson, R., et al. Effects of cooperative, competitive, and individualistic goal structures on achievement: A meta-analysis[J]. Psychological Bulletin, 1981, 89(1).

[23]Lapierre, L. M., Allen, T. D. Work-supportive family, family-supportive supervision, use of organizational benefits, and problem-focused coping: Implications for work-family conflict and employee well-being[J]. Journal of Occupational Health Psychology, 2006, 11(2).

[24]Lazarus, R., Folkman, S. Stress, appraisal and coping [M]. London: Springer Publishing Company, 1984.

[25]Li, X. X., McAllister, D. J., Ilies, R., et al. Schadenfreude: A counter-normative observer response to workplace mistreatment[J]. Academy of Management Review, 2019, 44(2).

[26]Miner-Rubino, K., Cortina, L. M. Beyond targets: Consequences of vicarious exposure to misogyny at work[J]. Journal of Applied Psychology, 2007, 92(5).

[27]Mitchell, M. S., Vogel, R. M., Folger, R. Third parties' reactions to the abusive supervision of coworkers[J]. Journal of Applied Psychology, 2015, 100(4).

[28]Podsakoff, P. M., MacKenzie, S. B., Lee, J. Y., et al. Common method biases in behavioral research: A critical review of the literature and recommended remedies[J]. Journal of Applied Psychology, 2003,

88(5).

[29]Podsakoff, P. M., MacKenzie, S. B., Podsakoff, N. P. Sources of method bias in social science research and recommendations on how to control it[J]. Annual Review of Psychology, 2012, 63(1).

[30]Priesemuth, M. Stand up and speak up: Employees' prosocial reactions to observed abusive supervision [J]. Business & Society, 2013, 52(4).

[31]Priesemuth, M., Schminke, M. Helping thy neighbor? Prosocial reactions to observed abusive supervision in the workplace[J]. Journal of Management, 2019, 45(3).

[32]Sun, J., Li, W. D., Li, Y., et al. Unintended consequences of being proactive? Linking proactive personality to coworker envy, helping, and undermining, and the moderating role of prosocial motivation [J]. Journal of Applied Psychology, 2021, 106(2).

[33]Tjosvold, D. Organizational test of goal linkage theory[J]. Journal of Organizational Behavior, 1986, 7(2).

[34]Westring, A. F., Ryan, A. M. Personality and inter-role conflict and enrichment: Investigating the mediating role of support[J]. Human Relations, 2010, 63(12).

Proactive Behavior and Colleague Behavior Choices:
The Role of Cognitive Appraisal and Goal Interdependence

Tang Yuhong[1]   Ding Zhenkuo[2]

(1 College of Economics and Management, Nanning Normal University, Nanning, 530007;

2 School of Economics and Management, Guangxi Normal University, Guilin, 541004)

Abstract: Based on the cognitive evaluation theory and the goal interdependence theory, this study explores the effect mechanism of employees' proactive behavior on behavior choice of colleagues by building a moderated mediating effect model. Through the empirical study of two samples, it was found that when the level of cooperative goal interdependence between employees and coworkers is higher, colleagues will make challenging assessment of the employee's proactive behavior and the stronger the indirect effect of the employee's proactive behavior on the coworker's supportive behavior through the coworker's challenging assessment; when the level of competitive goal interdependence between employees and coworkers is higher, coworkers will make threatening assessment of employees' proactive behavior, and the stronger the indirect effect of employees' proactive behavior on coworkers' workplace ostracism through coworkers' threatening assessment. The results of the study provide a new perspective and framework for the study of proactive behavior, and also have some practical implication for enterprise management practice.

Key words: Proactive behavior; Cognitive appraisal; Goal interdependence; Workplace ostracism; Supportive behavior

专业主编：杜旌

珞珈管理评论

2023 年卷第 6 辑（总第 51 辑）

Luojia Management Review

No. 6, 2023 (Sum. 51)

资源整合视角下科技型企业商业模式
演化机制与策略*
——基于四维图新的探索性案例研究

● 李永发[1]　李珂珂[1]　王四青[2]

（1　安徽财经大学工商管理学院　蚌埠　233030；2　合肥四维图新科技有限公司　合肥　230071）

【摘　要】科技型企业在促进社会发展、推动产业升级等方面具有引擎作用，然而因其技术密集、研发投入大、技术迭代创新快速等特征，需不断调整商业模式以保持竞争优势。因此，科技型企业商业模式演化机制与策略值得深入研究。选取科技型企业典型代表四维图新为案例研究对象，基于资源整合视角，纵向解构其成长过程，探讨科技型企业商业模式演化机制与策略。研究发现，在技术创新和产业政策协同作用下，驱动科技型企业商业模式由"全新开拓型商业模式"，向"衍生挖掘型商业模式"，再向"生态闭环型商业模式"演化，构建不同时期的价值模式和竞争优势。本文提炼了基于科技型企业商业模式的"多层次三螺旋理论模型"，发现了商业模式创新的演化路径和一般规律，深化了技术创新和产业政策对于商业模式演化路径形成机制的解释力，对于科技型企业商业模式的设计具有重要意义。

【关键词】资源整合　技术创新　产业政策　商业模式演化　三螺旋模型

中图分类号：F270　　　　文献标识码：A

1. 引言

在人工智能快速发展和"双碳"背景下，深入实施创新驱动发展战略对我国产业智能化、低碳化转型具有重大意义（蔡跃洲，2021；尹西明，2021）。与非科技型企业相比，以高精度地图、车联网、

＊　基金项目：安徽省社会科学规划项目（孵化项目）"中国产业政策驱动微笑曲线底部企业商业模式重塑的机制与路径研究"（项目编号：AHSKF2021D08）；安徽财经大学研究生科研创新基金项目（重点项目）"传统零售企业应用人工智能创新商业模式的机制与策略研究"（项目编号：ACYC2021159）。

通讯作者：李永发，E-mail：lyf6899@163.com。

自动驾驶等新兴技术为典型代表的高科技企业在促进绿色发展、推动产业升级、改善生活方式、提升社会进步等方面具有明显优势（王罡，2019）。然而，因其技术密集、研发投入大、发展迅速等特征，科技型企业需要通过不断调整商业模式以适应市场的变化，从而保持竞争优势。商业模式设计在应对同行竞争、动态环境以及复杂多变的客户需求等困境和挑战时，能够在一定程度上为企业提供有效的解决方案（Vittori et al.，2022）。尤其是在当前市场环境下，想要抢抓智慧经济、绿色经济、低碳经济等新兴产业科技创新发展机遇，需要将科技、经济与政策紧密结合（Georgeson et al.，2017）。资源整合可以帮助企业更有效地利用现有资源，提高其综合效益。对于科技型企业而言，技术资源和产业政策作为企业的核心要素，是企业利用资源整合构建生态系统和塑造竞争优势的关键（胡登峰等，2021）。合理的资源整合可以为企业带来新的机遇，从而推动企业商业模式的演化升级。商业模式演化是企业长期创业实践过程中的必然现象，是改善顾客价值、提升企业价值创造能力的有力保障（钱雨等，2018）。因此，探索科技型企业如何通过资源整合进行商业模式演化，构建企业优势，为企业发展提供持续动力具有重要意义。

现有文献探究了技术创新对商业模式演化的影响过程（严子淳等，2021），以及产业政策作为调节产业结构的重要工具对企业商业模式创新变革的影响（李永发等，2021）。但仅仅依靠技术创新难以保证企业的可持续发展，还需要挖掘技术的潜在价值促进商业模式演化以保障企业进一步发展（郭海和韩佳平，2019）。同时，产业政策作为商业模式演化的重要外部影响因素，需要政府和相关部门的主导。政策环境会影响商业模式构成规则，是促进新产品落地和企业商业模式发展的关键因素（Bianchi and Labory，2019）。企业通过资源整合将技术创新与产业政策相结合，可以进一步促进商业模式创新演化，形成新的业务增长点和价值优势，从而提升企业的核心竞争力（卑立新等，2021）。现有研究大多集中在技术创新对商业模式演化的影响以及产业政策对于商业模式演化的影响，同时关于资源整合理论对于商业模式的影响较多采用实证研究方法分析（杨雪和何玉成，2022），缺乏探索性，容易忽视分析内部和外部等资源因素对于商业模式演化的影响，不利于为特定行业提出深度、细致的商业建议。然而，资源整合是一个相对复杂的过程，已有研究大多针对不同领域的资源整合对商业模式的影响过程（Rossignol and Lionzo，2018），却忽略了资源之间的互动效应和协同关系，从而导致其对于商业模式演化的研究较为单一。

基于此，本研究以科技型企业北京四维图新科技股份有限公司（以下简称"四维图新"）为例，基于资源整合视角，探索科技型企业如何实现商业模式演化，解析企业发展过程中商业模式要素的变化，探讨"科技型企业如何通过对技术和政策核心资源进行深度挖掘和有效整合，实现面向可持续发展的商业模式演化"，并提炼商业模式创新演化策略模型，为科技型企业的商业模式设计提供参考和建议。

2. 文献回顾与研究缺口

2.1 资源整合

资源整合是企业通过有效、合理安排内外部资源，实现资源配置优化，从而提升企业整体竞争能力的过程（崔永梅等，2021）。就企业自身而言，选择何种形式的资源整合活动取决于企业所处的环境，不同企业需要根据发展需求进行动态调整。现有关于资源整合的研究侧重于强调资源整合的社会属性及静态结果，认为资源整合的构建可以改变资源组合能力（Mele et al.，2010）。韵江等（2022）以猎聘为研究对象，采用纵向单案例研究方法，研究新创企业商业模式创新的资源编排动态演化机制。董保宝等（2011）从竞争优势出发，指出静态性资源需要有动态的过程进行构建和利用，为企业提升竞合能力提供支撑。资源整合作为企业进行资源管理的重要环节，企业在取得不同类型资源时，对于资源进行组合与配置以形成资源结构，并能够为企业创造价值（鲁喜凤和郭海，2018）。就资源整合的方式而言，彭学兵等（2016）把资源整合分为资源内聚和资源耦合，其中资源内聚强调相同类型资源的整合，资源耦合聚焦于不同资源的协同效应。付丙海等（2015）通过实证分析将资源整合划分为横向链资源整合和纵向链资源整合两种方式。从资源整合的过程出发，李靖华等（2019）基于资源基础观，通过价值主张、业务流程、盈利模式与外部关系四个方面的重构揭示了制造业服务化商业模式创新的路径。王国红等（2020）利用动态视角，将企业价值链定义为企业价值创造和获取，分析资源整合影响企业价值延伸的过程。

2.2　商业模式演化

商业模式被定义为一个特定的商业单元价值主张、价值创造与价值捕获的基本框架，即企业为客户创造并传递价值，进而从中捕获价值的活动与过程（Sjödin et al.，2020）。商业模式被视为一种将企业的核心价值主张作为利益传递给客户的系统或者机制。Zott 等（2017）构建 NICE 框架描述商业模式的四个相互关联的价值驱动因素，即新颖性（N）、锁定性（I）、互补性（C）、效率性（E）。而商业模式的主要模块包括价值主张、价值创造、价值捕获、价值实现（Osterwalder et al.，2011）。已有研究分别从动态视角和静态视角分析了商业模式（Demil and Lecocq，2010），其中静态视角主要体现在提升商业模式要素的基本配置上，动态视角侧重基于时间属性研究商业模式推移演化过程。Bohnsack 等（2014）通过纵向数据研究电动汽车的商业模式的演变，解释了动态能力和组织能力促成商业模式演化的过程。商业模式演化是商业模式创新路径的表现形式（杨蕙馨和张金艳，2019），更加强调商业模式的灵活性、适应性与韧性，以适应企业内外部变化和防范、抵御风险（Velu，2017）。提升跨国并购成功率和并购企业的价值创造能力也需要商业模式创新（张琳等，2021）。需要开发一种新的价值主张，将技术进步与用户需求相结合，构建一种可持续商业模式，以应对经济和环境变化等挑战（Baldassarre et al.，2017）。

2.3　技术创新和产业政策

技术创新就是把生产要素和生产条件的新组合引入生产体系，即建立一种新的生产函数，其目的是获取潜在的价值和利润（陈正华和陈敏仪，2020）。技术创新是帮助企业迅速掌握先进的技术，降低企业的研发成本，进而抵御企业面临的外部风险，从而有效提升企业的核心竞争力的一项企业活动。产业政策是政府为了加速产业结构现代化、提升国民经济水平而制定的一系列的对策。通过干预、调控产业部门之间的资源配置，消除经济冲击，弥补市场机制的缺陷和不足，从而推动产业结构合理化和发展现代化（唐荣和黄抒田，2021）。近年来，越来越多研究开始关注技术创新和产业政策之间的关系，特别是在高新技术领域（屈文建等，2019；曾繁华等，2022）。一方面，产业政策为技术创新提供动力和支持，通过促进创新成果的共享来促进技术创新，促进行业间的竞争和创新，其中包括资金支持、税收优惠、政府补贴等方面（郭研和张皓辰，2020），以及与技术创新相关的知识产权政策。另一方面，有些研究将技术创新和产业政策作为一个整体来考虑，主张将政策制定作为技术创新的一个重要组成部分，并应从创新的角度出发来制定政策（戴小勇和成力为，2019）。技术创新和产业政策协同发展，将会建立有效的政策和技术创新框架，以推动产业发展和持续创新。

2.4 研究缺口

现有文献从不同视角阐述了商业模式演化的机制（钱雨等，2018）、动因过程（纪雪洪等，2019）等方面，但是基于资源整合的互动和协同效应探索科技型企业商业模式演化路径的研究还是相当薄弱，远远落后于现实需要。同时，以往的研究尽管有基于大样本数据的分析，但是对于商业模式演化的前因后果仍然需要深入挖掘，新的研究需要重视以往研究中忽视的技术创新和产业政策协同作用所产生的影响。因此，基于资源整合视角，系统性分析商业模式演化机制与策略，探索不同发展阶段的技术创新如何与产业政策进行协同以实现资源整合的过程，进而最终影响商业模式的过程，弥补相关研究的缺口，促进科技型企业在中国实现高水平科技自立自强和中国式现代化进程中发挥更大力量。

3. 研究设计

3.1 研究方法

探索性单案例研究法适用于商业模式演化机制和策略研究（刘志迎等，2019；吕文晶等，2019），主要基于三点考虑：第一，与多案例研究相比，单案例研究聚焦于一个研究对象，更适合对研究对象进行系统、深入、长期、有效的观察与判断，保持案例研究的深度。第二，探索性研究适合深入挖掘商业模式内在机理，适合回答"如何"和"怎样"这两类重要问题，有助于研究不同阶段科技型企业商业模式演化的驱动因素和影响结果，挖掘复杂现象背后的理论规律。第三，纵向探索性单案例研究，相较于实证研究方法，在获取不同阶段主要特征、具体过程数据时，能够挖掘时间序列中关键事件及其因果关系，有助于在缺少定量数据支撑的条件下，完成从案例分析到理论归纳的研究（毛基业，2020）。

3.2 案例企业选择

四维图新作为中国导航地图产业的开拓者,以"赋能智慧出行,助力美好生活"为使命,多年来以导航地图、自动驾驶、导航业务、车联网、车载芯片等业务为主,成为深受国内、国际市场客户信赖的智能出行科技公司。选取四维图新作为案例研究对象,主要是因为:(1)行业典型性。科技型企业是提升我国综合国力和国际竞争力的关键力量,在促进社会发展和提升人民生活水平方面具有重要作用。四维图新所涉及的高精度地图、车联网、自动驾驶等技术一定程度上能够减少甚至消除交通事故,保障出行安全性,实现智能化调度,合理配置交通资源。(2)参考启示性。四维图新多年致力于面向车企、政府及行业客户提供关键资源和产品服务,公司发展经历不同阶段,其商业模式具有科技型企业的典型特征,对于其他科技型企业商业模式的制定具有启示和借鉴意义。(3)数据可得性。研究团队与四维图新建立了良好的合作关系,能够通过访谈、调研等方式,对案例素材进行核实与补充,在一定程度上保证数据可靠性和真实性。

3.3 数据收集

为了提高案例研究的可靠性和有效性,关于案例相关数据和信息材料,从多渠道采集数据资料,包括一手资料和二手资料等。遵循"证据三角"原则,本研究采用多种方法收集资料和数据,为研究提供可靠的数据支持。在数据获取阶段,研究团队先后赴四维图新的项目部门、研发部门、人事部门和市场部门等开展线上线下总计 9 次半结构化访谈,对于企业的文化、商业模式、核心业务等进行了充分了解,并将访谈内容和会议数据记录下来,为本研究梳理分析企业技术创新、商业模式创新演化的过程提供了文字和图片资料,统计信息如表 1 所示。

表 1 半结构化访谈信息统计

序号	访谈对象职位	访谈时长 (近似)	访谈内容	访谈文本字数 (万字)
1	总经理	189 分钟	企业文化、商业模式发展规划等	2.1
2	执行副总裁	130 分钟	行业经验、执行感悟等	1.4
3	项目管理部副总经理	120 分钟	项目规划、业务进展等	1.2
4	数据生产部主管	105 分钟	数据决策、质量控制等	1.4
5	技术研发部主管	170 分钟	技术变革、研发决策创新等	1.6
6	财务中心经理	80 分钟	成本管控、研发执行预算等	0.7
7	人事中心主管	110 分钟	人才配置、部门分配情况等	0.9
8	云事业部主管	90 分钟	网络数据安全、数据维护等	0.8
9	综合管理部主管	69 分钟	客户关系维护、市场拓展等	0.9

3.4 数据编码与分析

将正式访谈、非正式访谈、现场参观资料分别编码为 Y1、Y2、Y3；对来自企业的年度报表记为 R1；将企业官网资料等记为 R2；将社会媒体报道资料记为 R3；将行业分析报告资料记为 R4。编码如表 2 所示。

遵循探索性案例研究的方法，对数据进行交叉验证与分析，尽可能保证数据的信度和效度。首先，将研究团队划分为两组，每组成员 2~3 人，将每次的访谈内容整理成文档资料，对案例企业所呈现的重要信息进行筛选、梳理，并提出存疑的问题，及时与被访谈者沟通确认细节；其次，案例资料的收集与分析同步进行，将收集的文档资料和访谈资料进行匹配验证，以确保资料的准确性，归纳出相关概念之间的勾稽关系，将其进行独立编码，分别提炼出核心构念；最后，遵循"三角验证"原则，以问题导向为前提，避免主观判断，研究小组对案例分析得到的结论与相关文献进行比较、分析，得出研究结论。

表 2　　　　　　　　　企业案例数据来源、数据属性、数据类别和编码

数据来源	数据属性	数据类别	编码
一手资料	正式访谈	访谈	Y1
	非正式访谈	访谈、照片	Y2
	现场参观	照片、视频	Y3
二手资料	月度、季度、年度报表	年报资料	R1
	企业官方网站	官网、微信公众号等	R2
	社会媒体报道	中国统计网、中国经济网、36氪、东方财富等	R3
	行业分析报告	新时代证券、国元证券等行业报告	R4

3.5 企业描述

经过 20 年的发展，四维图新现有业务已覆盖导航地图、车联网、自动驾驶、位置大数据服务和汽车电子芯片五大板块，实现"五位一体"业务布局，其发展历程如图 1 所示。四维图新作为中国最早进入导航地图行业的公司，紧跟时代和需求变化，不断探索新技术，调整业务结构，转变模式思路，使得公司获得长足发展。目前四维图新已经发展成为中国第一、全球前五大导航电子地图厂商，为中国汽车导航的发展做出了卓越贡献。

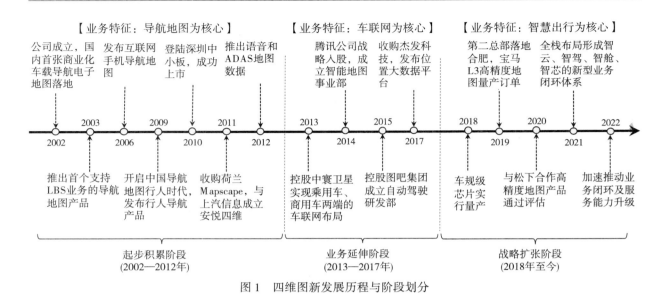

图 1 四维图新发展历程与阶段划分

4. 案例分析

四维图新经历了从"以导航地图为核心的起步积累阶段"(2002—2012 年),到"以车联网为核心的业务延伸阶段"(2013—2017 年),再到"以智慧出行为核心的战略扩张阶段"(2018 年至今)三个发展阶段,具体表现为:(1)起步积累阶段:创始人孙玉国自武汉大学摄影测量与遥感专业博士毕业后发现"行业内没有一家像样的公司",在困惑中,孙玉国带领团队通过近十年的研发积累,构建出一套完整自主的导航电子地图的工具和工艺。于 2002 年成立四维图新,公司成为中国第一家获得甲级测绘资质的公司。作为中国最先进入导航电子地图市场的企业,开启了全新的赛道,开拓中国导航领域。(2)业务延伸阶段:随着车联网成为 2013 年全球汽车行业最热门的关键词之一,吸引了行业内外众多企业的共同关注。四维图新牢牢把握时代发展机遇,不断拓展业务的应用场景,扩大场景延伸的宽度和广度,实现乘用车联网和商用车联网的全面布局。(3)战略扩张阶段:2018 年,公司为了进一步落实"智能汽车大脑"战略愿景,从导航、车联网、车载智能芯片、高精度地图、高精度定位以及自动驾驶整体解决方案服务能力建设入手,不断加大研发投入力度,并通过资本协同、战略合作、联合验证等方式,加速推进产品技术商业化进程。不断夯实数据、产品、客户和场景间的运转通道,以此构建商业生态闭环。

4.1 起步积累阶段:形成全新开拓型商业模式

4.1.1 基于开拓型资源整合的技术创新与产业政策的协同分析

随着汽车产业的蓬勃发展和汽车数量的不断增加,市场对于出行导航的需求也愈发强烈。传统的出行方式是通过纸质地图找寻方向,由于纸质地图的更新换代速度较为迟缓,导致出行不方便、不高效、不智能等一系列问题出现。在此背景下，四维图新充分应用新一代信息技术，率先推出商业化导航数字地图，以导航电子地图技术为突破口，颠覆传统的纸质地图方式，实现出行方式由"纸质地图+问路"到"数字化导航地图"模式的转变，实现技术单点创新。四维图新自成立以来一直坚持以市场和客户需求为导向，引领行业发展。将导航电子地图推向市场，改变了传统的出行方式，满足市场的潜在需求。

为了在起步开拓阶段快速占领市场，四维图新充分利用人才优势，通过从无到有的开拓型资源整合方式，不断整合技术资源，加快专利申请步伐和加大研发资金投入，突破导航算法等技术难题，并承担863计划、核高基专项等国家资助项目，提升企业竞争力。同时，四维图新与丰田、宝马等车企在车载导航方面展开深度合作，收购中交宇科，优化产业链渠道。研发出基于手机终端的导航地图产品并推入市场，随后通过技术升级推出行人导航地图产品。在此阶段，四维图新多次获得年度"中国导航电子地图行业杰出领袖奖"等奖项，实现中国导航地图的重大突破。

在产业政策方面，随着数字中国地理空间框架建设稳步推进，地理信息产业蓬勃发展。国家不断完善地理信息行业法律法规，鼓励企业采用先进的技术和设备，提高测绘水平，对于相关企业的发展起到激励作用。但是，在测绘事业发展中还存在着测绘技术与规范不统一、成果开发利用不足和监管薄弱等问题。同时，测绘产业关系到国土安全问题，测绘技术和成果的有效监督是国家安全不可或缺的一部分。为了加强测绘行业的宏观调节，我国于2002年颁布《中华人民共和国测绘法》促进行业协调发展、约束行业秩序。以四维图新为代表的信息技术企业需要采用统一的标准，在法律约束框架内进行测绘技术开发与应用。此外，四维图新以其技术的先进性和代表性承担了车载导航技术相关标准的制定，促进了车载导航和地理信息技术产业发展。由于新赛道的出现，此阶段产业政策多以鼓励型为主，技术创新与产业政策呈现双向协同发展态势。

4.1.2 技术创新与产业政策协同驱动下的商业模式演化机制

此阶段，四维图新以导航数字地图为主，基于开拓型资源整合，以初始技术创新为导向的技术单点创新形式，利用产业政策的导向、分配和管制的功能，促进导航地图行业发展，满足客户对于数字导航地图的需求，提高了出行效率，形成基于导航地图的全新开拓型商业模式。

在价值主张维度，数据的准确性与及时性是导航地图产品品质的关键，四维图新坚持采用现场采样、实地验证等方式，建立严格的产品检验制度和流程。此外，数据更新及时性是导航地图品质的另一核心要素，四维图新为突破国内道路信息变化快、导航地图更新不及时等问题，进行了技术更新和升级，以确保建立完善、稳定的数据库。在价值创造维度，四维图新发现用户"纸质地图+问路"的痛点，找准客户的真实需求，通过建立导航数据库，为客户提供"数字化导航地图"解决方案。通过增加导航地图的准确性、易用性、稳定性，提高用户体验，树立了良好的企业形象和获得市场的充分认可，扩大企业的收入来源，并最终成为国内最大的导航电子地图数据提供商。在价值捕获维度，以客户创造价值为导向，加强成本管理，调整成本结构，逐步建立成本优势。企业的收入主要来源于导航电子地图和地理信息服务，实现了车企用户由纸质地图出行到数字导航地图出行的高效转变。

基于以上分析，在起步积累阶段，四维图新紧紧抓住国家战略性新兴产业的发展机遇，以车载导航和消费电子导航电子地图为主要市场,为汽车、互联网用户提供动态信息服务,成为具有国际竞争力、国内最优秀的综合地理信息服务商。由此,四维图新在此阶段形成了以导航地图为核心的全新开拓型商业模式,其形成机制及典型证据援引如图 2 和表 3 所示。

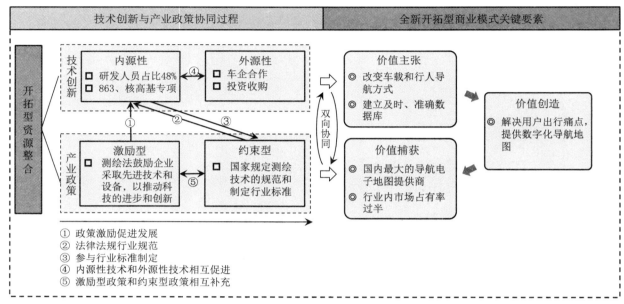

图 2　四维图新全新开拓型商业模式形成机制

综上,得出以下命题:

命题 1a:在起步积累阶段,科技型企业的技术呈现单点创新的形式,产业政策以鼓励型为主,二者在此阶段的协同方式为双向协同。

命题 1b:在起步积累阶段,科技型企业的商业模式在技术单点创新和鼓励型产业政策的双向协同驱动下,形成全新开拓型商业模式。

4.2　业务延伸阶段:形成衍生挖掘型商业模式

4.2.1　基于稳定型资源整合的技术创新与产业政策的协同分析

随着城镇化进程的不断加快,汽车持有量的不断增加,道路拥堵、基础设施不足等问题日益凸显,车主对于出行安全性、高效性的需求不断增加。车联网作为汽车应用的重要环节受到业界关注,经历了"从车到人"向"从车到车"再到"从车到基础设施"的发展(尉志青等,2020)。车联网领域的蓝海市场和软硬件创新的不断出现,也给四维图新带来了新的机遇和挑战。面对全新的市场竞争格局,四维图新致力于满足国内新型市场及市场国际化需求,利用投资并购、战略合作等多种手段,稳步拓展公司产品和服务。

表3 起步积累阶段典型案例资料举例及编码

理论维度	二阶编码	一阶编码	典型证据援引	构念编码
开拓型资源整合	内源性技术创新	研发投入	*高素质的科研人员技术研发、产品开发是导航电子地图企业成功的重要因素，截至 2012 年，公司研发人员占比 48%[R1] *"2009 年我们推出中国首个行人导航产品，和国外发行速度相差不到一年""我们当时在北京利用现场采样、实地验证、信息修正的方式反复验证产品的性能……"[Y2]	技术单点创新
		技术挖掘	*本阶段成功获取专利授权六十余项[R1] *承担国家和地方政府资金支持专项 15 项（其中包括国家产业化专项 3 个、863 专项 2 个和核高基专项 1 个）[R1]	
		创新形式	*多次获得"中国导航电子地图行业杰出领袖奖""导航电子地图卓越品质奖""导航地图 GIS 工程示范单位"[R1] *国家测绘科技进步一等奖 1 项、二等奖 3 项，卫星导航定位科学技术奖一等奖 1 项、二等级 1 项，地理信息科技进步奖二等奖 2 项，中国测绘学会地图作品"裴秀奖"金奖、"高技术产业化十年成就奖"等多项荣誉[R3]	
	外源性技术获取	技术吸收	*"2011 年公司对中交宇科进行投资收购，为一体化建设的产业链升级拓宽了业务渠道，优化和完善产业布局，提升公司产业链竞争能力"[Y2]	
		技术合作	*"随着我国汽车产业的不断发展，车载导航的需求量不断扩大，我们和丰田、宝马等车企客户联动，加速车载技术定制产品落地"[Y2] *2011 年底公司动态交通信息服务业务已累计开发并提供了 22 个城市的广播服务、29 个城市的在线服务[R1]	
	激励型产业政策	导向功能	*2002 年《中华人民共和国测绘法》提出国家鼓励测绘科学技术的创新和进步，采用先进的技术和设备，提高测绘水平[R3]	鼓励型产业政策
		分配功能	*"公司担任国家 ITS 标准委员会副主任委员、卫星导航应用系统标准研究制定成员、交通信息服务工作组副组长等职务"[Y2] *承担《车载导航地理数据采集处理技术规程》《导航地理数据模型与交换格式》等 12 项国家标准的编写工作[R1]	
	约束型产业政策	管制功能	*2002 年《中华人民共和国测绘法》提出测绘工作涉及国土安全，测绘活动需要使用国家规定的测绘基准和测绘系统，执行国家规定的测绘技术规范和标准[R3]	

续表

理论维度	二阶编码	一阶编码	典型证据援引	构念编码
商业模式	价值主张	价值主张	* "公司采用现场采样、实地验证的方式，建立完善的导航产品和服务流程"［Y1］ * "数据更新的及时性和准确性是导航地图产品的关键"［Y1］	全新开拓型商业模式
	价值创造	价值创造	* 改变居民出行方式，提供具体位置和路网信息的解决方案［R1］ * "和众多车企的战略合作，为公司长远发展打下坚实基础"［Y2］ * 导航电子地图和综合地理信息服务［R1］	
	价值捕获	价值捕获	* "我们调整成本结构，加强公司固定资产采购体系"［Y1］ * 技术导向提升客户的使用效率和企业间的合作效率［Y2］ * 国内最大的导航电子地图提供商［R3］ * 市场占有率位居行业首位［Y3］	

在业务延伸阶段，四维图新的发展较第一阶段趋于稳定和成熟，因此，采取稳定型资源整合方式。国内互联网企业利用手机导航免费策略抢占市场份额，对国内导航市场原有竞争格局造成明显冲击，使得国内导航电子地图产品价格下行压力增大。市场竞争形态的快速变化，对四维图新原有业务造成威胁。在此背景下，四维图新优化市场应对策略，调整主营业务结构，延伸产业链环节，与腾讯共同研发推出了车载互联网整体解决方案趣驾 WeDrive。将腾讯优质的互联网内容实现在车机上，为驾车生活提供安全出行、娱乐社交等服务。为了进一步巩固在车联网领域优势，四维图新采用技术垂直创新策略，加快推进新产品研发和商业化进程，优化车联网垂直产业链生态环境。与国内重点高校建立产学研合作，在技术能力和市场份额等方面构建核心竞争优势，将车联网业务打造为重要收入来源。

在产业政策资源利用方面，随着政府对国土、交通、数字城市等领域管理的精细化、可视化、智能化的要求不断增加，"互联网+"行动计划、制造强国战略、大数据战略正式上升为国家战略。同时，随着"中国制造 2025"战略的推进，数字化、网络化、智能化成为汽车工业发展重点，车联网、无人驾驶汽车、卫星导航及定位等行业迎来空前的发展机遇。四维图新紧跟国家战略和时代发展步伐，结合自身的技术优势和国家发展要求，拓展基于软硬件一体化的发展思路，在导航电子地图、车联网、智能驾驶以及相关芯片领域进行战略布局，打通产业链的上下游，实现各业务间的一体化协同发展。同时，加快推进车联网各项产品的开发及商用进度，加大生态资源数据整合力度，提升市场拓展能力和业务运营能力。在此阶段，国家为了加强汽车行业的管制，采取城市限行限购、停止补贴优惠政策等方式，给产业链上下游的企业带来一定的冲击。此外，国家加强互联网地图企业的资质管理工作，提出相应的整改措施，以此促进产业规范化和可持续发展。

4.2.2　技术创新与产业政策协同驱动下的商业模式演化机制

此阶段，四维图新以车联网业务为核心，基于稳定型资源整合过程，采用以纵向深耕为导向的技术垂直创新形式，并结合产业政策的导向、分配、调节、管制功能，实现人与车、车与车之间的智慧连接，提供了可以同时面向前装、后装市场的智能车联网终端设备、车联网运营大数据平台、移动端应用一体化解决方案，形成了基于车联网业务的衍生挖掘型商业模式。

在价值主张维度，以客户需求为中心，推出首个适合中国车主的车联网服务平台，通过互联网服务和云端跨屏同步的整体车载解决方案，提升用户驾驶的安全性和舒适性。与此同时，四维图新将安全管理、资产保全、效能提升有机结合融入商用车联网平台，从根本上改变了汽车在出行、消费、商用三个方面的应用价值。在价值创造维度，四维图新聚焦于前沿技术，通过产品要素的迭代升级，稳固自身的战略地位。面对国内互联网企业采用免费策略占据导航市场和同类型竞品不断增加的双重冲击，四维图新积极调整市场策略，通过技术创新迭代，加快推进智能车载操作系统、智能硬件、手机车机互联方案、云服务平台等系列产品的开发及商用进度，为卡车司机、车主、物流公司、车厂等相关用户提供实用高效的车联网产品和数据服务解决方案。在价值捕获维度，通过扩大与政府、车企等外部力量的合作，实现资源共享，提升产品生产效率，以降低生产成本。与互联网企业开展战略合作，通过多渠道进行品牌宣传，开展丰富的市场推广活动，打造优质品牌形象，持续巩固品牌地位，进而迅速提升利润增长。

基于以上分析，在业务延伸阶段，四维图新发展成为导航地图、动态交通信息、乘用车和商用车车联网解决方案以及位置大数据服务领域的领导者。由此，四维图新在此阶段形成以车联网为核心的衍生挖掘型商业模式，其形成机制及典型证据援引如图3和表4所示。

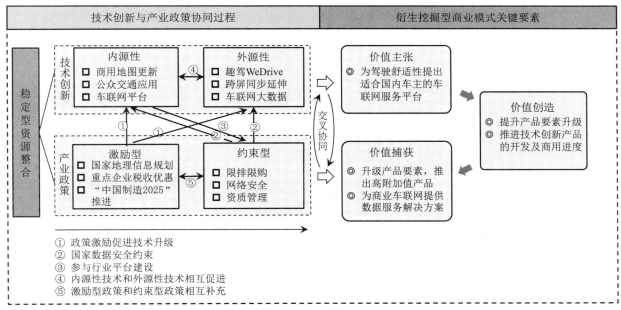

图3　四维图新衍生挖掘型商业模式形成机制

表4 业务延伸阶段典型案例资料举例及编码

理论维度	二阶编码	一阶编码	典型证据援引	构念编码
稳定型资源整合	内源性技术创新	研发投入	*研发人员占比超过总人数的56%[R1] *"2017年2月的时候，在北京公司建的现代化办公大楼开始正式投入使用"[Y3]	技术垂直创新
		技术挖掘	*截至2017年3月，公司已获得授权专利90件、软件著作权398件[R1] *"当时公司通过内部创业、加大跨部门协作力度等方式，来调动员工的创新积极性"[Y1]	
		创新形式	*"公司全面落实车联网产业链上下游以及软硬件一体化整合战略，采用垂直探索策略深耕车联网相关技术"[R1] *"公司举办'四维图新'杯地图制图技能大赛、四维图新黑客大赛等创新及交流会，激发员工创新能力和激情"[Y1]	
	外源性技术获取	技术吸收	*"在地图生产和应用等方面吸取国外先进的技术经验，掌握最先进的高端导航电子地图核心生产技术，并设计出能与国际先进技术和标准接轨的数据和产品规格"[Y1、Y2] *积累以位置为核心的多源动态海量数据，学习互联网巨头的最佳实践，以互联网用户为依托，提升产品竞争力、改善生产工艺及流程，开发出专门应对互联网客户的产品和服务[R1]	
		技术合作	*"2014年，腾讯看中四维的技术基因，决定投资四维。我们和腾讯联合推出业界首次具备全方位优质互联网服务和云端跨屏同步能力的整体车载解决方案"[R1] *"我们也和国内多所一流大学建立校企合作关系，联合培养技术人才"[Y1]	
	激励型产业政策	导向功能	*2014年6月工信部颁发的《工业和信息化部2014年物联网工作要点》加快了我国物联网发展的脚步[R1] *2017年我国《汽车产业中长期发展规划》的发布和实施，也将为国产汽车电子芯片企业在多个领域的技术研发及产业化提供良好的政策保障[R3]	引导型产业政策
		分配功能	*"公司从2013年起连续多年被认定为国家规划布局内重点软件企业，享受税收优惠政策"[Y2] *"我们积极投入国家行业平台建设，持续掌握行业发展话语权"[Y2] *"中国制造2025"战略的推进，加速了车联网、自动驾驶行业数字化、智能化的步伐[R3]	
	约束型产业政策	调节功能	*北京、上海、广州等城市车辆限购政策相继出台，车辆购买增速大幅降低[R3]	
		管制功能	*国家加强对于互联网地图企业的资质管理工作并提出相应的整改措施，《全国基础测绘中长期规划纲要(2015—2030)》和《测绘地理信息事业的"十三五"规划》对于相关行业的发展进行整改规划[R3]	

续表

理论维度	二阶编码	一阶编码	典型证据援引	构念编码
商业模式	价值主张	价值主张	*"当时我们推出首个适合中国车主的车联网服务平台，为了能够改善用户驾驶的安全性和舒适性"[Y1]	衍生挖掘型商业模式
	价值创造	价值创造	*信息化平台和数据更新等技术的逐步完善提高消费者的使用效率[R1] *为卡车司机、物流公司、车主等提供系统全面车联网产品和数据服务解决方案[R2] *以互联网思维赋能商用车，并提升产品要素的精度和广度[R2] *整合企业现有的业务模块，加强优势互补[R1]	
	价值捕获	价值捕获	*降低数据采集、加工、制作、验证、发布等全研发产业链的成本，提高工效[R1] *新业务的投入增加了公司的经营成本，公司透过跟踪新业务市场发展趋势、定期研讨、严格审核等途径降低经营成本和风险[R1] *增加地图编译成本的比重，减少项目硬件成本[R2] *导航地图收入、车联网收入、芯片收入[R1]	

综上，得出以下命题：

命题 2a：在业务延伸阶段，科技型企业的技术呈现垂直创新的形式，产业政策以引导型为主，二者在此阶段的协同方式为交叉协同。

命题 2b：在业务延伸阶段，科技型企业的商业模式在技术垂直创新和引导型产业政策的交叉协同下，形成衍生挖掘型商业模式。

4.3 战略扩张阶段：形成生态闭环型商业模式

4.3.1 基于完善型资源整合的技术创新与产业政策的协同分析

面对高安全、重体验的市场需求，四维图新聚焦汽车智能化，采用完善型资源整合方式，初步完成向智能出行科技公司的战略转型。在技术全面创新方面，依托产业能力和核心优势，全面提升底层数据基础服务能力和日更联测能力，应用计算机视觉、语音识别、大数据挖掘及采集成果自动录入技术等技术手段进行自动化升级。在提升工效的同时，减少数据流转等待时间，以满足新型应用场景对地图数据精准度、实时度、可靠度需求。为了顺应时代发展需要将传统业务向新型服务模式演进升级，通过子公司分拆融资、增资扩股等方式，进一步拓展产业优势资源和研发资金支持渠道，最终形成新型闭环式业务体系。同时，四维图新通过与华为、清华大学等国际领先企业及科研院校建立深度合作，在关键领域开展技术合作，加大资源整合力度，积极拓展一体化产品体系和提高软硬件集成能力。

在产业政策方面,自动驾驶作为智慧交通的重要环节,市场接受程度近年来稳步提升。尽管目前在我国仍处于产业发展的初期阶段,国家越来越重视自动驾驶行业的发展,产业发展路线逐渐清晰和明朗,政策上给予足够的鼓励和支持。《自主代客泊车系统总体技术要求》的正式发布推动了自动驾驶技术的商业化进程。《智能汽车创新发展战略》和《汽车驾驶自动化分级》等政策规范文件,加速推进四维图新自动驾驶业务的创新发展进程,也为我国自动驾驶行业的发展提供了更好的政策指引和保障。控股子公司世纪高通承接西安市公安局"平安地图"项目,实现互联网地图服务与公共安全的深度融合。四维图新作为自动驾驶领域的重要角色,参与《自动驾驶数据安全白皮书》的编制工作,白皮书中对于自动驾驶数据管理机制进行了规范和完善。同时,公司积极推动产业共建,与工信部、自然资源部等政府机构共同讨论和推进高精度地图数据采集、审核、加密处理工作,加快高精地图动态快速更新等关键共性技术的研发进程。在区域智能网联汽车测试应用基地建设方面,牵头车联网身份认证和安全信任试点项目发布车联网数据安全监测溯源平台,承接合肥高新技术产业开发区自动驾驶高精度地图重大新兴产业专项,以此为行业发展贡献力量。

4.3.2 技术创新与产业政策协同驱动下的商业模式演化机制

此阶段,四维图新依托产业能力和核心优势,通过全栈布局形成智云、智驾、智舱、智芯的智慧交通的业务体系。利用完善型资源整合,以多元化技术为导向的技术全面创新形式,结合产业政策的导向、分配、调节、管制的功能,完成战略转型,形成了基于智慧出行的生态闭环型商业模式。

在价值主张维度,面向高安全、重体验的市场需求,公司不断加大研发投入,陆续推出行泊一体、舱泊一体全场景跨域融合方案。在服务客户的同时,充分学习互联网行业企业对于产品快速迭代的模式,并始终坚持以用户为依托的服务理念。以车联网为基础,推出面向节油、安全、物流等不同场景的系列新型产品及服务,并聚焦于 OEM 客户智能化需求。在价值创造维度,四维图新通过改善生产工艺及流程,提升产品的核心竞争力,秉承高效、严谨的理念,注重品质和安全要求,推进细分领域的产品化进程,形成良性循环。新冠疫情初期,四维图新依托成熟的位置大数据服务能力推出"疫情防控解决方案",结合二维、三维一体化位置大数据平台深入态势感知监测、综合指挥调度、疫情防控预警等场景,全面助力疫情防控。在价值捕获维度,充分整合企业云化的关键优势,优化经营模式和销售策略,以增加 C 端客户规模。积极推动传统业务向新型服务模式演进升级,形成智云、智驾、智舱、智芯的新型业务体系,初步完成向智慧出行科技公司的战略转型,开启了多渠道收入来源,实现向第二赛道——城市智能化的成功拓展。

基于以上分析,在战略扩张阶段,四维图新在自身发展的同时,在产品开发、运营管理等方面始终坚持环保理念,在坚持自主创新的同时携手产业各界共同推进"绿色出行"方案,以此打造和谐的智慧环保、绿色生态的出行方式。由此,四维图新在此阶段形成以智慧出行为核心的生态闭环型商业模式创新,其形成过程及典型证据援引如图 4 和表 5 所示。

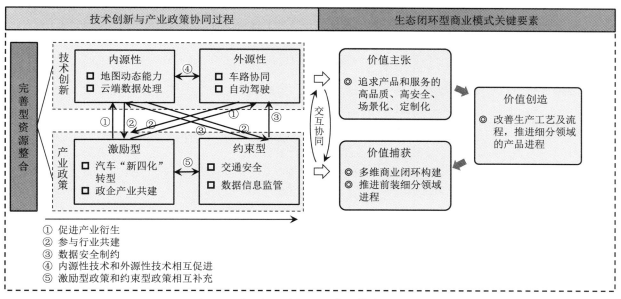

图 4 四维图新生态闭环型商业模式形成机制

表 5   战略扩张阶段典型案例资料举例及编码

理论维度	二阶编码	一阶编码	典型证据援引	构念编码
完善型资源整合	内源性技术创新	研发投入	*"公司加强动态信息采集发布以及位置大数据服务能力，在这阶段我们的研发人员占比超过了69%"[Y2] *在高精度地图、高精度定位、自动驾驶整体解决方案、智能座舱芯片等相关领域继续保持较高的投入力度[R1]	技术全面创新
		技术挖掘	*"以重点客户、关键项目为发力点，加强产业沟通和协作，在帮助客户共同应对市场风险的同时，加大内部资源整合和一站式云平台能力建设"[Y2] *"通过研发可同时面对智能驾驶及智能座舱一体化平台的产品，聚焦客户需求，挖掘产品的成长空间，以此提升市场竞争力"[Y2]	
		创新形式	*"公司通过不断优化产业结构布局，进一步落实智能汽车大脑战略愿景，建立整体解决方案，提升服务能力"[Y1] *ADS自动驾驶软硬一体解决方案荣获第六届铃轩奖前瞻类优秀奖、世界智能汽车大会智能汽车技术创新奖等重要奖项[R2] *优化地理位置信息自动化采编的工艺流程体系，持续提升数据鲜度、丰富度和精度[R2]	
	外源性技术获取	技术吸收	*"公司通过股权合作、业务协同、联合开发，深度参与产业权威研究"[Y2] *协同小马智行等行业伙伴，共同打造更加丰富的智能生态一体化[R2] *"通过将导航、车联网平台、轻车联网等业务从上市公司拆分并独立融资等方式，与腾讯、蔚来、滴滴等互联网高科技企业建立深度的产业合作"[Y2]	

续表

理论维度	二阶编码	一阶编码	典型证据援引	构念编码
完善型资源整合	激励型产业政策	导向功能	*汽车产业向"新四化"转型：电气化、网络化、智能化、共享化[R2、R3]	可持续型产业政策
		分配功能	*公司参与产业共建，与自然资源部、工信部等机构共同探讨高精度地图数据的采集、审核、加密工作，以推动法规流程建设[R1] *控股子公司世纪高通承接西安市公安局"平安地图"项目，实现互联网地图服务与公共安全的深度融合[R2]	
	约束型产业政策	调节功能	*"十四五"发展规划将高端芯片、操作系统、人工智能关键算法、传感器等关键领域作为关注重点，并强调将加强通用处理器、云计算系统和软件核心技术一体化研发[R3]	
		管制功能	*汽车数据安全进入国家监管时代，国家围绕智能网联汽车信息数据政策的处罚措施不断完善[R3]	
商业模式	价值主张	价值主张	*从传统地图商向基于"合规+地图+算法+定位"云平台转变[R1] *为客户提供定制化、场景化 SaaS 解决方案[Y1]	生态闭环型商业模式
	价值创造	价值创造	*新型业务形态逐步完善，全面实行导航业务、高级辅助驾驶及自动驾驶业务、车联网业务、芯片业务、位置大数据服务业务"五位一体"商业闭环[Y2] *推进前装产品向特种商用车、中/轻卡等细分领域的探索和拓展[R1]	
	价值捕获	价值捕获	*云化整合，优化运营策略，提升成本利用率；通过智能化改造和升级，提升工效、降低成本，进一步帮助客户降低采购成本[Y2] *形成智云、智舱、智芯、智驾新型业务体系[Y2、R1] *产业链上下游协同合作，提升量产进度，解决芯片供需紧张态势	

综上，得出以下命题：

命题 3a：在战略扩张阶段，科技型企业的技术呈现全面创新的形式，产业政策以可持续型为主，二者在此阶段的协同方式为交互协同。

命题 3b：在战略扩张阶段，科技型企业的商业模式在技术全面创新和可持续型产业政策的交互协同下，形成生态闭环型商业模式。

通过对案例不同阶段的分析发现：（1）企业通过技术创新升级并结合产业政策的实施来应对环境的变化，二者在各个阶段的表现形式及作用程度有所不同。企业通过资源整合将二者融合，由此产生协同作用，并共同作用于商业模式当中。（2）在技术创新和产业政策的共同作用下，各阶段的商业模式价值要素产生变化，促使企业三个发展阶段的商业模式呈现出不同的特点，并最终呈现出由"全新开拓型商业模式"到"衍生挖掘型商业模式"再到"生态闭环型商业模式"的创新演化路径。

5. 研究发现与讨论

5.1　技术创新与产业政策协同交互下商业模式创新演化路径

基于上述材料的总结，本文以"驱动因素→演化过程→实现结果"为主线对案例进行研究分析，从四维图新的阶段演化过程出发，探讨不同阶段基于技术创新和产业政策的协同关系，利用对商业模式创新的演化机制和策略的分析，解构了基于资源整合视角的商业模式演化的内在规律和影响因素。

通过四维图新案例可以看出，企业在不同阶段采用差异化资源整合方式，不同时期进行不同程度技术创新，根据动态外部政策环境匹配技术路线，四维图新的技术创新通过研发投入、技术挖掘、技术吸收、技术合作等途径的提升和迭代，在一定程度受到产业政策的导向、分配、管制、调节的不同功能的影响，助推技术的升级和转换。同时，企业的技术研发在行业内处于领导地位时，也会促进产业政策的推进和行业标准的制定。在技术创新和产业政策的协同驱动下，四维图新商业模式经历了"全新开拓型商业模式""衍生挖掘型商业模式"和"生态闭环型商业模式"的演化升级，不断提升价值创造能力。因此，在不同阶段的资源整合下，技术创新和产业政策二者相互协同，最终作用于商业模式构建的价值链中，不仅使四维图新的商业模式形态成功拓展进入下一个运营发展阶段，而且为下一阶段技术创新奠定基础。资源整合视角下商业模式演化路径如图5所示。

作为科技型企业，技术是企业发展的动力和源泉，技术创新是科技型企业技术成长的关键因素，是企业生存成长的动力。其中，四维图新的技术创新方式经历着由"技术单点创新"到"技术垂直创新"最终到"技术全面创新"的变化。具体而言：

首先，企业在创立初期的起步积累阶段，实行开拓型资源整合，面对全新的市场环境，以单一的技术为突破点，采取"技术追随+模仿创新"的技术路线，着力发展核心业务，执行单点突破的技术发展策略，以此构建企业的核心竞争力。同时，国家的政策引导、产业红利、政策鼓励给企业的发展增加了外在的动力，加速企业核心技术从无到有的进程，形成全新开拓型商业模式。

其次，企业在发展中期的业务延伸阶段，执行稳定性资源整合，在面对原有业务受到外部企业的冲击时，优化竞争战略，利用"引领行业+技术共振"的技术手法，在坚定采用企业客户收费模式的同时，挖掘新的核心业务板块以巩固行业地位。基于核心技术进行垂直深耕，紧抓国家数字化、网络化、智能化的发展战略和时代发展需求，展开相关业务的全产业链整体技术布局，使得公司业务场景不断延伸拓展，形成衍生挖掘型商业模式。

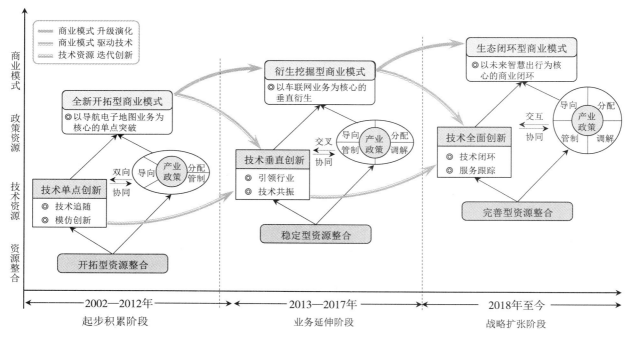

图 5　资源整合视角下商业模式演化路径

最后，企业在转型时期的战略扩张阶段，采用完善型资源整合，伴随行业需求的不断增加，企业通过提升底层核心技术能力的全面创新，使用"技术闭环+服务跟踪"的技术策略，拓展业务板块，实行相关的产业布局。通过技术全面创新的形式，实现企业发展与国家和行业需求的高度融合，形成生态闭环型商业模式。

5.2　商业模式演化模型

科技型企业商业模式创新的演化过程体现在技术的创新变革以及产业政策二者协同交互的作用上，经过不同阶段，最终以商业模式的"价值主张→价值捕获→价值实现"逻辑呈现。鉴于此，提炼出技术创新和产业政策的资源整合视角下商业模式创新的"多层次三螺旋模型"，如图6 所示。

多层次三螺旋模型揭示了科技型企业在创新过程中，在产业政策的洞察和技术层面的迭代创新双重影响下的反应机制。将企业的技术创新、产业政策和商业模式创新的关系具体阐释为：企业通过识别产业政策的最新导向、趋势，为技术的创新提供支持，但企业技术创新程度不仅受到产业政策的影响，可持续发展的商业模式也会为企业的技术创新提供助力。因此，企业需要具有审时度势的环境感知力，清晰地辨认政策的方向，及时准确地对于企业的资源进行合理整合。也正是因为技术创新和产业政策的协同作用，企业才能进行商业模式创新，以此保证竞争优势。

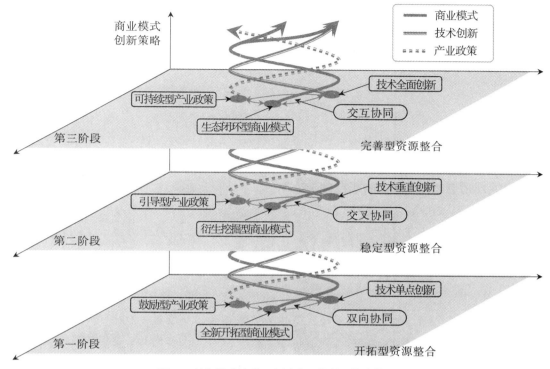

图 6　商业模式演化"多层次三螺旋"策略模型

6. 研究结论与启示

6.1　研究结论

以四维图新为例，通过对典型案例资料的深入挖掘、分析，从资源整合视角出发，构建了技术创新和产业政策对商业模式演化的影响路径，探索科技型企业商业模式的演化机制和策略，获得如下主要研究结论：

（1）技术创新与产业政策协同是科技型企业商业模式演化的重要条件。为适应不断变化的外部环境及经营需求，科技型企业通过技术挖掘、技术吸收、技术合作等途径，在政策的导向、分配、调节、管制等功能的作用下，技术创新与产业政策二者会对商业模式的演化产生影响。

（2）资源整合、技术创新和产业政策不同类型组合之下，技术创新与产业政策之间协同存在三种方式：双向协同、交叉协同和交互协同。科技型企业利用自身技术在不同阶段的模式构成，分别采用"技术追随+模仿创新→引领行业+技术共振→技术闭环+服务跟踪"创新策略，通过和产业政策协同匹配，以促成企业不同阶段的发展要素和特质。

（3）资源整合、技术创新和产业政策不同类型组合，推动科技型企业商业模式经历"全新开拓型商业模式—衍生挖掘型商业模式—生态闭环型商业模式"的演化过程。在企业的创新发展过程中，因其各阶段所处的市场环境不同,商业模式的重心也会因此发生变换,企业各阶段的商业模式表现出不同的特性。企业通过合理整合、利用资源,以满足客户需求为目的构建价值主张,通过价值捕获的方式改变企业的价值输出,达到价值实现的改变,最终促成商业模式的演化。

6.2 理论贡献

通过分析技术创新、产业政策之间的协同关系,以及二者对商业模式演化的驱动效益,丰富了现有商业模式演化研究的内涵,将商业模式演化路径研究推向纵深,在一定程度上弥补了技术创新与产业政策协同作用下商业模式演化机制的理论缺口。

(1)丰富了商业模式演化的研究视角。本研究从资源整合的行为主体视角进行了边际创新,以往研究从资源基础理论着手,研究新创企业商业模式创新的资源编排动态演化机制(韵江等,2022),本文通过科技型企业核心资源的协同过程并结合案例分析,细化和丰富了商业模式演化的机制和理论知识。

(2)深化了资源整合的理论基础。验证了企业通过持有不同的资源结构,所进行的技术和政策资源管理活动对商业模式创新的影响不尽相同,得到了技术和政策资源的双向、交叉、交互协同方式,一定程度上丰富了资源基础理论(孙卫等,2021)。

(3)构建了商业模式演化"多层次三螺旋模型"。模型的构建能够解释资源整合视角下利用技术创新和产业政策协同匹配形成商业模式创新的演化机制和策略,直观地阐释了企业商业模式创新中技术和政策的协同关系,利用企业的资源整合的动态过程,为商业模式演化路径和策略提供有利的支撑。

6.3 实践启示

第一,对于政府而言,作为政策的制定者,政府等相关机构应当着力构建政策的竞争机制,赋能国内大循环,促进国内市场竞争,加强对市场行情的管理。政府需要增强对企业的政策扶持和鼓励优惠,增加激励型政策的资源供给,为国内市场的发展保驾护航,使得政策红利落到实处。充分发挥政府政策的正向效应,有序推进市场竞争环境的构建,为每一个有潜力的企业提供公平竞争的机会。

第二,对于企业而言,需要加强技术创新能力,提高新业务开展的预见性,加强产业洞察和行业舆情的监控及预警,并在内部建立评估机制。积极探索与外部战略合作者或投资机构风险和收益共担的产业投资发展模式,与优秀企业建立可持续的战略合作关系,引进产业优势资源和资金支持,共同助力量产进程,提升产品变现能力。企业要加强对于市场行情、行业政策、战略全局的洞察,进一步扩展行业及周边生态,整合跨界资源,推动业务创新。

6.4 研究局限与未来展望

尽管本研究探讨了资源整合视角下科技型企业商业模式演化的机制和策略,在实践和理论方面有所发现，但是仍然存在一些不足。一方面，采取单一案例研究分析方法，虽然研究对象具备较强的典型性和代表性，但其中的结论可能会导致对于技术创新不强烈或政策导向不显著的企业创新缺乏指导作用，未来会尝试其他研究方法，深度挖掘其耦合关系，提高研究结论的外部有效性，以增强结论的普适性；另一方面，目前"多层次三螺旋模型"针对科技型企业的三个阶段进行了研究，但是没有经过大样本的检验，系统性的理论框架有待完善，未来将采用多样化方法如问卷调查、数学模型等，展开更加深入、细致的研究，以拓展出更加专业的理论模型。

◎ **参考文献**

[1]卓立新，焦高乐. 互联网商业环境下创业企业技术创新与商业模式创新的迭代式共演研究[J]. 管理学刊，2021，34(3).

[2]蔡跃洲. 中国共产党领导的科技创新治理及其数字化转型——数据驱动的新型举国体制构建完善视角[J]. 管理世界，2021，37(8).

[3]崔永梅，李瑞，曾德麟. 资源行动视角下并购重组企业协同价值创造机理研究——以中国五矿与中国中冶重组为例[J]. 管理评论，2021，33(10).

[4]戴小勇，成力为. 产业政策如何更有效：中国制造业生产率与加成率的证据[J]. 世界经济，2019，42(3).

[5]董保宝，葛宝山，王侃. 资源整合过程、动态能力与竞争优势：机理与路径[J]. 管理世界，2011(3).

[6]付丙海，谢富纪，韩雨卿. 创新链资源整合、双元性创新与创新绩效：基于长三角新创企业的实证研究[J]. 中国软科学，2015(12).

[7]郭海，韩佳平. 数字化情境下开放式创新对新创企业成长的影响：商业模式创新的中介作用[J]. 管理评论，2019，31(6).

[8]郭研，张皓辰. 政府创新补贴、市场溢出效应与地区产业增长——基于科技型中小企业技术创新基金的实证研究[J]. 产业经济研究，2020(4).

[9]胡登峰，冯楠，黄紫微，郭嘉. 新能源汽车产业创新生态系统演进及企业竞争优势构建——以江淮和比亚迪汽车为例[J]. 中国软科学，2021(11).

[10]纪雪洪，张思敏，赵红. 创业企业商业模式调整机制研究：直接动因、调整过程与主要模式[J]. 南开管理评论，2019，22(5).

[11]李靖华，林莉，李倩岚. 制造业服务化商业模式创新：基于资源基础观[J]. 科研管理，2019，40(3).

[12]李永发，陈舒阳，罗媞. 产业政策对商业模式创新的影响效应测评研究——以光伏和人工智能上市公司为例[J]. 科技进步与对策，2021，38(19).

[13]刘志迎，曹淑平，武琳，廖素琴. 互联网企业商业模式循环迭代创新的演化机制——基于单案例的探索性研究[J]. 管理案例研究与评论，2019，12(4).

[14]鲁喜凤，郭海. 机会创新性、资源整合与新企业绩效关系[J]. 经济管理，2018，40(10).

[15]陆正华,陈敏仪. 稳健型财务战略下技术创新对企业价值的影响——以华兴源创为例[J]. 财会月刊, 2020(21).

[16]吕文晶,陈劲,刘进. 工业互联网的智能制造模式与企业平台建设——基于海尔集团的案例研究[J]. 中国软科学, 2019(7).

[17]毛基业. 运用结构化的数据分析方法做严谨的质性研究——中国企业管理案例与质性研究论坛(2019)综述[J]. 管理世界, 2020, 36(3).

[18]彭学兵,陈璐露,刘玥伶. 创业资源整合、组织协调与新创企业绩效的关系[J]. 科研管理, 2016, 37(1).

[19]钱雨,张大鹏,孙新波,张明超,董凌云. 基于价值共创理论的智能制造型企业商业模式演化机制案例研究[J]. 科学学与科学技术管理, 2018, 39(12).

[20]屈文建,唐晶,陈旦芝. 高新技术产业政策特征及演进趋势研究[J]. 科技进步与对策, 2019, 36(3).

[21]孙卫,张文影,徐梓轩. 质量管理实践对企业创新绩效的影响:资源基础理论的新解[J]. 技术经济, 2021, 40(9).

[22]唐荣,黄抒田. 产业政策、资源配置与制造业升级:基于价值链的视角[J]. 经济学家, 2021(1).

[23]王罡. 网络嵌入性、风险承担与商业模式创新——基于环境不确定性的调节作用[J]. 珞珈管理评论, 2019(1).

[24]王国红,汪媛媛,黄昊,秦兰. 资源整合对企业价值链延伸的影响研究[J]. 研究与发展管理, 2020, 32(4).

[25]尉志青,马昊,张奇勋,冯志勇. 感知—通信—计算融合的智能车联网挑战与趋势[J]. 中兴通讯技术, 2020, 26(1).

[26]严子淳,李欣,王伟楠. 数字化转型研究:演化和未来展望[J]. 科研管理, 2021, 42(4).

[27]杨蕙馨,张金艳. 颠覆性技术应用何以创造价值优势?——基于商业模式创新视角[J]. 经济管理, 2019, 41(3).

[28]杨雪,何玉成. 决策逻辑对新创企业商业模式创新的影响:资源整合能力的调节作用[J]. 管理工程学报, 2022, 36(4).

[29]尹西明,陈劲,贾宝余. 高水平科技自立自强视角下国家战略科技力量的突出特征与强化路径[J]. 中国科技论坛, 2021(9).

[30]韵江,赵宏园,暴莹. 新创企业商业模式创新的资源编排动态演化机制——基于猎聘的纵向单案例研究[J]. 财经问题研究, 2022(3).

[31]曾繁华,肖苏阳,刘灿辉. 培育类产业政策对中小企业技术创新的影响[J]. 科技进步与对策, 2022, 39(12).

[32]张琳,蔡荣华,张妞,赵翊廷. PE 助力制造业企业"走出去"与价值创造[J]. 管理案例研究与评论, 2021, 14(6).

[33]Baldassarre, B., Calabretta, G., Bocken. P. Bridging sustainable business model innovation and user-driven innovation: A process for sustainable value proposition design [J]. Journal of Cleaner

Production，2017，147.

[34]Bianchi，P.，Labory，S. Regional industrial policy for the manufacturing revolution：Enabling conditions for complex transformations[J]. Cambridge Journal of Regions，Economy and Society，2019，12(2).

[35]Bohnsack，R.，Pinkse，J.，Kolk，A. Business models for sustainable technologies：Exploring business model evolution in the case of electric vehicles[J]. Research Policy，2014，43(2).

[36]Demil，B.，Lecocq，X. Business model evolution：In search of dynamic consistency[J]. Long Range Planning，2010，43(2).

[37]Georgeson，L.，Maslin，M.，Poessinouw，M. The global green economy：A review of concepts，definitions，measurement methodologies and their interactions[J]. Geo：Geography and Environment，2017，4(1).

[38]Mele，C.，Russo，S.，Colurcio，M. Co-creating value innovation through resource integration[J]. International Journal of Quality and Service Sciences，2010，2(1).

[39]Osterwalder，A.，Pigneur，Y.，Oliveira，M. Business model generation：A handbook for visionaries，game changers and challengers[J]. African Journal of Business Management，2011，5.

[40]Rossignoli，F.，& Lionzo，A. Network impact on business models for sustainability：Case study in the energy sector[J]. Journal of Cleaner Production，2018，182.

[41]Sjödin，D.，Parida，V.，Jovanovic，M. Value creation and value capture alignment in business model innovation：A process view on outcome-based business models[J]. Journal of Product Innovation Management，2020，37(2).

[42]Velu，C. A system perspective on business model evolution：The case of an agricultural information service provider in India[J]. Long Range Planning，2016，50(5).

[43]Vittori，D.，Natalicchio，A.，Panniello，U.，Petruzzelli，A.，& Cupertino，F. Business model innovation between the embryonic and growth stages of industry lifecycle [J]. Technovation，2022，117.

[44]Zott，C.，Amit，R. Business model innovation：How to create value in a digital world[J]. GfK Marketing Intelligence Review，2017，9(1).

Evolution Mechanism and Strategy of Business Model of Science and Technology Enterprises from the Perspective of Resource Integration
—A New Exploratory Case Study Based on NavInfo Co.，Ltd.

Li Yongfa [1]   Li Keke [1]   Wang Siqing [2]

(1 School of Business Administration，Anhui University of Finance & Economics，Bengbu，233030；

2 Hefei NavInfo Technology Co.，Ltd.，Hefei，230071)

Abstract：Science and technology enterprises have obvious advantages in promoting green development, promoting industrial upgrading, improving lifestyles, and enhancing social progress. However, due to its characteristics such as technology-intensive, large R&D investment, and rapid technological iteration and innovation, technology-based enterprises need to continuously adjust their business models to maintain competitive advantage. Therefore, the mechanism and strategy of business model evolution of technology-based enterprises deserve in-depth research. In this paper, NavInfo Co., Ltd, a typical representative of science and technology enterprises, is selected as the case study object. Based on the perspective of resource integration, it deconstructs its growth process vertically and discusses the evolution path and mechanism of the business model of science and technology enterprises. It is found that under the synergistic effect of technological innovation and industrial policies, the business model of science and technology enterprises is driven to evolve from "new pioneering business model" to "derivative mining business model" and then to "ecological closed-loop business model", and to build value models and competitive advantages in different periods. This paper refines the "multi-level and three-spiral theoretical model" based on the business model of science and technology enterprises, finds the evolutionary path and general law of business model innovation, and deepens the explanatory power of technological innovation and industrial policy for the formation mechanism of the business model evolution path, which is of great significance for the formulation of the business model of science and technology enterprises.

Key words: Resource integration; Technology innovation; Industrial policy; Business model evolution; Three spiral model

专业主编：许明辉

珞珈管理评论
2023 年卷第 6 辑（总第 51 辑）

Luojia Management Review
No. 6，2023（Sum. 51）

新产品脱销知晓时间对消费者偏好改变的影响研究*

● 刘建新[1]　范秀成[2]　李东进[3]　林　沁[1]

（1　西南大学经济管理学院　重庆　400715；2　复旦大学管理学院　上海　200433；

3　南开大学商学院　天津　300071）

【摘　要】新产品脱销信息的知晓时间会影响消费者的偏好改变，然而目前相关研究却严重匮乏。基于心理禀赋理论和心理抗拒理论，通过构建有调节的双中介模型深入探查了新产品脱销知晓时间影响消费者偏好改变的内在机理与边界条件，并通过实验法和调查法进行了实证检验。2 个实验和 1 个社会调查的结果表明：（1）新产品脱销知晓时间会系统性地影响消费者的偏好改变，未知新产品脱销较之于已经知晓新产品脱销更容易导致消费者的偏好改变；（2）心理禀赋与心理抗拒会共同中介新产品脱销知晓时间对消费者偏好改变的影响，其中当消费者决策前已经知晓新产品脱销时更容易产生心理禀赋，而当其未知时更容易产生心理抗拒；（3）自我控制会调节心理禀赋与心理抗拒双中介效应，即高自我控制更容易让心理禀赋中介效应占优，而低自我控制更容易让心理抗拒中介效应占优。该研究结论不仅对深化和完善新产品脱销等理论有重要意义，而且对于厂商、消费者和监管机构等有重要的管理启示。

【关键词】新产品脱销知晓时间　心理禀赋　心理抗拒　自我控制　偏好改变

中图分类号：F713.50　　　文献标识码：A

1. 引言

新产品经常会因为各种原因发生脱销，产品的暂时不可得很容易唤起消费者生气、沮丧和抗拒

* 基金项目：重庆市自然科学基金面上项目"消费选择虚位诱导效应的生理影响与神经反应研究"（cstc2021jcjy-msxmX1067）；重庆市社会科学规划项目"突发公共危机情境下社会公众恐慌性购买的心理机制与干预措施研究"（2022NDYB64）；西南大学研究阐释党的二十大精神专项项目"'二十大'共同富裕视域下扶贫产品消费的心理机制与促进策略研究"（SWU2209048）；西南大学中央高校博士启动项目"新生代消费者网购成瘾的形成机理与干预体系研究"（SWU2309509）；西南大学 2022 年研究生优质课程建设项目"组织行为学"（SWUYJS221003）。

通讯作者：林沁，E-mail: lq13529557103@126.com。

等反应（Fitzsimons，2000），并因此导致消费者购买竞品、延迟购买或放弃购买等（Campo et al.，2003）。例如，美国 Apple 公司每次发布新产品时在初期都会出现脱销而让消费者被迫等待，德国大众公司发布奥迪、保时捷等新车的脱销经常让消费者转换品牌，日本 Sony 公司每次发布新 PS 游戏机时脱销也会让顾客怨声载道。尽管厂商一直在尽最大努力通过增强预测、增加生产和强化库存管理等实现供需最佳平衡以减少脱销，例如某些厂商采取供应链管理（SCM）、协同计划、预测与补货（CPFR）、供应商库存管理（VMI）等改善措施，但新产品脱销问题仍然无法得到根本治理（Aastrup & Kotzab，2009）。在影响新产品脱销的众多因素中，新产品脱销知晓时间会对消费者的情绪反应和购买计划产生重要影响，直接会影响消费者的偏好改变。Payne 等（1996）、Hedgcock 等（2009）、Thorbjørnsen 等（2016）在虚位诱导效应研究中就发现，相比未知虚位选项，已知虚位选项的消费者会有更弱的虚位诱导效应；Davis 和 Vollman（1990）、Taylor（1994）、Wang 等（2018）也在服务等待中研究发现消费者知晓等待时间较之于未知等待时间更容易增强他们的等待持久性和提升服务评价。虽然目前研究产品脱销的影响因素、作用机制和影响效应等较多（Ge et al.，2009；Diels et al.，2013；Ku et al.，2014），相关的理论解释有产品稀缺效应、心理抗拒理论和后悔理论等（李研等，2013），但直接探究新产品脱销知晓时间对消费者偏好改变的研究较为鲜见。这方面研究的匮乏一方面会影响消费者对脱销新产品的判断和选择，可能增强消费者的冲动性或非理性行为；另一方面也会影响厂商的新产品脱销管理，造成销售机会错失或库存积压等。

鉴于相关研究的严重不足和重要意义，本文将基于禀赋效应理论和心理抗拒理论深入探查新产品脱销知晓时间影响消费者偏好改变的内在机理，具体研究问题包括：新产品脱销知晓时间是否会影响消费者的偏好改变？如果存在影响，其内在机制是什么？如果存在影响，内在机制影响的边界条件是什么？该研究不仅对深化和完善新产品脱销理论、时间感知理论和偏好改变理论等有重要意义，而且对于厂商有效进行新产品脱销管理、消费者理性看待新产品脱销和监管机构规范治理新产品脱销现象有重要的管理启示。论文将首先进行全面文献综述和发展研究假设，然后进行实验操作，检验所有研究假设和研究概念框架模型，最后总结研究结论、研究意义和研究局限等。

2. 文献综述与研究假设

2.1 文献综述

新产品脱销屡见不鲜，虽然厂商采用了各种策略，仍然无法根治和消除新产品脱销问题（Aastrup & Kotzab，2009；Stüttgen et al.，2018）。尽管产品脱销可能会产生某些积极效应，例如产品更为稀缺、推断质量更高、增强消费愉悦性等（Sanchez-Ruiz et al.，2018），但"产品的暂时不可得"还是屡屡引起消费者懊恼、沮丧、抗拒和报复等（Fitzsimons，2000；Campo et al.，2003），进而产生抱怨、投诉、品牌转换和消极口碑等。目前，有关产品脱销的理论解释主要有产品稀缺效应理论、心理抗拒理论、预期后悔理论和心理所有权理论等，例如 Fitzsimons（2000）认为脱销是产品稀缺的重要表现，是消费者决策重要的"社会证据"；Kwon 和 Chung（2010）研究发现产品脱销因为限制了顾客的选择自由，容易激发他们的心理抗拒反应，有可能产生"回旋效应"或"相似性替代效应"；李研等（2013）运用预期后悔理论解释了产品脱销会因顾客预期后悔最小化而降低对相似品的购买意愿；刘建新等（2020）运用心理所有权理论解释了产品脱销会更容易让顾客对脱销产品产生心理所有权而增强加价支付意愿等。虽然目前有关产品脱销的原因、机制和边界等的研究较多，但对于新产品脱销知晓时间对消费者偏好改变的影响研究较为鲜见。

知晓时间是个体了解事件的时刻，而新产品脱销知晓时间是指消费者获知或了解新产品已经脱销的时刻。传统完全理性决策理论认为，消费者的消费偏好和产品效用相对稳定，并不会受知晓时间等情境因素的影响；而有限理性决策理论认为，受消费者认知加工能力和市场信息不对称等限制，感知时间等情境线索会对消费者的偏好和选择产生系统性影响（Simonson，1989）。例如，Pratkanis 和 Farquhar（1992）在研究虚位诱导效应时就发现消费者已经知晓或未知虚位选项会对他们的偏好和选择产生影响；Fitzsimons（2000）研究发现未告知脱销信息较之于已告知脱销信息更容易引起消费者的负面情绪。目前的相关理论解释主要有属性权重理论、次优选项理论、损失厌恶理论、沉没成本理论和感知公平理论等，例如 Ariely 和 Wallsten（1995）、Wedell 和 Pettibone（1996）基于范围—频率理论提出已知脱销选项的存在会增加双属性中与脱销选项相同属性的频率和权重，从而增加对脱销选项相同属性的选择份额；Boland 等（2012）研究发现脱销选项的知晓会引起消费者增加次要属性的关注和权重，从而增加对次优选项或产品的选择；Highhouse（1996）、Min 和 West（2002）等基于损失厌恶理论认为脱销选项的缺失会因被消费者视为重要损失而增加其吸引力，从而降低对相似品的购买意愿；Fitzsimons（2000）基于沉没成本理论认为突然告知产品脱销信息会让消费者感知时间、精力和体力等沉没成本损失体验更大，而新的选择需要重新投入并且会有更大的风险，因此会增强消费者对脱销选项的坚持；Hoang 等（2016）研究发现未告知相对于已告知脱销信息会让消费者有更高的感知不公平感，从而会降低脱销选项甚至脱销店铺或脱销品牌的购买。综合而言，目前有关新产品脱销知晓时间对消费者偏好改变的影响研究存在严重的分歧，具体表现在：（1）新产品脱销知晓时间是否会对消费者的偏好改变产生影响（Pizzi & Scarpi，2013），研究结论莫衷一是；（2）新产品较之于老产品更容易让消费者产生消费期望（Mukherjee & Hoyer，2001），也更容易让他们产生脱销的心理预期，那么新产品脱销（vs. 老产品脱销）知晓时间对消费者偏好改变的影响是否会产生系统性差异？（3）目前有关新产品脱销知晓时间影响消费者偏好改变的理论解释相当庞杂，而理论解释之间也相互冲突，是否存在统一的理论或框架予以有效协调？

心理禀赋理论和心理抗拒理论为新产品脱销知晓时间影响消费者偏好改变提供了新的理论基础。新产品脱销知晓时间会影响消费者的控制感和效能感，而它们会影响消费者的心理所有权（Pierce et al.，2001），并进而影响其心理禀赋（Reb & Connolly，2007），而心理禀赋会因为损失厌恶感而减弱他们的偏好改变（Dommer & Swaminathan，2013）；同时，未知时间（vs. 已知时间）更容易唤醒消费者的自由意识，而选择自由的缺失会促发消费者的心理抗拒（Brehm & Brehm，1981），心理抗拒会因为消极认知和负性情绪而增强他们的偏好改变（Shen & Dillard，2005）。因此，新产品脱销知晓时间对消费者偏好改变的影响会同时受到心理禀赋和心理抗拒的双重影响，影响方向和强度取决于二者的占优性。当然，二者的占优性可能会受到消费者自我控制的影响，当自我控制感较强时心理禀赋效应更有可能占优，从而减弱消费者的偏好改变；而当自我控制感较弱时心理抗拒更有可能占优，从而增强消费者的偏好改变。不过，这仅仅是基于研究文献的逻辑推理，真实的影响过程还有待实证检验。

2.2 研究假设

2.2.1 新产品脱销知晓时间影响消费者偏好的直接效应

Mukherjee 和 Hoyer（2001）、Giebelhausen 等（2011）、Ozer 和 Tang（2019）研究发现，新产品因其创新性或新颖性更容易让消费者心存期望，更希望早日得到，而新产品脱销知晓时间不仅会影响消费者对厂商的服务质量感知，而且也会影响消费者对产品的偏好程度或消费愉悦（Pizzi & Scarpi，2013；Nowlis et al.，2004）。新产品脱销蕴含着丰富的信息，例如产品稀缺性或流行性，经常被消费者作为产品评价或购买决策的重要线索，例如产生即时效应或信息瀑布效应（Ge et al.，2009），因此其知晓时间的早晚会对消费者的偏好改变产生系统性影响。Pizzi 和 Scarpi（2013）就研究发现厂商披露脱销时间会影响消费者的满意程度和重购意愿，早披露且与公司相关的信息沟通相较于晚披露且与公司不相关的信息沟通更容易抵消脱销的消极影响。当消费者在购买决策前已经知晓新产品脱销时，其一方面能够更加认知性地对脱销新产品或其相似品进行全面评估，例如基于补偿或非补偿原则进行基于选项或基于属性的选择（Bettman et al.，1998），从而从容地构建自己的偏好或选项，容易产生"心理禀赋"；另一方面能够获得控制感或知情权的满足，有效地避免了消极情绪的"热启动"占优或心理失调（Metcalfe & Mischel，1999），从而实现情绪平衡，因此消费者的偏好容易产生"锁定效应"。而与之相反，消费者一方面会基于常人理论错误地推断新产品是可得的，并且会基于社会影响原理断定产品并不具有稀缺性或独特性，不一定有助于自我概念建构和自我身份表征；另一方面消费者已经对脱销新产品决策投入了大量的认知资源或"沉没成本"，当得知不可得时消费者不仅已经投入的资源得不到有效补偿，而且需要重新思考或规划新的产品选项，甚至有可能产生预期后悔，因此期望落差和损失厌恶很容易诱发消极情绪的"热启动"占优（Metcalfe & Mischel，1999），导致消费者偏好改变，例如选择相似品或放弃购买。据此，本研究假设：

H1：新产品脱销知晓时间会影响消费者的偏好改变，并且消费者在购买决策前未知新产品脱销较之于已经知晓新产品脱销更容易导致他们的偏好改变。

2.2.2 新产品脱销知晓时间影响消费者偏好的中介效应

Thaler（1980）等认为较之于未拥有的物品，消费者会对拥有的物品产生更高的估值偏差，其具体表现为当产品销售时卖方愿意接受的最低价格通常会高于买方愿意支付的最高价格，即所谓的"禀赋效应"。作为相对稳定的偏好或反应，其已经在咖啡杯、彩票、纪念品等产品域得到稳健检验（Reb & Connolly，2007），当然，具体的影响强度和方向可能会受到物质主义、风险偏好、产品类型、属性特征、产品可替代性、决策可逆性、实验设计等因素的调节影响（Horowitz & McConnell，2002）。其理论解释包括参照依赖、损失厌恶、预期后悔和查询理论等（Kahneman & Thaler，1991），并得到了神经影像的有效支持，即被试在买卖环境中对所偏好产品会显示更大的伏隔核激活（NAcc），在买而非卖的环境中会对低价格有更大的内侧前额叶皮质激活（MPFC）（Knutson et al.，2008）。然而，后来进一步的研究也发现，一方面消费者对并非实际占有的心理所有也会产生相同的禀赋效应和神经反应；另一方面心理所有权较之于损失厌恶等理论对禀赋效应具有更强的解释力（Morewedge et al.，2021）。由于新产品脱销知晓时间不仅会影响消费者的资源投入和计划修订，而且会影响他们的预期所得和消费情绪，因此它会影响消费者的心理禀赋。已有研究表明，心理禀赋（Mental Endowment，ME）的形成依赖于更积极的认同感、控制感和交易需求等（Mandel，2002）。当消费者已知新产品脱销（vs. 未知新产品脱销）时，一方面会依据脱销线索判断该产品的稀缺程度，更稀缺或更独特的产品因更加有助于消费者的身份建构而产生更强的"心理占有"和心理禀赋（Chatterjee et al.，2013）；另一方面已知新产品脱销会让消费者产生更强的控制感，有助于增强他们的认知重评和修订计划，从而也会让消费者产生更强的心理禀赋（Carmon et al.，2003）。此外，已知新产品脱销会让消费者的知情权和自尊得到有效满足，更容易唤起他们的积极情绪，而积极情绪也有助于增强消费者的心理禀赋（Peters et al.，2003）。据此，本研究假设：

H2：新产品脱销知晓时间会影响消费者的心理禀赋，并且消费者在购买决策前已经知晓新产品脱销较之于未知新产品脱销会让他们产生更强的心理禀赋。

心理禀赋会带来心理特权、交易不公、交易后悔等影响，但其最直接的影响还是价值高估偏差效应（Morewedge & Giblin，2015）。导致该偏差的原因解释包括情感依恋、损失厌恶和自我增强等，例如情感依恋理论认为交易会割裂自我与物品之间的心理联结因而会使得消费者寻求补偿（Ariely et al.，2005），损失厌恶理论认为卖方因为损失较之于收益会产生"放大效应"而产生更大的价值高估（Kahneman & Thaler，1991），而自我增强理论认为卖方会将物品的失去视为重要的自我威胁，因此会通过提高售价表征自我效能或降低威胁程度（Chatterjee et al.，2013）。消费者对脱销新产品的心理禀赋也会产生同样的影响，当消费者有较高的心理禀赋时，会有更急切的得到期望，甚至有时会愿意"以金钱换时间"从而产生更强的溢价支付意愿（张成虎等，2019），同时也会将无法得到或"可能失去"脱销新产品视为更大的损失，并有可能产生预期后悔心理，因此心理禀赋会产生"锁定效应"，减弱消费者的偏好改变。不仅如此，沉没成本理论也认为，消费者有时会将决策时投入的时间消耗或认知资源等视为沉没成本（Leclerc et al.，1995），并因此会将其作为决策线索影响他们的偏好选择，例如路径依赖或厌恶改变（Dhar et al.，2007），从而导致将选定"选项"的购买作为沉没成本的补偿或收益，因此心理禀赋将降低消费者的偏好改变。同时，由于心理禀赋是因为新产品脱销知晓时间引起的，而它又会影响消费者的偏好改变，因此心理禀赋会在新产品脱销知晓时间影响消费者偏好改变中起中介作用。据此，本研究假设：

H3：心理禀赋会消极影响消费者的偏好改变，并且连同假设 H2 一起认为，心理禀赋在新产品脱销知晓时间影响消费者偏好改变中起中介作用。

Brehm（1966）研究发现消费者做消费选择时不仅关注目标物而且也会重视选择自由，当感知到选择自由受到限制时就会产生心理抗拒。心理抗拒（psychological reactance）是指"当一个人的自由被剥夺或被威胁剥夺时所表现出的动机状态"（Brehm & Brehm，1981），它由自由、自由威胁、抗拒和重获自由等环节构成（Clee & Wicklund，1980）。虽然也有作为稳定人格的特质性心理抗拒，但状态性心理抗拒更为普遍（Rains，2013），例如弹窗性广告、条件性消费、推荐性购买、捆绑性销售等都可能引起消费者的心理抗拒。心理抗拒的本质是对消费自由或公平的捍卫或追求，其重要表现是抗拒者对被抗拒者命令或行为的不同反应，因此容易产生"回旋效应""相关回旋效应"或"替代回旋效应"等（Hong & Faedda，1996）。Fitzsimons（2000）已经研究发现，产品脱销也会唤起消费者的心理抗拒，尤其是消费者对脱销产品承诺越高时其心理抗拒越强烈。fMRI 研究也显示，例如脱销引起的稀缺心理会引起主导价值评估过程的眶额叶皮层激活和降低反映目标导向选择的背外侧前额叶皮层的活跃程度（Huijsmans et al.，2019）。当已经形成目标偏好和投入大量决策资源而被告知目标产品脱销时，消费者也可能会被引起心理抗拒反应，因为渴望的产品无法得到和投入的资源无法补偿，以及变更决策有可能导致预期后悔。不仅如此，相对于决策前已经知晓新产品脱销，决策后才知道新产品脱销更容易引起消费者的心理抗拒，原因是后者较之于前者更容易让他们感知选择自由受到限制，Brehm（1966）研究发现突然取消的选项对消费者更具有吸引力，无法得到会让消费者产生更大的"损失感"，更容易激起消费者的心理抗拒；同时后者较之于前者更容易导致消费者决策不理性和产生不确定性后果，最终可能会形成非最优化决策。此外，后者较之于前者让消费者已经投入的决策时间等资源或成本无法得到有效补偿，损失厌恶心理会让他们容易产生心理抗拒。Hoang 等（2016）研究还发现，后者较之于前者更容易让消费者感知知情权受侵犯和消费公平受损害，他们会通过心理抗拒进行应对，以实现认知或情绪平衡。据此，本研究假设：

H4：新产品脱销知晓时间会影响消费者心理抗拒，并且消费者在购买决策前未知新产品脱销较之于已经知晓新产品脱销更容易导致他们的心理抗拒。

Shen 和 Dillard（2005）研究发现心理抗拒主要由消极认知和生气两个维度构成，Quick 和 Stephenson（2007）、Rains（2013）、Steindl 等（2015）进一步研究发现二者呈现交织形态。消极认知表明消费者对限制自由的不认同，而生气表明消费者对限制自由的不愉悦。Brehm（1966）、Clee 和 Wicklund（1981）、Rains（2013）等研究均发现当消费者的选择自由被限制时会努力通过各种途径或措施重申自由，以恢复自己的自由状态，例如 Levav 和 Zhu（2009）就研究发现空间受限会让消费者通过多样化寻求行为重申自由，Sharma 和 Alter（2012）也研究发现财务剥夺会让消费者更容易通过寻求稀缺产品实现抗拒。新产品脱销知晓时间引起的心理抗拒也会影响消费者的偏好改变，当消费者存在较高的心理抗拒时，一方面认知性地认为新产品厂商服务体系不完善，难以满足消费者的有效需求；另一方面情绪性地认为新产品厂商不够尊重消费者的知情权，没有及时发布信息导致消费者的信息不对称，而这都会促使消费者偏好发生改变。同时，Grégoire 等（2009）进一步研究发现，当消费者存在心理抗拒时会产生更强的报复心理，而通过直接或公开的偏好改变例如购买相似品有助于实现消费者的心理平衡。同理，由于心理抗拒是因为新产品脱销知晓时间引起的，而它又会影响消费者的偏好改变，因此心理抗拒也会在新产品脱销知晓时间影响消费者偏好改变中起中介作用。据此，本研究假设：

H5：心理抗拒会积极影响消费者的偏好改变，并且连同假设 H4 一起认为，心理抗拒在新产品脱销知晓时间影响消费者偏好改变中起中介作用。

2.2.3 新产品脱销知晓时间影响消费者偏好的调节效应

自我控制（self-control）是个体有意识且需要付出努力的自我调节过程，本质上是个体抑制冲动和自动化行为反应的能力（Gailliot et al.，2007）。已有研究表明，自我控制不仅会影响个体的情绪反应、注意控制、认知加工、决策选择、刻板印象和利他行为等（Carter et al.，2015），而且也会影响消费者的消费偏好，例如 Mukhopadhyay 等（2008）就研究发现自我控制会影响消费者在享乐品与实用品、即时小奖励与延迟大奖励等之间的选择。虽然针对自我控制提出了许多不同的理论解释，例如动机、意志和损益权衡等（Job et al.，2010），但自我损耗理论解释仍然占据主导（Baumeister & Tice，2007）。自我损耗理论认为，自我控制的成败取决于自我控制资源的损耗，它的逐渐消耗会导致消费者自我控制衰减。该研究结论也得到了神经影像证据的有力支持，发现无论是决策过程（成本—收益评估过程）还是执行过程（认知控制过程），自我控制资源的消耗会引起相关的神经反应，例如 Kurniawan 等（2010）研究发现自我控制资源的消耗或自我控制失败在评估阶段会导致腹侧纹状体（VStr）、内侧前额叶皮质（vmPFC）和后扣带回（PCC）等活跃的降低，而在执行阶段会导致背外侧前额叶（DLPFC）和额下回（IFG）的减弱。Kim（2013）等已有研究表明，自我控制越强，越容易抵制诱惑，也越容易倾向选择远期收益最大或预期后悔最小的决策，而自我控制越弱则与之相反。当然，具体的影响可能会受到风险偏好、分心程度、时间压力等的调节影响（Garrison et al.，2019）。

面对新产品脱销知晓时间对消费者偏好改变的影响时，自我控制也会产生调节作用。当面对已知新产品脱销（vs. 未知新产品脱销）时，自我控制越强的消费者越趋于认知冷启动（Metcalfe & Mischel，1999），越容易感受到认同感和控制感，并表现出更强的信心和耐心，因此更容易产生更高的心理禀赋和更低的心理抗拒，并最终有更低的偏好改变；而当面对未知新产品脱销（vs. 已知新产品脱销）时，自我控制越弱的消费者越趋于情绪热启动（Metcalfe & Mischel，1999），越容易产生消极评价和负性情绪，并表现出更多的焦躁和失控（May & Monga，2014），因此更容易产生更高的心理抗拒和更低的心理禀赋，并最终有更高的偏好改变。据此，本研究假设：

H6：自我控制会调节新产品脱销知晓时间对心理禀赋的影响，并会对影响消费者偏好改变产生有中介的调节作用。

H7：自我控制会调节新产品脱销知晓时间对心理抗拒的影响，并会对影响消费者偏好改变产生有中介的调节作用。

综合以上文献综述和所有研究假设，本文提出如图 1 所示的研究概念框架模型。接下来，将通过 2 个实验和 1 个社会调查进行实证检验，其中实验 1 和社会调查主要检验新产品脱销知晓时间影响消费者偏好改变的直接效应和中介效应，而实验 2 主要检验消费者自我控制的调节作用。

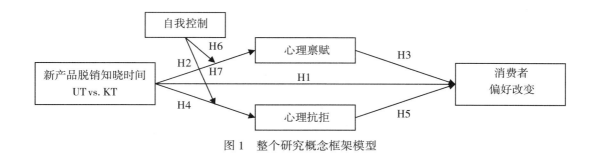

图 1　整个研究概念框架模型

3. 实验操作与假设检验

3.1 新产品脱销知晓时间影响消费者偏好改变的直接效应与中介效应

3.1.1 预实验 1

预实验 1 的目的主要是检测实验商品等实验刺激的有效性。实验选用的实验商品是无线蓝牙耳机，选择的理由是消费广泛性、属性兼有性（享乐性与实用性）、脱销代表性、决策独立性和实验可靠性等。为了避免已有品牌熟悉或品牌承诺造成可能的干扰影响，本实验虚构了一个国际知名耳机品牌——扬士。而实验操控采用与 Pratkanis 和 Farquhar（1992）等相同的方法，即设置实验场景后让被试判断新产品脱销的时间，其中已知脱销时间（KT）场景为"当我在决定购买国际知名无线蓝牙耳机品牌——扬士最新款产品 YS5280 时，客服人员告诉我需要预定，而我早在一周前就知道它已脱销"，而未知脱销时间（UT）场景为"当我在决定购买国际知名无线蓝牙耳机品牌——扬士最新款产品 YS5280 时，客服人员告诉我需要预定，而此时我才知道它已经脱销一周"。我们于 2019 年 11 月 16 日在西南某综合性高校招募了 31 名被试（17 男/14 女）参与预实验 1，所有被试需要评价三个问项，即"国际知名无线蓝牙耳机品牌——扬士发布了最新款产品 YS5280""国际知名无线蓝牙耳机品牌——扬士最新款产品 YS5280 脱销""我知晓国际知名无线蓝牙耳机品牌——扬士最新款产品 YS5280 脱销的时间"，其中前两个问项是 7 点制 Likert 量表（1＝非常不赞同，7＝非常赞同），而最后一个问项则是两端锚定测度（1＝刚刚知晓，7＝早已知晓）。所有有效被试的平均年龄为 $M_{年龄}=21.290$ 岁（SD＝0.824）。

预实验 1 统计结果显示，所有被试在"国际知名无线蓝牙耳机品牌——扬士发布了最新款产品 YS5280"（$M_{KT}=6.067$，$M_{UT}=6.125$，$t(29)=-0.228$，$p=0.821>0.050$）和"国际知名无线蓝牙耳机品牌——扬士最新款产品 YS5280 脱销"（$M_{KT}=5.733$，$M_{UT}=5.688$，$t(29)=0.213$，$p=0.833>0.050$）问项上并无显著差异，但在"我知晓国际知名无线蓝牙耳机品牌——扬士最新款产品 YS5280 脱销的时间"（$M_{KT}=6.200$，$M_{UT}=1.563$，$t(29)=24.065$，$p<0.050$）问项上差异显著，这表明我们在新产品脱销知晓时间上的操控是成功的，它将被用于主实验 1 中。

3.1.2 实验设计

实验 1 的目的主要是检验新产品脱销知晓时间影响消费者偏好改变的直接效应和中介效应。整个实验采用单因素组间设计，即两个实验组和一个控制组。实验商品与预实验 1 一样。实验情境为"因学英语、听音乐等需要，我需要购买一个无线蓝牙耳机，心理预算为 300 元人民币。经过信息搜寻，发现 Apple、Sony、扬士、华为、小米等国内外知名品牌都出了新款无线蓝牙耳机，经仔细权衡，我最终选择了国际知名无线蓝牙耳机品牌——扬士，其最新款 YS5280 具有设计新颖、智能降噪、定制音效、超长续航、兼容性好等优点，而且价格适中。当我决定购买它时，客服人员告诉我需要预定，而我早在一周前就知道它已脱销 KT(vs. 而此时我才知道它已经脱销一周 UT vs. 并告诉我该产品才刚到货一周 CC(控制组))"。为了避免字数或阅读干扰，各组字数均为 183 字。我们于2019 年 11 月 23 日至 12 月 14 日在西南某综合性高校招募了被试 136 名(82 男/54 女)分为四个批次参与实验，所有被试被随机地分为大致趋同的三组。具体实验流程是，所有被试被分组后分别被带入到不同的实验室，实验者交代实验要求和操作过程；然后被试打开各自桌面上内装有经过专业人员精心设计的扬士 YS5280 广告彩页、测量量表、黑色签字笔和感谢辞等实验材料的大信封，仔细阅读实验材料并运用所发签字笔认真评价；最后所有被试都将被问询实验目的(例如"你是否参与过类似的实验检测?")、再次被致谢和领取 20 元人民币(实验参与报酬币种皆为人民币)的实验参与奖励。其中，测量量表包括"心理禀赋测量量表""心理抗拒测量量表""消费者偏好改变测量量表"等，"心理禀赋测量量表"改编自 Carmon 等(2003)所采用的 3 项 7 点制 Likert 量表(例如"扬士 YS5280 脱销正好说明是我想要的")，"心理抗拒测量量表"改编自 Hong 和 Faedda(1996)开发的 11 项 5 点制 Likert量表(例如"当我发现扬士 YS5280 脱销时我很沮丧")，"消费者偏好改变测量量表"改编自 Hamerman和 Johar(2013)采用的 5 项 7 点制 Likert 量表(例如"当我知道扬士 YS5280 脱销后我打算购买其他品牌")。此外，所有被试还要参与干扰影响和认知反应检测，其中干扰因素检测包括耳机专业知识(Expert Knowledge，EK)和需要急迫性(Urgence of Demand，UD)，测试问项分别为单一条目的 7 点制Likert 量表(例如"我对无线蓝牙耳机拥有非常专业的知识"和"我马上就需要无线蓝牙耳机")；而认知反应检测要求所有被试在所有量表后的空白栏写出自己"为什么"的真实想法，可以忽略字词或标点符号错误。为了降低或改善共同方法偏差，所有测量问项采用混合随机编排。实验结束后，经仔细检查，有 14 名被试因中途退出、理解有误和回答不认真等而被剔除，最终有效被试为 122 名(73男/49 女)，他们的平均年龄为 $M_{年龄} = 21.909$ 岁(SD=1.954)。

3.1.3　实验结果

(1)构念检测与变量处理。SPSS24.0 的信度检测结果显示，心理禀赋、心理抗拒和消费者偏好改变的 Cronbach's α 介于 0.829~0.943，均大于被推荐的门槛值 0.700(Churchill，1979)。同时，验证性因子分析(CFA)发现，所有问项的标准化因子载荷值均介于 0.684~0.886，超过 0.500 的最低标准，表明各变量具有良好的聚合效度；各变量的 AVE 值的均方根大于其他变量之间的相关系数，表明各变量之间具有良好的区分效度(Fornell & Larcker，1981)。Haman 单因子检验结果也表明，在将所有问项一起做因子分析未旋转时第一个主成分占到的载荷量是 21.773%(<40.000%)，表明共同方法偏差并不严重。此外，为了统计的方便，我们分别对不同组别进行了哑变量编码(UT=-1，CC=0，KT=1)。

(2)直接效应检验。首先检验新产品脱销知晓时间对消费者偏好改变的直接影响。单因素方差分析(ANOVA)统计结果显示(见表 1)，已知新产品脱销时间被试较之于控制组被试有更为显著的偏好改变意愿($M_{KT}=3.161$，$M_{CC}=2.072$，$t(75)=22.971$，$p<0.050$)，同时未知新产品脱销时间被试较之于控制组被试也有更为显著的偏好改变意愿($M_{UT}=4.600$，$M_{CC}=2.072$，$t(79)=60.787$，$p<0.050$)，并且未知新产品脱销时间被试较之于已知新产品脱销时间被试有更为显著的偏好改变意愿($M_{UT}=4.600$，$M_{KT}=3.161$，$t(84)=32.479$，$p<0.050$)，因此 H1 得到有效支持。然后检验新产品脱销时间分别对心理禀赋和心理抗拒的直接影响。就心理禀赋而言，单因素方差分析(ANOVA)统计结果显

示，已知新产品脱销时间被试较之于控制组被试有更弱的心理禀赋（$M_{\mathrm{KT}} = 5.472$，$M_{\mathrm{CC}} = 6.102$，$t(75) = -7.184$，$p<0.050$），同时未知新产品脱销时间被试较之于控制组被试也有更弱的心理禀赋（$M_{\mathrm{UT}} = 3.985$，$M_{\mathrm{CC}} = 6.102$，$t(79) = -23.687$，$p<0.050$），并且已知新产品脱销时间被试较之于未知新产品脱销时间被试有更强的心理禀赋（$M_{\mathrm{KT}} = 5.472$，$M_{\mathrm{UT}} = 3.985$，$t(84) = -16.873$，$p<0.050$），因此 H2 得到有效支持；而就心理抗拒而言，单因素方差分析（ANOVA）统计结果显示，已知新产品脱销时间被试较之于控制组被试有更强的心理抗拒（$M_{\mathrm{KT}} = 2.792$，$M_{\mathrm{CC}} = 1.303$，$t(75) = 36.427$，$p<0.050$），同时未知新产品脱销时间被试较之于控制组被试也有更强的心理抗拒（$M_{\mathrm{UT}} = 4.368$，$M_{\mathrm{CC}} = 1.303$，$t(79) = 89.152$，$p<0.050$），并且未知新产品脱销时间被试较之于已知新产品脱销时间被试有更强的心理抗拒（$M_{\mathrm{UT}} = 4.368$，$M_{\mathrm{KT}} = 2.792$，$t(84) = 39.891$，$p<0.050$），因此 H4 得到有效支持。最后分别检验心理禀赋和心理抗拒对消费者偏好改变的影响。以新产品脱销知晓时间、心理禀赋和心理抗拒为自变量和以消费者偏好改变为因变量的线性回归方程（$F(3,118) = 1587.566$，$p<0.050$）统计结果显示，心理禀赋的标准化回归系数为 $\beta_{\mathrm{ME}} = -0.383$（$t(118) = -29.700$，$p<0.050$），这表明心理禀赋会消极影响消费者的偏好，因此 H3 的前半部分得到有效支持；而心理抗拒的标准化回归系数为 $\beta_{\mathrm{PR}} = 0.651$（$t(118) = 55.896$，$p<0.050$），这表明心理抗拒会积极影响消费者的偏好，因此 H5 的前半部分也得到有效支持。此外，盲于实验目的的两位专家对认知反应检测的编码（偏好改变 = 1，其他反应 = 0，未形成一致通过协商解决）统计结果显示，未知新产品脱销较之于已知新产品脱销有更多偏好改变的想法（$M_{\mathrm{UT}} = 4.400$，$M_{\mathrm{KT}} = 2.805$，$t(84) = 12.523$，$p<0.050$），例如"为什么不早告诉我脱销了呢？不买了！"等。

表 1   新产品脱销知晓时间对消费者偏好改变、心理禀赋和心理抗拒的影响

比较组别	消费者偏好改变			心理禀赋			心理抗拒		
	均值 M	t 值	p 值	均值 M	t 值	p 值	均值 M	t 值	p 值
已知组与控制组	3.161,2.072	22.971	0.000	5.472,6.102	-7.184	0.000	2.792,1.303	36.427	0.000
未知组与控制组	4.600,2.072	60.787	0.000	3.985,6.102	-23.687	0.000	4.368,1.303	89.152	0.000
未知组与已知组	4.600,3.161	32.479	0.000	3.985,5.472	-16.873	0.000	4.368,2.792	39.891	0.000

（3）中介效应检验。由于 Baron 和 Kenny（1986）提出的中介检验方法备受诟病（Muller et al.，2005），因此我们采用了 Bootstrap 中介效应检验方法。按照 Zhao 等（2010）和 Hayes（2013）提出的中介效应分析程序，对各变量进行标准化后纳入模型 4，其中新产品脱销时间为自变量，心理禀赋和心理抗拒为中介变量，消费者偏好转变为因变量，消费者专业知识和需要急迫性为协变量，而样本量选择为 5000，取样方法为选择偏差校正的非参数百分位法。结果显示（见表 2），心理禀赋和心理抗拒的中介作用均显著，其效应大小分别为 $\beta_{\mathrm{ME}} = -0.255$（LLCI $= -0.298$，ULCI $= -0.213$，不包含 0）和 $\beta_{\mathrm{PR}} = -0.358$（LLCI $= -0.431$，ULCI $= -0.290$，不包含 0），因此 H3 和 H5 各自的后半部分得到有效检验。同时，消费者专业知识（LLCI $= -0.013$，ULCI $= 0.009$，包含 0）和需要急迫性（LLCI $= -0.013$，ULCI $= 0.012$，包含 0）的影响均不显著，表明二者并没有产生干扰影响。此外，在控制了中介变量

后，新产品脱销知晓时间影响消费者偏好改变的直接效应已经不再显著（LLCI = -0.001，ULCI = 0.029，包含 0），表明心理禀赋和心理抗拒发挥了完全中介效应。

表 2   心理禀赋与心理抗拒的共同中介效应

效应类型	中介变量	效应大小	标准误 SE	t 值	显著性 p 值	95%置信区间 CI	
						LLCI	ULCI
直接效应	—	0.014(ns)	0.007	1.953	0.053	-0.001	0.029
中介效应	心理禀赋	-0.255	0.022*	—	—	-0.298	-0.213
	心理抗拒	-0.358	0.035*	—	—	-0.431	-0.290
协变量	专业知识	-0.002(ns)	0.006*	—	—	-0.013	0.009
	需要急迫性	-0.002(ns)	0.006*	—	—	-0.013	0.012

注：心理禀赋（ME）、心理抗拒（PR）、专业知识（EK）、需要急迫性（UD）和消费者偏好改变（CPC）等各变量数据为标准化数据；＊为"Boot SE"；ns 代表不显著。

3.1.4   社会调查

社会调查的目的主要有两个方面：一是拓展研究的外部效度，由受控的实验操纵改为回忆真实的消费选择；二是偏好的初始态度等可能会对消费者的偏好改变产生系统性影响，因此需要对初始态度等变量加以控制，增强研究的严谨性。整个调查过程是首先让被试回忆曾经拟购买新产品脱销知晓时间（已知 vs. 未知）的场景，并用 50~100 字描述一下过程，以增强真实性；然后被试评价与实验 1 相同的"心理禀赋测量量表"和"心理抗拒测量量表"，以及"产品现在偏好程度测量量表"（例如"我现在对它的偏爱程度"）和"产品初始偏好程度测量量表"（例如"我刚开始对它的偏爱程度"），后二者均为 3 项 7 点制 Likert 量表；最后被调查者将获取 3 元金钱奖励和随机抽奖奖励。整个社会调查采用在线调查形式，调查时间为 2023 年 2 月 18—28 日，最终获得有效问卷 463 份，有效率为 92.600%，其中男性为 358 名，女性为 105 名，他们的平均年龄为 $M_{年龄} = 32.714$ 岁（SD = 9.262）。

通过对有效问卷仔细检查，发现被调查者回忆起的产品品类包括智能手机、笔记本电脑、电视、扫地机器人、新能源汽车等，涉及的品牌包括 Apple、联想、海信、美的和特斯拉。其中有 294 名被调查者表明"已经知晓新产品脱销"，而剩下的 169 名则表明"未知新产品脱销"。同时参照其他研究的做法，对"新产品偏好改变"采用均值化处理的"产品现在偏好程度"减去相同处理的"产品初始偏好程度"进行计算，得出的结果区间为 $[-6，6]$。直接效应统计结果显示：就消费者偏好改变而言，未知新产品脱销时间较之于已知新产品脱销时间更容易引起消费者偏好改变（$M_{UT} = -4.127$，$M_{KT} = -2.312$，$t(461) = -69.738$，$p < 0.050$），因此 H1 得到稳健检验；就心理禀赋而言，已知新产品脱销时间较之于未知新产品脱销时间更容易引起消费者的心理禀赋（$M_{KT} = 4.933$，$M_{UT} = 3.512$，$t(461) = -43.119$，$p < 0.050$），因此 H2 也得到稳健检验；而就心理抗拒而言，未知新产品脱销时间较之于已知新产品脱销时间更容易引起消费者心理抗拒（$M_{UT} = 4.557$，$M_{KT} = 2.919$，$t(461) = 52.387$，$p < 0.050$），因此 H4 得到稳健检验。同时，相同统计的线性回归方程结果也显示，心理禀赋与心理

抗拒会分别消极和积极影响消费者的偏好改变(β_{ME} = -(-0.329), t(459) = -47.183, p<0.050; β_{PR} = +(-0.554), t(459) = -72.558, p<0.050), 因此 H3 和 H5 各自的前半部分也均得到有效验证。

相同方法的中介效应检验结果也显示, 心理禀赋与心理抗拒的中介效应均显著(β_{ME} = 0.195, LLCI = 0.116, ULCI = 0.274, 不包含 0; β_{PR} = 0.312, LLCI = 0.174, ULCI = 0.451, 不包含 0), 因此 H3 和 H5 各自的后半部分均得到有效验证并全部得到有效支持; 而且在控制了它们的双中介效应后, 新产品脱销知晓时间影响消费者偏好改变的直接效应已经不显著(LLCI = -0.009, ULCI = 0.047, 包含 0), 同样表明发挥了完全中介效应。

实验 1 和社会调查有效检验了 H1 至 H5, 均获得了有效支持。但该实验和调查也存在四个方面的问题: 一是它们使用的实验商品为无线蓝牙耳机, 是否可以扩展到其他产品不得而知; 二是它们采用的是线上购买情境, 线下购买情境是否存在同样的效应有待检验; 三是它们仅仅检验了心理禀赋与心理抗拒的中介效应, 是否存在其他替代性解释尚需澄清; 四是它们没有明确心理禀赋与心理抗拒共同中介效应的边界条件, 有待探索其调节机制。为此, 本文将通过实验 2 进行有效弥补和拓展。

3.2 新产品脱销知晓时间影响消费者偏好改变的调节效应

3.2.1 预实验 2

预实验 2 的主要目的也是检测实验商品等实验材料的有效性。为了进一步拓展研究的外部效度, 本实验选择的实验商品为遮光太阳镜, 选择的理由是应用广泛性、脱销典型性和实验经济性等, 因此也经常被选为实验的理想商品。同样为了避免已有品牌的可能干扰, 本文也虚构了国际知名太阳镜品牌——弘仕, 其最新款产品为 HS900。而新产品脱销知晓时间也复制了实验 1——已知时间 KT (一周) 和未知时间 UT(购买当时) 。我们于 2019 年 12 月 21 日在西南某综合性高校招募了 36 名被试(21 男/15 女) 参与预实验 2, 模拟了实验情境让他们判断与实验 1 相同的问项。所有有效被试的平均年龄为 $M_{年龄}$ = 21.472 岁(SD = 1.055) 。

预实验 2 的统计结果显示, 所有被试在"国际知名遮光太阳镜品牌——弘仕发布了最新款产品 HS900"(M_{KT} = 6.389, M_{UT} = 6.278, t(34) = 0.522, p = 0.605>0.050) 和"国际知名遮光太阳镜品牌——弘仕最新款产品 HS900 脱销"(M_{KT} = 6.222, M_{UT} = 6.167, t(34) = 0.285, p = 0.777>0.050) 问项上并无显著差异, 但在"我知晓国际知名遮光太阳镜品牌——弘仕最新款产品 HS900 脱销的时间"(M_{KT} = 5.667, M_{UT} = 1.500, t(34) = 22.493, p<0.050) 问项上差异显著, 这同样表明我们对新产品脱销知晓时间的操控是成功的, 它将被应用到主实验 2 中。

3.2.2 实验设计

实验 2 的主要目的是检验自我控制对新产品脱销知晓时间影响消费者偏好改变中介效应的调节作用。由于实验 1 的结果已经表明新产品没有脱销不会影响消费者的偏好改变, 因此实验 2 并没有再设置控制组。整个实验采用 2(新产品脱销知晓时间: KT(一周) vs. UT(购买当时))×2(自我控制: HSC vs. LSC) 组间因子设计。实验情境为"暑假即将来临, 为了舒缓一学期的紧张学习, 我打算去泰国旅游，需要一副遮光太阳镜，心理预算在 500 元人民币。我在各购物网站进行了全面的信息搜寻，发现暴龙（Bolon）、雷朋（Rayban）、弘仕（HS）、帕莎（Prsr）和海伦凯勒（Helen Keller）等国际知名太阳镜品牌均有新品发布，但其中弘仕 HS900 最符合我的要求。由于我有轻微近视，希望遮光太阳镜也能有效矫正近视，为了购买最合适的太阳镜，我还是选择线下实体店购买。某一天我在某大商场弘仕专卖店进行咨询和体验，一切都非常满意。当我准备付款时，销售人员告诉我弘仕 HS900 需要预定，而我早在一周前就知道它已脱销（vs. 而此时我才知道它已经脱销一周）"。同样为了避免字数或阅读偏差，各组字数均为 250 字。因受新冠疫情管控影响，我们于 2020 年 5 月 25 日至 6 月 29 日才在西南某综合性高校招募了 279 名被试（156 男/123 女）分六个批次参与实验，实验过程与实验 1 相同，区别仅仅在于三个方面：一是参照 Sela 等（2017）使用的"人生经历"（life experience）自我控制操控方法，即高自我控制要求被试花费 10 分钟时间回忆和撰写——"仔细考虑在你人生经历的各个领域中你依靠强自我控制或意志力所做的一个决策"，而低自我控制要求被试花费同样的时间回忆和撰写——"仔细考虑在你人生经历的各个领域中你冲动性决策或选择的事情"，并且所有被试都将评价改编自 Finkel 等（2006）的 4 项 7 点制 Likert"自我控制测量量表"（例如"事件回忆和撰写让我感到自控力强"）；二是实验材料广告彩页由"扬士"无线蓝牙耳机 YS5280 变换成为"弘仕"遮光太阳镜 HS900；三是除了"心理禀赋测量量表""心理抗拒测量量表""消费者偏好改变测量量表"外，被试还填写了"报复动机测量量表"和"心理好奇感测量量表"，因为已有研究表明报复动机（Revenge Motivation，RM）和心理好奇感（Psychological Curiosity，PC）可能成为新产品脱销影响消费者偏好改变的替代性解释，其中前者为 Grégoire（2009）使用的 5 项 7 点制 Likert 量表（例如"我想采取措施让公司惹上麻烦"），而后者为 Kupor 和 Tormala（2015）使用的 4 项 7 点制 Likert 量表（例如"我对其他品牌的遮阳太阳镜很好奇"）。所有问项也都进行混合随机编排，而且被试同样都进行了认知反应检测。实验结束后，经仔细检查，21 名被试基于与实验 1 相同的原因而被剔除，最终有效被试为 258 名（142 男/116 女），他们的平均年龄为 $M_{年龄} = 21.915$ 岁（SD = 2.041）。

3.2.3 实验结果

（1）构念检测、实验操控与变量处理。SPSS24.0 统计结果显示，心理禀赋、心理抗拒、消费者偏好改变、自我控制、报复动机和心理好奇感等的信度 Cronbach's α 介于 0.784~0.918，也均大于推荐的门槛值 0.700（Churchill，1979）。同时，验证性因子分析（CFA）也发现，六个量表问项的标准化因子载荷值均介于 0.612~0.807，超过 0.500 的最低标准，表明各变量具有良好的聚合效度；各变量的 AVE 值的均方根大于其他变量之间的相关系数，表明各变量之间具有良好的区分效度（Fornell & Larcker，1981）。Haman 单因子检验结果也表明，在将所有问项一起做因子分析未旋转时第一个主成分占到的载荷量是 29.764%（<40.000%），同样表明同源方法偏差并不严重。为此，六个量表问项均值化后分别形成各自相应的统计指数。而自我控制操控结果表明，所有被试的自我控制均值为 $M_{SC} = 4.658$（SD = 1.076），但高自我控制的被试较之于低自我控制的被试有显著更强的自我控制（$M_{HSC} = 5.645$，$M_{LSC} = 3.671$，$t(256) = 37.431$，$p < 0.050$），因此自我控制的操控是成功的，为此我们把前者称为高自我控制（HSC），而后者称为低自我控制（LSC）。最后，同样为了统计的需要，我们对新产品脱销知晓时间和自我控制分别进行了哑变量编码（KT = 0，UT = 1；HSC = 1，LSC = 0）。

（2）调节效应检验。由于新产品脱销知晓时间和自我控制均转化为分类变量,对它们的影响进行了多因素方差分析(MANOVA)。就心理禀赋而言,不仅新产品脱销知晓时间($F(1,254) = 702.388$, $p<0.050$)和自我控制($F(1,254) = 112.167$, $p<0.050$)的主效应显著,而且它们的交互效应也显著($F(1,254) = 23.508$, $p<0.050$),这表明自我控制的调节作用显著,简单效应显示相对于低自我控制而言,高自我控制对已知新产品脱销时间(vs. 未知新产品脱销时间)有更高的心理禀赋($M_{HSC} = 5.805$, $M_{LSC} = 5.026$)(见图 2),因此 H6 的前半部分得到有效支持。而就心理抗拒而言,不仅新产品脱销知晓时间($F(1,154) = 1654.717$, $p<0.050$)和自我控制($F(1,254) = 938.094$, $p<0.050$)各自的主效应显著,而且它们的交互效应也显著($F(1,254) = 16.233$, $p<0.050$),这同样表明自我控制的调节作用显著,简单效应显示相对于高自我控制而言,低自我控制对未知新产品脱销时间(vs. 已知新产品脱销时间)有更高的心理抗拒($M_{LSC} = 4.594$, $M_{HSC} = 3.538$)(见图 3),因此 H7 的前半部分同样得到有效支持。

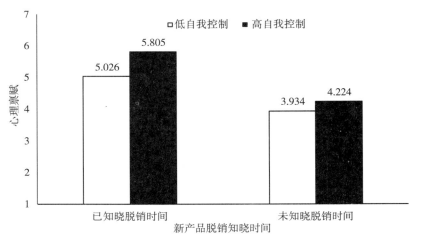

图 2   自我控制对新产品脱销知晓时间影响心理禀赋的调节作用

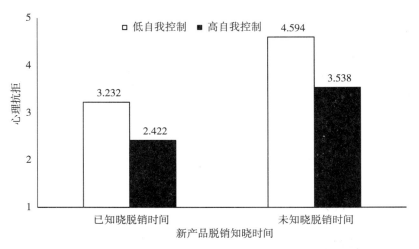

图 3   自我控制对新产品脱销知晓时间影响心理抗拒的调节作用

（3）中介效应检验。采用与实验 1 相同的中介效应检验方法和程序，区别主要存在两个方面：一是模型选定为 7 而非 4，二是将"报复动机"和"心理好奇感"标准化后同时纳入中介变量进行检验。检验结果如表 3 所示，心理禀赋无论是在高自我控制还是低自我控制条件下中介作用均显著，中介效应大小分别为 -0.269（LLCI $= -0.306$，ULCI $= -0.232$，不包含 0）和 -0.186（LLCI $= -0.218$，ULCI $= -0.159$，不包含 0），因此 H6 的后半部分得到有效检验，连同已经得到支持的前半部分，整个 H6 得到完整支持；而心理抗拒在高自我控制和低自我控制条件下中介作用也均显著，其效应大小为 -0.424（LLCI $= -0.470$，ULCI $= -0.380$，不包含 0）和 -0.518（LLCI $= -0.567$，ULCI $= -0.470$，不包含 0），因此 H7 的后半部分得到有效检验，连同已经得到支持的前半部分，整个 H7 得到完整支持。同时，心理好奇感无论是在高自我控制（LLCI $= -0.003$，ULCI $= 0.009$，包含 0）还是在低自我控制（LLCI $= -0.009$，ULCI $= 0.024$，包含 0）条件下中介效应都不显著，表明它并未成为新产品脱销知晓时间影响消费者偏好改变可能存在的替代性解释；但报复动机无论是在低自我控制（LLCI $= -0.026$，ULCI $= -0.010$，不包含 0）还是在高自我控制（LLCI $= -0.070$，ULCI $= -0.030$，不包含 0）条件下中介效应都显著，这表明它可能成为新产品脱销知晓时间影响消费者偏好改变潜在的替代性解释。而认知反应检测（心理禀赋编码为 1，心理抗拒编码为 -1）结果也发现，高自我控制较之于低自我控制有更多的"心理禀赋"想法（$M_{HSC} = 3.310$，$M_{LSC} = 2.287$，$t(256) = 10.085$，$p < 0.050$），例如"我想要的东西等多久我都要得到"等；而低自我控制较之于高自我控制有更多的"心理抗拒"想法（$M_{LSC} = -3.651$，$M_{HSC} = -2.023$，$t(256) = -15.167$，$p < 0.050$），例如"不知道要等到几时，还不如买其他品牌"等。此外，在控制了心理禀赋与心理抗拒中介效应后，新产品脱销知晓时间影响消费者偏好改变的直接效应不再显著，效应大小为 -0.065（LLCI $= -0.121$，ULCI $= 0.050$，包含 0），表明二者发挥了完全中介效应。

表 3　　　　　　　　　　心理禀赋与心理抗拒在调节变量下的中介效应

效应类型	中介变量	调节变量	效应大小	标准误 SE	t 值	显著性 p 值	95% 置信区间 CI	
							LLCI	ULCI
直接效应	—	—	-0.065	0.018	-1.732	0.000	-0.121	0.050
中介效应	心理禀赋	低自我控制	-0.186	0.015	—	—	-0.218	-0.159
		高自我控制	-0.269	0.019	—	—	-0.306	-0.232
	心理抗拒	低自我控制	-0.518	0.025	—	—	-0.567	-0.470
		高自我控制	-0.424	0.023	—	—	-0.470	-0.380
	报复动机	低自我控制	-0.017	0.004	—	—	-0.026	-0.010
		高自我控制	-0.050	0.010	—	—	-0.070	-0.030
	心理好奇感	低自我控制	0.007	0.009	—	—	-0.009	0.024
		高自我控制	0.003	0.003	—	—	-0.003	0.009

注：心理禀赋（ME）、心理抗拒（PR）、报复动机（RM）、心理好奇感（PC）和消费者偏好改变（CPC）等各变量数据为标准化数据。

通过实验 2 有效检验了 H6 和 H7，全部得到了有效支持。该结果表明，消费者自我控制不仅会分别调节新产品脱销知晓时间对心理禀赋和心理抗拒的影响，而且还进一步调节整个中介模型，即两个中介效应的权重。同时实验 2 也表明，心理禀赋和心理抗拒在新产品脱销知晓时间影响消费者偏好改变中发挥完全中介效应，而虽然心理好奇感没有成为该影响的替代性解释，但报复动机可能成为替代性解释。

4. 研究结论与研究局限

4.1 研究结论

（1）新产品脱销知晓时间会对消费者偏好改变产生重要的影响，心理禀赋与心理抗拒会双中介该影响。新产品脱销属于消费受限决策情境，对其知晓时间的早晚不仅会影响消费者的产品可得性和决策灵活性，而且也会影响他们的偏好形成和消费评价（Diels et al.，2013）。已有研究表明，产品脱销会系统性地影响或改变消费者的产品或品牌偏好（Campo et al.，2003），但以往的研究都偏重于单一机制的解释和运营管理水平的提高（Jing & Lewis，2011），而本研究从认知和情绪双重机制解释了新产品脱销知晓时间对消费者偏好改变的系统性影响。实验 1 与社会调查在有效排除了消费者专业知识和需要急迫性的干扰影响下，发现了未知新产品脱销较之于已经知晓新产品脱销更容易导致消费者的偏好改变，并进一步证实心理禀赋与心理抗拒双中介了它们的影响；实验 2 发现虽然心理好奇感没有成为该影响的替代性解释，而报复动机可能成为替代性解释。

（2）自我控制不仅会分别调节新产品脱销知晓时间对心理禀赋和心理抗拒的影响，而且还会进一步调节整个中介模型的结构。实验 2 的研究结果表明，高自我控制较之于低自我控制更容易对已知脱销（vs. 未知脱销）新产品产生心理禀赋，而低自我控制较之于高自我控制更容易对未知脱销（vs. 已知脱销）新产品产生心理抗拒。进一步研究发现，当高自我控制占据主导时，心理禀赋（vs. 心理抗拒）中介效应更为占优，从而会降低消费者的偏好改变；而当低自我控制占据主导时，心理抗拒（vs. 心理禀赋）中介效应更为占优，从而会促进消费者的偏好改变。该调节机制的发现有效明确了心理禀赋与心理抗拒双中介效应的边界条件。

4.2 研究意义

（1）理论意义。本研究的理论意义主要存在三个方面：其一，以往虽然已研究产品脱销知晓时间对消费选择虚位诱导效应的影响（Campo et al.，2003；Diels et al.，2013），但尚没有研究探索新产品脱销知晓时间对消费者偏好改变的系统性影响，本研究发现未知新产品脱销较之于已知新产品脱销更容易导致消费者偏好改变，有效拓展了以往研究的视野和范围；其二，以往研究虽然也发现了产品脱销知晓时间影响消费者购买意愿的一些内在机制和理论解释，例如沉没成本、预期后悔、属性权衡等，但它们更多是解释力有限的单一机制探索，而本研究从认知和情绪双重机制解释了新产脱销知晓时间对消费者偏好改变的系统性影响，并且排除了心理好奇感可能存在的替代性解释，有效地深化了研究层次；其三，以往虽然也有研究基于其所探索的作用机制发现了一些调节变量，例如品牌承诺（Fitzsimons，2000）、产品促销（Diels et al.，2013）、社会比较（Ku et al.，2014）等，但本研究基于心理禀赋与心理抗拒中介效应发现了自我控制的调节作用，更具有普遍性和操控性，有效地界定了作用边界。

（2）管理启示。该研究的管理启示也主要有三个方面：其一，对于厂商而言，一是要充分认识到新产品脱销知晓时间对消费者偏好改变的系统性影响，积极加强新产品库存管理和脱销信息发布，以减少消费者偏好改变和可能存在的客户流失；二是本研究发现心理禀赋是避免消费者偏好改变的"防火墙"，而心理抗拒是其"催化剂"，因此要积极通过偏好契合、产品触摸、价值共创等途径增强消费者对新产品的心理禀赋（刘建新与范秀成，2020），并通过积极解释、销售承诺、等待补偿等方式降低消费者对脱销的心理抗拒；三是本研究发现自我控制的调节作用，而它不仅是特质变量而且也是情境变量（Kim，2013），因此厂商可以通过往事回忆、血糖补偿、礼物馈赠等情境操控增强消费者的自我控制，避免消费者偏好改变。其二，对于消费者而言，一是需要理性看待新产品脱销现象，充分评估自己的真实需求和脱销新产品的契合程度，避免盲目追捧新产品或陷入"脱销启发式决策陷阱"；二是消费者需要积极进行信息搜寻，及时了解和把握新产品脱销信息，努力熟知新产品供应规律和厂商策略性行为，避免决策盲目症和冲动性购买；三是消费者自身需要加强自我控制人格特质培养，也可以借助情境操控强化自己的自我控制程度，努力实现得偿所愿。其三，对于监管机构而言，一方面需要积极加强厂商新产品营销商业经营行为监管，防止不良厂商进行虚假的新产品脱销营销，损害消费者权益和市场效率；另一方面需要积极加强消费者的市场教育，不断提高消费者的消费理性水平。

4.3 研究局限

由于研究条件和研究方法等的限制，本文也存在一些亟待改善的研究局限。一是新产品脱销知晓时间影响消费者偏好改变的因素众多，而本研究只研究了心理禀赋与心理抗拒的中介效应和自我控制的调节作用，更多的作用机制和边界条件亟待深入探索，尤其是不同机制或边界之间的交互影响尤为值得关注。二是产品价格是产品价值的重要体现，经常会影响消费者的心理禀赋、心理抗拒和偏好改变，虽然本研究两个实验都预设了实验商品的心理预算，但并没有真正检测或控制产品价格的真实影响，未来需要进一步探索产品价格的调节影响。三是本研究采用的是实验研究方法，都是在呈现实验刺激后被试直接进行量表测度和认知反应检测，本质上属于截面效应研究；而新产品脱销知晓时间对消费者偏好改变的影响可能存在时序影响，未来需要进一步探索其纵贯效应。四是本研究采用的实验商品（无线蓝牙耳机和遮阳太阳镜）、实验被试（西南某综合性大学学生）和数据采集（自陈报告法）等可能限制研究的外部效度，未来需要通过扩大实验商品或被试、改进数据采集方法等途径增强研究的一般性，尤其是应该加强利用眼动跟踪技术（ET）、事件相关电位（ERP）和功能性核磁共振成像技术（fMRI）等先进技术和方法进行神经反应检测。

◎ **参考文献**

[1] 李研，李东进，朴世桓. 脱销信息对相似品购买延迟的影响——基于后悔理论的研究[J]. 营销科学学报，2013，9(4).

[2] 刘建新，李东进，李研. 新产品脱销对消费者加价支付意愿的影响——基于心理所有权与相对剥夺感双中介模型[J]. 管理评论，2020，32(2).

[3] Ariely, D., Wallsten, T. S. Seeking subjective dominance in multidimensional space: An explanation of the asymmetric dominance effect[J]. Organizational Behavior & Human Decision Processes, 1995, 63(3).

[4] Ariely, D., Huber, J., Wertenbroch, K. When do losses loom larger than gains? [J]. Journal of Marketing Research, 2005, 42(2).

[5] Bettman, J. R., Luce, M. F., Payne, J. W. Constructive consumer choice processes[J]. Journal of Consumer Research, 1998, 25(3).

[6] Boland, W. A., Brucks, M., Nielsen, J. H. The attribute carryover effect: What the "runner-up" option tells us about consumer choice processes[J]. Journal of Consumer Research, 2012, 38(5).

[7] Brehm, J. W. A theory of psychological reactance[M]. New York, NY: Academic Press, 1966.

[8] Carmon, Z., Wertenbroch, K., Zeelenberg, M. Option attachment: When deliberating makes choosing feel like losing[J]. Journal of Consumer Research, 2003, 30(1).

[9] Chatterjee, P., Irmak, C., Rose, R. L. The endowment effect as self-enhancement in response to threat [J]. Journal of Consumer Research, 2013, 40(10).

[10] Churchill, Jr. G. A. A paradigm for developing better measures of marketing constructs[J]. Journal of Marketing Research, 1979, 16(1).

[11] Clee, M. A., Wicklund, R. A. Consumer behavior and psychological reactance [J]. Journal of Consumer Research, 1980, 6(4).

[12] Dhar, R., Huber, J., Khan, U. The shopping momentum effect[J]. Journal of Marketing Research, 2007, 44(3).

[13] Dommer, S. L., Swaminathan, V. Explaining the endowment effect through ownership: The role of identity, gender, and self-threat[J]. Journal of Consumer Research, 2013, 39(5).

[14] Finkel, E. J., Dalton, A. N., Campbell, W. K., et al. High-maintenance interaction: Inefficient social coordination impairs self-regulation[J]. Journal of Personality and Social Psychology, 2006, 91(3).

[15] Fitzsimons, G. J. Consumer response to stockouts[J]. Journal of Consumer Research, 2000, 27(2).

[16] Fornell, C., Larcker, D. F. Evaluating structural equation models with unobservable variables and measurement error[J]. Journal of Marketing Research, 1981, 18(1).

[17] Grégoire, Y., Tripp, T. M., Legoux, R. When customer love turns into lasting hate: The effects of relationship strength and time on customer revenge and avoidance[J]. Journal of Marketing, 2009, 73 (6).

[18] Hamerman, E. J., Johar, G. V. Conditioned superstition: Desire for control and consumer brand

preferences[J]. Journal of Consumer Research, 2013, 40(3).

[19]Hayes, A. F. Introduction to mediation, moderation, and conditional process analysis: A regression-based approach[M]. New York: Guilford Press, 2013.

[20]Hedgcock, W., Rao, A. R., Chen, H. Could Ralph Nader's entrance and exit have helped AI Gore? The impact of decoy dynamics on consumer choice[J]. Journal of Marketing Research, 2009, 46(3).

[21]Highhouse, S., Johnson, M. A. Gain/loss asymmetry and riskless choice: Loss aversion in choices among job finalists[J]. Organizational Behavior & Human Decision Processes, 1996, 68(3).

[22]Hoang, D., Nath, P., Barnes, C. J. The mediating role of perceived fairness in consumers' response to post-purchase 'out of stock' in an online grocery context[C]. London: BAM2016 Proceedings, The British Academy of Management, 2016.

[23]Hong, S. M., Faedda, S. Refinement of the Hong psychological reactance scale[J]. Educational & Psychological Measurement, 1996, 56(1).

[24]Jing, X. Q., Lewis, M. Stockouts in online retailing[J]. Journal of Marketing Research, 2011, 48(2).

[25]Job, V., Dweck, C. S., Walton, G. M. Ego depletion—Is it all in your head? Implicit theories about willpower affect self-regulation[J]. Psychological Science, 2010, 21(11).

[26]Kim, H. C. Situational materialism: How entering lotteries may undermine self-control[J]. Journal of Consumer Research, 2013, 40(4).

[27]Kupor, D. M., Tormala, Z. L. Persuasion, interrupted: The effect of momentary interruptions on message processing and persuasion[J]. Journal of Consumer Research, 2015, 42(2).

[28]Kurniawan, I. T., Seymour, B., Talmi, D., et al. Choosing to make an effort: The role of striatum in signaling physical effort of a chosen action[J]. Journal of Neurophysiology, 2010, 104(1).

[29]Kwon, S. J., Chung, N. The moderating effects of psychological reactance and product involvement on online shopping recommendation mechanisms based on a causal map [J]. Electronic Commerce Research & Applications, 2010, 9(6).

[30]Leclerc, F., Schmitt, B. H., Dubé, L. T. Waiting time and decision making: Is time like money? [J]. Journal of Consumer Research, 1995, 22(1).

[31]Levav, J., Zhu, R. J. Seeking freedom through variety[J]. Journal of Consumer Research, 2009, 36(4).

[32]May, F., Monga, A. When time has a will of its own, the powerless don't have the will to wait: Anthropomorphism of time can decrease patience[J]. Journal of Consumer Research, 2014, 40(5).

[33]Mukherjee, A., Hoyer, W. D. Effect of novel attributes on product evaluation[J]. Journal of Consumer Research, 2001, 28(3).

[34]Mukhopadhyay, A., Sengupta, J., Ramanathan, S. Recalling past temptations: An information processing perspective on the dynamics of self-control[J]. Journal of Consumer Research, 2008, 35(4).

[35]Muller, D., Judd, C. M., Yzerbyt, V. Y. When moderation is mediated and mediation is moderated [J]. Journal of Personality & Social Psychology, 2005, 89(6).

[36]Pizzi, G., Scarpi, D. When out-of-stock products do backfire: Managing disclosure time and justification wording[J]. Journal of Retailing, 2013, 89(3).

[37]Pratkanis, A. R., Farquhar, P. H. A brief history of research on phantom alternatives: Evidence for seven empirical generalizations about phantoms[J]. Basic & Applied Social Psychology, 1992, 13(1).

[38]Rains, S. A. The nature of psychological reactance revisited: A meta-analytic review[J]. Human Communication Research, 2013, 39(1).

[39]Sela, A., Berger, J., Kim, J. How self-control shapes the meaning of choice[J]. Journal of Consumer Research, 2017, 44(4).

[40]Sharma, E., Alter, A. L. Financial deprivation prompts consumers to seek scarce goods[J]. Journal of Consumer Research, 2012, 39(3).

[41]Shen, L., Dillard, J. P. Psychometric properties of the Hong psychological reactance scale[J]. Journal of Personality Assessment, 2005, 85(1).

[42]Simonson, I. Choice based on reasons: The case of attraction and compromise effect[J]. Journal of Consumer Research, 1989, 16(2).

[43]Thaler, R. Toward a positive theory of consumer choice[J]. Journal of Economic Behavior & Organization, 1980, 1(1).

[44]Wang, J., Hong, J., Zhou, R. How long did I wait? The effect of construal levels on consumers' wait duration judgments[J]. Journal of Consumer Research, 2018, 45(1).

[45]Zhao, X., Lynch, J. G., Chen, Q. Reconsidering Baron and Kenny: Myths and truths about mediation analysis[J]. Journal of Consumer Research, 2010, 37(2).

An Impact of Known Time for Out-of-stock of New Products on Consumer's Preference Change

Liu Jianxin[1]   Fan Xiucheng[2]   Li Dongjin[3]   Lin Qin[1]

(1 School of Economics and Management, Southwest University, Chongqing, 400715;

2 School of Management, Fudan University, Shanghai, 200433;

3 Business School, Naikai University, Tianjin, 300071)

Abstract: New products often run out-of-stock, among which when consumers know out-of-stock will gives rise to an important impact on their preference change. Unfortunately, prior work, however, has paid little or no attention and research on it. Base on both mental endowment theory and psychological reactance theory, the article via constructing a model of moderated dual mediators, deeply explored the internal mechanism and boundary conditions underlying the impact of known time for out-of-stock of new products on consumer's preference change, and further empirically tested it by using experimental and survey research methods. Across 2 experiments and 1 survey, their results showed that (1) consumer's known time for out-of-stock of new products would systematically impact consumer's preference change, and however, its direction and strength would depend on mediation mechanism; and (2) both mental endowment and psychological reactance would jointly mediating the impact of known time for out-of-stock of new products on consumer's preference change；and finally（3）self-control would moderate the mediating effects of mental endowment and psychological reactance，namely high self-control would empower the former a dominant mediator over the latter and contrarily low self-control would empower the latter a dominant mediator over the former. These conclusions have not only important theoretical signification to deepen and enrich such some theories as new product promotion，time perception and preference change and so on，but also have important practical implication to guild businesses to effectively perform out-of-stock management of new products，to help consumers rationally treat out-of-stock of new products and to advise some regulators to regularly govern the out-of-stock phenomenon of new products.

Key words：Known time for out-of-stock of new products；Mental endowment；Psychological reactance；Self-control；Preference change

专业主编：寿志钢

附录

《新产品脱销知晓时间对消费者偏好改变的影响研究》测量量表

测量构念	主要条目	测量尺度	量表来源
预实验1	P1T1：国际知名无线蓝牙耳机品牌——扬士发布了最新款产品 YS5280	7 点制 Likert	
	P1T2：国际知名无线蓝牙耳机品牌——扬士最新款产品 YS5280 脱销	7 点制 Likert	
	P1T3：我知晓国际知名无线蓝牙耳机品牌——扬士最新款产品 YS5280 脱销的时间	7 点制 Likert	
心理禀赋测量量表（ME）	ME1：扬士 YS5280 脱销正好说明是我想要的	7 点制 Likert	Carmon 等（2003）
	ME2：扬士 YS5280 脱销表明我的选择是正确的	7 点制 Likert	
	ME3：脱销的扬士 YS5280 非买不可	7 点制 Likert	
心理抗拒测量量表（PR）	PR1：当我不能做自由和独立的决策时我产生挫折感	5 点制 Likert	Hong 和 Faedda（1996）
	PR2：当发现该产品脱销时我感觉很沮丧	5 点制 Likert	
	PR3：当有人指出对我而言是显而易见的问题时我心烦意乱	5 点制 Likert	
	PR4：规则让我产生抵触感	5 点制 Likert	
	PR5：我发现我会激发他人的冲突	5 点制 Likert	
	PR6：当有些东西受到限制时，我通常认为就是我向往的	5 点制 Likert	
	PR7：我抵制其他人对我的影响	5 点制 Likert	
	PR8：当其他人给我设置榜样时，我很生气	5 点制 Likert	
	PR9：当有人强迫我做某事时，我反其道而行之	5 点制 Likert	
	PR10：我认为考虑其他人的建议是对我的侵犯	5 点制 Likert	
	PR11：建议和推荐会引发我反其道而行之	5 点制 Likert	

续表

测量构念	主要条目	测量尺度	量表来源
消费者偏好态度改变测量量表（CPC）	CPC1：当我知道扬士 YS5280 脱销后我打算购买其他品牌	7 点制 Likert	Hamerman 与 Johar （2013）
	CPC2：当我知道扬士 YS5280 脱销后我觉得它并不好	7 点制 Likert	
	CPC3：当我知道扬士 YS5280 脱销后我就想换了它	7 点制 Likert	
	CPC4：当我知道扬士 YS5280 脱销后非换不可	7 点制 Likert	
	CPC5：当我知道扬士 YS5280 脱销后换了会更好	7 点制 Likert	
专业知识（EK）	EK：我对无线蓝牙耳机拥有非常专业的知识	7 点制 Likert	
需求急迫性（UD）	UD：我马上就需要无线蓝牙耳机	7 点制 Likert	
预实验 2	P2T1：国际知名太阳镜品牌——弘仕发布了最新款产品 HS900	7 点制 Likert	
	P2T2：国际知名太阳镜品牌——弘仕最新款产品 HS900 脱销	7 点制 Likert	
	P2T3：我知晓国际知名太阳镜品牌——弘仕最新款产品 HS900 脱销的时间	7 点制 Likert	
自我控制测量量表（SC）	SC1：事件回忆和撰写让我感到自控力强	7 点制 Likert	Finkel 等 （2006）
	SC2：事件回忆和撰写让我觉得一切尽在掌握	7 点制 Likert	
	SC3：事件回忆和撰写让我觉得自我控制很有信心	7 点制 Likert	
	SC4：事件回忆和撰写让我觉得我能够按照自己的意志行事	7 点制 Likert	
报复动机测量量表（RM）	RM1：我想采取措施让公司惹上麻烦	7 点制 Likert	Grégoire （2009）
	RM2：我想以某种方式惩罚公司	7 点制 Likert	
	RM3：我想给公司带来不便	7 点制 Likert	
	RM4：我想找公司算账	7 点制 Likert	
	RM5：我想让公司得到应有的惩罚	7 点制 Likert	
心理好奇感（PC）	PC1：我对其他品牌的太阳镜很好奇	7 点制 Likert	Kupor 和 Tormala （2015）
	PC2：我对其他品牌的太阳镜感到很渴望	7 点制 Likert	
	PC3：我非常想看看其他品牌的太阳镜	7 点制 Likert	
	PC4：我更想了解其他品牌太阳镜的优点	7 点制 Likert	

珞珈管理评论
2023 年卷第 6 辑（总第 51 辑）

Luojia Management Review
No. 6，2023（Sum. 51）

社会排斥对消费者个性化广告侵入性感知的影响：隐私线索敏感性的中介作用*

● 望海军　刘景港　王　慧

（武汉纺织大学传媒学院　武汉　430070）

【摘　要】随着社交媒体的发展和普及，针对消费者定制推送的个性化广告越来越常见，这种高度个性化的广告让消费者感到隐私泄露等侵入性感知，因此探索消费者体验如何影响对个性化广告的侵入性感知显得尤为重要。该研究基于启发式—系统模型探讨了社会排斥如何影响消费者对个性化广告的侵入性感知，通过三个研究发现，被排斥（vs. 无排斥）消费者对个性化广告的侵入性感知水平更低，且隐私线索的敏感性感知中介了社会排斥（vs. 无排斥）对消费者感知个性化广告的侵入性的影响。此外，研究还发现自我意识调节了社会排斥（vs. 无排斥）对隐私线索的敏感性感知的影响。本研究结论既有助于广告从业者深入理解个性化广告侵入性的形成机制，也为企业的个性化广告政策提供了理论支持。

【关键词】个性化广告　社会排斥　侵入性感知　敏感性感知
中图分类号：F713.8　　　文献标识码：A

1. 引言

社交媒体快速发展的今天，个性化广告在微信、抖音、今日头条等各大平台越来越常见，但是个性化广告的泛滥也引起消费者的不适。2022 年 5 月 11 日，由于消费者指责 Google 跟踪用户信息，该公司随即宣布广告商必须获得欧盟用户的同意才能将个人数据用于个性化广告。2023 年 1 月 4 日，消费者举报 Meta Ireland 违反了数据保护规定，并将用户数据用于个性化广告，因此该公司被欧盟数据保护委员会处以 3.9 亿欧元的罚款。这些事件揭示了个性化广告对于个人信息的过度使用会引起消费者的抗拒和厌恶（White et al.，2008）。因此消费者对于个性化广告侵入性感知的研究显得尤为

---

* 基金项目：国家社会科学基金面上项目"不同时间距离广告对消费者广告态度的影响机制研究"（项目批准号：17BGL239）。

通讯作者：刘景港，E-mail：gang199706010416@163.com。

重要。

消费者对个性化广告的侵入性感知通常被定义为对个性化广告的干扰性和不适度的感知(O'Donnell & Cramer, 2015)。从隐私泄露观点出发,个性化程度过高会让消费者感到隐私被侵犯(Tucker, 2014;White et al., 2008)。隐私演算理论认为,消费者对个性化广告的侵入性感知实际是平衡个性化服务收益和隐私泄露风险的结果(Gutierrez et al., 2019)。心理抗拒理论则指出,侵入性感知不是一成不变的,只有当消费者被打断注意力或对广告的心理所有权非常高时,才会明显感到被侵犯(Edwards et al., 2002;Malhotra et al., 2021)。因此,现有的关于个性化广告侵入性的研究相对比较零散,主要集中在广告的个性化程度和消费者的抗拒心理等内在因素,而对于消费者外在环境所导致的侵入性感知的影响相对缺乏。

2023 年 5 月,中国青年报社社会调查中心联合问卷网对 2001 名 18~35 岁青年进行的一项调查显示,64.2% 的受访青年感觉自己存在心理上或行动上的"社交卡顿",这种"社交卡顿"实质上是一种社会排斥感。社会排斥作为一种主观体验,指个体在被忽视或被拒绝时所经历的身体或情感上的社会孤立(Wesselmann & Williams, 2017)。在社交媒体环境下,感到社会排斥的人越来越多,对于消费者在社会排斥环境下的个性化广告侵入性感知研究就显得格外重要。

Aghakhani 和 Main(2019)的研究指出,社会排斥会让消费者转而对广告产生更多的信任感。另外也有许多文献试图确定社会排斥对消费行为的积极影响,比如促使消费者选择拟人化品牌(Chen et al., 2017)、购买象征团体身份的产品(Mead et al., 2011)以及寻求与品牌建立关系(盛光华, 2022)。尽管消费者体验引起广告行业的重视,并且过去研究揭示了社会排斥的行为后果,但是当个性化广告更具侵入性时,社会排斥如何影响消费者对广告的反应尚需进一步研究。

基于以上分析,本研究采用实验法进行实证检验,结合启发式系统模型研究社会排斥对消费者对个性化广告的侵入性感知的影响。另外本研究引入隐私线索的敏感性感知作为中介机制,提出社会排斥能够影响消费者对隐私线索的敏感性感知,进而影响对个性化广告的侵入性感知。最后进一步研究社会排斥对消费者侵入性感知影响中自我意识的调节作用。本研究不仅有助于丰富关于个性化广告与消费者关系的现有文献,还可以为企业个性化广告的决策提供理论支持。

2. 理论背景

2.1 社会排斥

社会排斥领域的研究表明,社会排斥促使个体感受到更高的认同压力(Ward, 2009),进而出现回避外界刺激(Baumeister et al., 2005)、损害认知能力(Baumeister et al., 2002)和减弱情绪敏感性(Twenge et al., 2007)等负面结果。许多研究明确指出这源于社会排斥改变了个体对外界信息的接触动机,比如 Howell 等(2017)发现由于遭受他人排斥,个体倾向肯定自我而不是主动接纳意见,导致他们回避健康信息;Pfundmair 等(2017)指出被排斥的经历损害了认知能力,使得个体更看重信息是否有说服力而非有足够高的论据质量,进而导致忽视论据充分的观点;Pickett 和 Hess(2016)指出,当人们经历社会排斥时，他们会感受到外界压力，关注外界信息的动机也随之减弱。因此，社会排斥实际减弱了个体深入加工信息的动机。

根据启发式系统模型，当个体拥有较低的动机水平时，通常会付出较少努力来加工信息（Chaiken & Ledgerwood，2012）。启发式系统模型是Chaiken（1980）提出的，涵盖了两种信息加工模式——启发式模式和系统模式。启发式模式指个体使用简单决策规则或认知启发式的知识结构做出判断，在判断消息有效性方面的努力相对较少。系统模式指个体通过对所有有用信息的获取、审视和整合来做出自己的判断，在判断消息有效性方面的努力较多。Chaiken还指出人们通常使用这两种模式来做出判断。因此，个体加工信息的动机水平决定了他们使用启发式模式还是系统模式。社会排斥增加了个体的外界压力，使得他们回避健康信息，减少关注外界信息的动机，从而采用启发式的信息加工模式进行决策。

2.2 消费者对个性化广告的侵入性感知

消费者对个性化广告的侵入性感知受到多种因素的影响，现有文献主要从三个方向展开研究。第一个方向主要关注广告的相关因素，比如Citalada等（2022）发现广告内容与消费者的相关性提高了侵入性感知水平，而广告的信息准确性、透明度以及信息公开程度都降低了侵入性感知水平（Boerman，Kruikemeier & Zuiderveen Borgesius，2017）。第二个方向关注消费者因素，Youn和Kim（2019）发现自主性越高的消费者对广告侵入性的感知水平可能越低，Niu等（2021）的研究证实了消费者对社交媒体的控制感越强，越容易感知到广告侵入性。此外，女性比男性更容易感知到广告侵入性（Taylor et al.，2011）。第三个方向关注隐私问题，Gironda和Korgaonkar（2018）的研究发现当消费者认为个性化服务的收益超过隐私泄露风险时，他们对广告的侵入性感知会降低，反之则升高，还有消费者对隐私暴露的抗拒心理也增加了侵入性感知（Van Doorn & Hoekstra，2013）。

侵入性感知可能与消费者加工信息的深度有关，当消费者深入加工产品或广告信息时，他们对隐私的关注和对广告侵入性的感知会随之增强（Lim et al.，2023），而相关性很高的信息通常被深层次地加工（Chaiken，1980），从而导致消费者对包含高相关性信息广告的侵入性感知增强（de Groot，2022）。此外，消费者的信息加工深度提高了对隐私线索的敏感性感知。消费者越深入加工广告信息，越容易发现广告包含的隐私线索（Gu et al.，2022），发现的隐私线索越多，侵入性感知也越强烈。综上所述，当消费者深入加工广告信息时，对隐私线索的敏感性感知和对广告的侵入性感知会变强。相比之下，当消费者并未深入加工广告信息时，敏感性感知和侵入性感知会变弱。

3. 假设推导

3.1 社会排斥与个性化广告的侵入性

社会排斥领域的研究表明，被排斥的经历促使个体感受到外界压力，进而产生认知障碍

(Baumeister, 2016)。Baumeister 等(2002)的实验发现，被排斥的学生在研究生入学考试中成绩会下降，尤其是推理和逻辑分析的效率会显著下降，原因是排斥降低了个体处理复杂问题的动机和思维能力，Greitemeyer 等(2012)对社会排斥的研究也证实，被排斥的个体难以理解和接受非一致偏好的信息，原因是非一致偏好的信息容易引起认知失调，导致被排斥的个体倾向回避这类信息。此外还有研究发现，因为社会排斥损害了认知能力，导致个体难以深入加工信息，所以被排斥的个体更难识别外界信息(Xiao & Van Bavel, 2012)。大量研究指出，社会排斥减弱了个体加工外界信息的动机或能力，导致他们减弱对信息的深入加工。

由于社会排斥改变了个体对外界信息的接触动机，个体倾向肯定自我而不是主动接纳意见，因此个体对于外部信息的加工意愿减弱，根据启发式系统模型理论，个体会更多使用启发式模式加工信息(Chaiken & Ledgerwood, 2012)，他们更看重信息是否有说服力而非有足够高的说服质量(Pfundmair et al., 2017)。

启发式系统模型还指出，启发式模式加工信息的深度较低(Chaiken, 1980)。当加工信息的深度越低时，消费者能发现的隐私线索越少(Gu, Tian & Xu, 2022)。此外，消费者察觉的隐私线索数量还和侵入性感知成正比(Cupach & Spitzberg, 2000)。因此，当消费者对隐私线索的感知不敏感时，他们能够观察到的隐私线索就更少，对个性化广告的侵入性感知也就更弱。综上所述，社会排斥促使消费者采用启发式模式加工个性化广告信息，减弱了对隐私线索的敏感性感知，最终减弱了对个性化广告的侵入性感知。据此，提出假设：

H1：社会排斥(vs. 无排斥)导致消费者对个性化广告的侵入性感知更低。

H2：隐私线索的敏感性感知在社会排斥(vs. 无排斥)对个性化广告的侵入性感知的影响过程中起到了中介作用。

3.2　自我意识的调节作用

自我意识指自我处于自身注意力中心的状态，包括私人自我意识和公众自我意识，分别对应关注个人感受、想法等隐蔽方面和关注外表、行为等可观察方面(Froming et al., 1982)。一方面，自我意识改变了个体对外界刺激的敏感性感知，比如 Carver 等(1979)和 Scheier 等(1979)的研究证实，关注心理活动的人们难以察觉到外界刺激的暗示；Ramirez 等(2022)发现，随着对自己外表的关注度增加，人们更容易对美容效果产生反感和批评。这些发现表明，相比关注心理活动，消费者关注外在表现时对外界刺激更敏感。另一方面，个性化广告的隐私内容通常来自消费者的外在表现，比如个性化广告会向频繁逛耐克品牌店的消费者推送耐克广告，但不会向对安踏品牌感兴趣却没有接触过的消费者推送安踏广告。所以相比关注内在心理，当消费者关注外在表现时更容易发现个性化广告传达了与自身行为相似的信息，进而察觉到个性化广告包含的隐私线索，感知到更高程度的广告侵入性。

综上所述，尽管社会排斥已减弱消费者对隐私线索的敏感性感知和对广告的侵入性感知，但当公众自我意识占主导的时候，个体会更关注外在表现，而这种对外在表现的关注会增强敏感性感知和侵入性感知。公众自我意识的这种影响会弱化社会排斥对个体侵入性感知的影响作用。因此，在消费者注重外在自我时，社会排斥不会显著影响侵入性感知。相比之下，若消费者关注内在自我，则减弱了敏感性感知和侵入性感知。社会排斥对侵入性感知的影响就更为明显。据此，提出假设：

H3：自我意识在社会排斥对个性化广告的侵入性感知的影响过程中起到了调节作用。当消费者以公众自我意识为主时，社会排斥（vs. 无排斥）不会对侵入性感知产生显著影响；当消费者以私人自我意识为主时，社会排斥（vs. 无排斥）对侵入性感知的影响更强。

本研究的研究模型见图1。

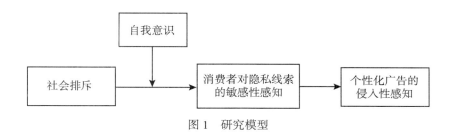

图1　研究模型

4. 研究设计

4.1　实验一

4.1.1　实验目的

本研究旨在通过单因素组间实验（排斥组 vs. 无排斥组）探究社会排斥对消费者感知个性化广告侵入性的影响。

4.1.2　实验对象

本研究在线下招募了155名武汉某大学艺术类专业的学生作为被试参加实验。被试平均年龄为22.25（SD = 2.25）。鉴于刺激产品是美容定制方案，被试均为女性。

4.1.3　实验设计

本实验为单因素（排斥组 vs. 无排斥组）组间设计。被试被随机分配到排斥组或无排斥组，并参加了一个名为"赛博球"的虚拟球类游戏（Williams & Jarvis, 2006）。游戏要求被试与另外两名通过互联网连接的选手在电脑屏幕上点击相应的图标进行接球和投球练习。被试并不知情，实际上另外两名选手的动作是由电脑程序预设的。排斥组的被试在比赛开始时得到两次抛球，并且在剩余时间内不再有任何接球机会。无排斥组的被试不参与接球，但被要求想象自己参与球赛的细节。游戏结束后，被试完成了关于感知排斥的题项，包括"我感觉被忽视了""我感觉被拒绝了"（Williams & Jarvis, 2006, α = 0.81）。

接下来，所有被试观看了一个个性化广告。为保证广告的突发性，实验人员要求被试点击 QQ 空间内的学校通知，在点击后个性化广告突然弹出。广告包含图片和标语两部分，图片为女生撕下面膜的面部照片，标语为被试的专业信息、学校信息和位置信息，标语包括"艺术生！为你量身打造！""某大学已有 132 位女神领取到专属美容方案"。为避免被试可能对产品很熟悉或对品牌有过购买经验，实验虚构了一个美容品牌 Jaco。

最后，被试报告了年龄，然后回答关于品牌熟悉度的问题（Baker et al., 1986），包括"我很熟悉 Jaco 品牌"（$\alpha = 0.81$），回答关于广告的个性化感知的问题（Singaraju et al., 2022），包括"我认为该广告是为我量身定做的""我认为该广告是根据我的需求定制的""该广告让我觉得我是一个独特的顾客"（$\alpha = 0.82$）。被试在量表中回答了关于广告侵入性感知的问题（Gironda & Korgaonkar, 2018），包括"该广告侵犯了我的隐私""该广告收集了太多个人信息"等题项（$\alpha = 0.85$）。实验中所有问题均通过 Likert 七分量表测量（1＝非常不同意，7＝非常同意）。

4.1.4　分析结果

操纵检验的结果表明，排斥组被试和无排斥组被试对感知排斥有显著差异（$M_{排斥} = 5.15$，SD = 0.63 vs. $M_{无排斥} = 3.28$，SD = 0.83，$F(1, 154) = 18.66$，$p < 0.001$），对广告的个性化感知没有显著差异（$M_{排斥} = 2.25$，SD = 0.18 vs. $M_{无排斥} = 2.22$，SD = 0.38，$F(1, 154) = 2.13$，$p = 0.18$），对品牌熟悉程度没有显著差异（$M_{排斥} = 3.28$，SD = 0.33 vs. $M_{无排斥} = 3.30$，SD = 0.26，$F(1, 154) = 2.56$，$p = 0.08$）。以上分析表明社会排斥和个性化广告的操纵是成功的。

主效应检验结果表明社会排斥对消费者感知个性化广告的侵入性存在显著影响（$M_{排斥} = 2.19$，SD = 0.79 vs. $M_{无排斥} = 3.82$，SD = 0.63，$F(1, 154) = 20.22$，$p < 0.001$）。这表明本研究的主效应得到验证。

4.1.5　讨论

研究验证了假设 H1，即社会排斥对消费者感知个性化广告的侵入性产生显著影响。

4.2　实验二

4.2.1　实验目的

本研究的目的是通过单因素组间实验（排斥组 vs 无排斥组）验证社会排斥是否减弱了消费者对个性化广告的侵入性感知，并初步验证隐私线索的敏感性感知在上述效应中起到的中介作用。

4.2.2　实验对象

本研究通过某社交媒体平台招募了 113 名被试参加实验，被试均来自一个社交媒体影响者的粉丝群，平均年龄为 32.25（SD = 5.51），其中女性占 55.7%。

4.2.3 实验设计

本实验为单因素（排斥组 vs. 无排斥组）的组间设计。实验通过一个模拟社交媒体场景来操纵社会排斥（Chen，Wan & Levy，2017）。首先，被试被要求想象自己发现了三个很有兴趣成为朋友的人，他们把自己的个性、爱好等个人信息发给了这三个人，要求和他们交朋友。无排斥组的被试被告知朋友请求被一个人接受。排斥组的被试被告知他们的朋友请求被三个人都拒绝了。随后所有被试完成了关于感知排斥的问题（Williams & Jarvis，2006，$\alpha = 0.81$）。

然后，所有被试观看了一则个性化广告（De Keyzer et al.，2015）。实验通过线下采访和在线访谈收集了被试的个人信息。经过信息筛选和小组讨论，实验确定了被试的两个特征：他们是 30~35 岁的上班族，同时存在脱发问题（因为该影响者主要推销防脱发产品和分享护发教程）。接下来，影响者在群组中分享了一个微博链接，并引导被试点击该链接。当被试点击链接后，会突然弹出一个个性化广告。该广告介绍了一个名为"Jaco"的养发产品。广告主要包含两部分：图片和标语。图片展示了一个有脱发问题的男性，正在使用这款养发产品。标语被设计为"头发得到了拯救！"。为了避免被试可能已经对该产品非常熟悉或者已经购买过该品牌，实验人员虚构了养发品牌"Jaco"。

随后，被试报告了性别、年龄，然后是关于品牌熟悉度（Baker et al.，1986，$\alpha = 0.73$）、广告的个性化感知（Singaraju et al.，2022，$\alpha = 0.83$）、广告侵入性的感知（Gironda & Korgaonkar，2018，$\alpha = 0.85$）的问题。最后是关于隐私线索的敏感性感知的问题（Li et al.，2023），题项包括"我可以很容易地发现广告中和自己隐私相关的信息""我觉得自己对广告中侵犯隐私的信息很敏感"（$\alpha = 0.83$）。实验中所有问题均通过 Likert 七分量表测量（1=非常不同意，7=非常同意）。

4.2.4 分析结果

操纵检验的结果表明，排斥组被试和无排斥组被试对感知排斥有显著差异（$M_{排斥} = 4.38$，SD = 0.71 vs. $M_{无排斥} = 3.16$，SD = 0.81，$F(1, 111) = 11.91$，$p<0.001$），对广告的个性化感知没有显著差异（$M_{排斥} = 2.38$，SD = 0.39 vs. $M_{无排斥} = 2.39$，SD = 0.28，$F(1, 111) = 2.12$，$p = 0.12$），对品牌熟悉程度没有显著差异（$M_{排斥} = 3.28$，SD = 0.17 vs. $M_{无排斥} = 3.29$，SD = 0.11，$F(1, 111) = 1.21$，$p = 0.18$）。以上分析表明社会排斥和个性化广告的操纵是成功的。

针对主效应的检验结果表明，社会排斥对消费者感知个性化广告的侵入性存在显著差异，并且排斥组被试的侵入性感知显著低于无排斥组被试（$M_{排斥} = 3.18$，SD = 0.98 vs. $M_{无排斥} = 4.59$，SD = 0.82，$F(1, 111) = 29.32$，$p<0.001$），表明本研究的主效应得到验证。

针对中介效应的检验，首先通过相关性分析检验了社会排斥和隐私线索的敏感性感知、侵入性感知的相关关系，再通过 Process 方法，使用 SPSS 宏（v3.5，Model4，基于 5000 个 Bootstrap 样本的95%偏倚校正 Bootstrap 置信区间（CI））对隐私线索的敏感性感知进行了中介效应分析（Hayes，2013）。线性回归分析结果显示，第一，社会排斥负向影响消费者的侵入性感知（$\beta = -0.722$，$t = -6.072$，$p<0.001$）；第二，社会排斥负向影响隐私线索的敏感性感知（$\beta = -0.719$，$t = -7.525$，$p<0.001$）；第三，隐私线索的敏感性感知正向影响侵入性感知（$\beta = 0.750$，$t = 11.278$，$p<0.001$）。根据 Bootstrap 的分析结果，隐私线索的敏感性感知在社会排斥和消费者对个性化广告的侵入性感知的关系中起部分

中介作用($b=0.5731$,$SE=0.0893$,95% CI$[-0.5581$,$-0.2031]$)。

4.2.5　讨论

研究验证了假设 H1 和 H2,即社会排斥减弱了消费者对个性化广告的侵入性感知,且隐私线索的敏感性感知在其中起到了部分中介作用。

4.3　实验三

4.3.1　实验目的

本研究邀请被试进一步验证中介效应。若中介效应成立,那么对于公众自我意识的实验组,社会排斥将不再显著影响被试对个性化广告的侵入性感知。相反,对于私人自我意识的实验组,社会排斥将显著影响被试的侵入性感知。

4.3.2　实验对象

本研究在线下招募了 137 名武汉某高校艺术类专业的学生作为被试参加实验。被试平均年龄为 21.17(SD=1.75)。鉴于刺激产品是美容定制方案,被试均为女性。

4.3.3　实验设计

本实验采用 2 社会排斥(排斥组 vs. 无排斥组)×2 自我意识(公众自我意识组 vs. 私人自我意识组)的组间设计,被试被随机分配到四个实验组。

首先,被试按照指定的词汇撰写短文。公众自我意识组的被试被要求撰写一篇关于他人如何评价自己外语成绩的短文,私人自我意识组的被试则被要求写一篇关于自己如何看待外语成绩的短文。根据 Fenigstein 和 Levine(1984)的研究,所有被试都被给予一个包括 20 个词汇的表格,其中 15 个词汇不变,5 个词汇用于操纵自我意识。对于关注外在自我的情况,使用的词汇包括"他(她)""他(她)和我""评价""交流""镜子";对于关注内在自我的情况,使用的词汇包括"我""我独自""自省""孤独""心情"。使用与自我相关或其他相关的词汇来撰写短文可以促使被试将注意力转向指定位置(Fenigstein & Levine,1984)。短文篇幅限制在 200 字以内,并且被试有 10 分钟的时间来完成撰写。结束后所有被试回答了关于自我意识的问题,项目包括公众自我意识:"现在,我关心自己的外在行为""现在,我关心的是其他人对我的看法"和私人自我意识:"现在,我重视自己的内心感受""现在,我反思自己的生活"(Govern & Marsch,2001,$\alpha=0.85$)。

其次,所有被试参加一个名为"赛博球"的游戏,游戏过程与实验一一致。游戏结束后,所有被试填写了关于感知排斥的题项(Williams & Jarvis,2006,$\alpha=0.83$)。

最后,所有被试观看了同一个个性化广告,广告与实验一相同。观看结束后,被试完成了关于品牌熟悉度(Baker et al.,1986,$\alpha=0.73$)、广告的个性化感知(Singaraju et al.,2022,$\alpha=0.83$)、隐私线索的敏感性感知(Li et al.,2023,$\alpha=0.81$)以及广告侵入性感知(Gironda & Korgaonkar,2018,

$\alpha = 0.83$）的问题。

4.3.4 分析结果

操纵检验的结果表明，公众自我意识组被试和私人自我意识组被试在私人自我意识方面有显著差异（$M_{外在自我} = 3.16$，SD $= 0.69$ vs. $M_{内在自我} = 4.27$，SD $= 0.92$，$F(1, 135) = 13.61$，$p<0.001$），在公众自我意识方面有显著差异（$M_{外在自我} = 4.58$，SD $= 0.81$ vs. $M_{内在自我} = 3.07$，SD $= 1.31$，$F(1, 135) = 21.62$，$p<0.001$）。排斥组被试和无排斥组被试对感知排斥有显著差异（$M_{排斥} = 4.16$，SD $= 0.69$ vs. $M_{无排斥} = 3.11$，SD $= 0.81$，$F(1, 135) = 13.29$，$p<0.001$），对广告的个性化感知没有显著差异（$M_{排斥} = 2.38$，SD $= 0.19$ vs. $M_{无排斥} = 2.39$，SD $= 0.11$，$F(1, 135) = 2.12$，$p = 0.12$）。以上分析表明自我意识、社会排斥以及个性化广告的操纵是成功的。

针对主效应的检验结果表明，社会排斥对消费者感知个性化广告的侵入性具有边际显著效应（$F(1, 135) = 15.81$，$p<0.001$），并且排斥组被试的侵入性感知显著低于无排斥组被试（$M_{排斥} = 3.07$，SD $= 0.28$ vs. $M_{无排斥} = 4.29$，SD $= 0.61$）。针对中介效应的检验结果表明，消费者对隐私线索的敏感性感知在社会排斥对侵入性感知的影响中起到了部分中介作用（$b = 0.2281$，SE $= 0.0712$，95% CI $[0.2031, 0.2823]$）。

针对调节效应的检验结果表明，自我意识对个性化广告的侵入性感知无显著影响（$F(1, 135) = 2.21$，$p = 0.26$）。社会排斥和自我意识对侵入性感知有显著的交互效应（$F(1, 135) = 8.75$，$p = 0.03$）。

随后的简单效应分析表明，在公众自我意识条件下，排斥组和无排斥组被试对个性化广告的侵入性感知无显著差异（$M_{排斥} = 3.12$，SD $= 0.21$ vs. $M_{无排斥} = 3.16$，SD $= 0.28$，$F(1, 135) = 1.18$，$p = 0.36$）；在私人自我意识条件下，排斥组和无排斥组被试对个性化广告的侵入性感知有显著差异（$M_{排斥} = 3.58$，SD $= 0.57$ vs. $M_{无排斥} = 4.69$，SD $= 0.67$，$F(1, 135) = 13.57$，$p<0.001$），如图 2 所示。

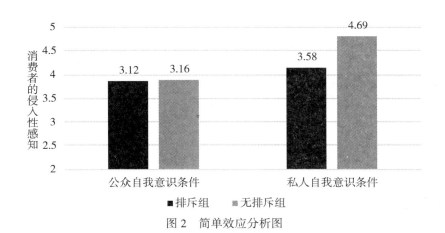

图 2　简单效应分析图

4.3.5 讨论

研究结果表明，在公众自我意识条件下，排斥组和无排斥组的被试对个性化广告的侵入性感知无显著区别，这表明当公众自我意识被激发的时候，社会排斥对被试个性化广告的侵入性感知的影响就不再显著。在私人自我意识条件下，排斥组和无排斥组的被试对个性化广告的侵入性感知存在显著区别，表明社会排斥显著减弱了被试对个性化广告的侵入性感知。综上所述，当消费者以公众自我意识为主时，社会排斥没有显著减弱他们对个性化广告的侵入性感知，但当消费者以私人自我意识为主时，社会排斥显著减弱了他们对个性化广告的侵入性感知。因此，本研究验证了假设 H3，即自我意识在社会排斥和消费者对个性化广告的侵入性感知的关系中起到了调节作用。

此外，研究发现了需要解释的现象。按照研究设想，相比私人自我意识条件的被试，公众自我意识条件的被试更容易感知到个性化广告侵犯了隐私，但是结果发现私人自我意识条件的被试感知到了更高的广告侵入性。研究人员分析这源于两方面因素：一方面，实验中涉及身份信息的隐私线索属于内在自我的范畴，所以相比公众自我意识条件，私人自我意识条件的被试更容易发现隐私线索，进而感知到更高的广告侵入性。另一方面，作为个性化广告产品的"美容方案"促使关注外在自我的被试将关注点放在外表问题上，而不是隐私侵犯问题，进而导致被试不会产生很强烈的侵入性感知。

5. 结语

5.1 研究结论

现有文献虽然对社会排斥、隐私侵犯和个性化广告领域的很多效应进行了检验，但鲜有文献探讨个性化广告背景下社会排斥对消费者的侵入性感知的影响效应。本研究基于启发式—系统模型和自我意识理论提出假设，探讨了社会排斥对消费者感知个性化广告侵入性的影响机制，并通过 3 个实验来证实假设的成立。本研究通过赛博球游戏、社交游戏操纵了社会排斥，随后要求被试在观看个性化广告后报告了侵入性感知。研究结果发现，被排斥（vs. 无排斥）的消费者对个性化广告的侵入性感知水平更低；隐私线索的敏感性感知在社会排斥和侵入性感知之间的关系中起到了中介作用。此外，研究还验证了自我意识的调节作用。当消费者关注外在自我时，社会排斥（vs. 无排斥）对消费者的侵入性感知的影响不显著。然而当消费者关注内在自我时，社会排斥（vs. 无排斥）对侵入性感知的影响依然显著。

5.2 理论贡献

本研究在理论上有以下两方面的贡献：首先，本研究丰富了个性化广告领域有关侵入性感知的现有理论体系。过去学者探讨了广告和消费者的内在因素对侵入性感知的影响，比如广告消息的个性化程度和消费者的抗拒心理强化了侵入性感知（Tucker，2012；Malhotra et al.，2021）。但是对外在因素影响侵入性感知的研究还不足。本研究揭示了消费者遭遇社会排斥后如何感知个性化广告的侵入性。该机制的关键在于社会排斥促使消费者更难感知到个性化广告侵犯了隐私。解释这种机制的主要理论来源是启发式—系统模型。该模型指出，社会排斥减弱了消费者加工外界信息的动机，导致他们更多地采用启发式模式加工广告信息，进而减弱了对隐私线索的敏感性感知，最终导致难以感知到个性化广告侵犯了隐私。基于此，本研究进一步使用隐私线索的敏感性感知作为中介，用以理解社会排斥的行为后果。

其次，本研究揭示了自我意识在社会排斥对侵入性感知的影响中起到的调节效应。之前关于自我意识的研究聚焦于对消费选择的影响（Lau-Gesk & Drolet，2008；Xu，2008），但未涉及隐私侵犯的领域。本研究在个性化广告背景下探讨了社会排斥和自我意识对广告侵入性的交互影响，并证实了消费者对隐私线索的敏感性感知一定程度上取决于他们的注意力是侧重于外在自我还是内在自我。此外，本研究发现自我意识可能抵消或强化了社会排斥对侵入性感知的影响，在社会排斥已经减弱了消费者对隐私线索的敏感性感知和对个性化广告的侵入性感知的情形下，公众自我意识（私人自我意识）会重新增强（再次减弱）敏感性感知和侵入性感知。研究结论表明两个效应在同一广告情境中可以相互抵消或强化。

5.3 管理意义

本研究通过实证检验发现，被排斥的经历会减弱消费者对个性化广告的侵入性感知。就产品类型而言，对于那些可能被社会排斥驱动购买的产品（王紫薇和涂平，2015），如美容、美发、减肥和养发产品，企业可以通过个性化程度较高、侵入性程度较高的个性化广告来推销。而对于那些被社会包容驱动购买的产品（胡新明等，2020），如母婴产品、教育用品和情感类产品，企业要确保广告的个性化和侵入性在适当水平。

此外，本研究发现，消费者关注外在自我或内在自我的行为会对隐私线索的敏感性感知以及个性化广告的侵入性感知产生影响。具体而言，消费者关注外在自我时敏感性感知和侵入性感知会增强，关注内在自我时敏感性感知和侵入性感知会减弱。因此，在销售以消费者形体为卖点的产品或服务（如健身产品或美容服务）时，企业宜采用个性化程度较低、侵入性程度较低的个性化广告进行推销；而在销售以消费者情感为卖点的产品或服务（如娱乐产品或心理健康服务）时，企业可更多地利用消费者的个人信息，并使用个性化程度较高、侵入性程度较高的个性化广告，以实现最佳的营销效果。

5.4 局限性及未来研究方向

本研究在设计情境实验时，事先在虚拟的个性化广告中植入了隐私信息，但如何操纵消费者对个性化广告的感知一直是该领域存在争议的问题。有些学者坚持使用真实的个性化广告，但由于样本特质不确定，被试通常难以真正感知到个性化（Segijn & Van Ooijen，2022）。另一些学者则主张在实验前采集被试的个人信息，植入虚拟广告，以达到个性化感知的效果（De Keyzer，Dens & De Pelsmacker，2015），但广告的个性化过强可能会干扰被试对广告的侵入性感知。因此，未来的研究需要探索出一种操纵个性化感知的合理方法。

此外，本研究的实验设计中只采用了平面类的个性化广告，并没有探索其他个性化广告的效应。由于广告形式和发布媒介的不同，消费者对不同类型广告的认知表现也不同。例如，黄静等(2022)发现视频广告快速播放可以促进消费者更好地加工整体信息，从而提高对新产品的评价；顾远萍(2015)专门关注视频广告如何侵扰受众，结果发现视频广告干扰了受众的关注目标，并且降低了广告态度。因此，相关的研究模型需要进一步完善，以应对不同类型广告的影响。未来的研究可以关注社会体验如何影响消费者对视频类个性化广告的侵入性感知。

最后，本研究发现了隐私线索类型和产品类型会通过影响消费者的自我意识进而作用于侵入性感知。比如私人身份线索(住址或位置信息)促使关注内在自我的消费者比关注外在自我的消费者产生更高的隐私侵犯感，注重外表的产品(美容服务)促使消费者更关注外在的容貌问题而非隐私侵犯问题。但是现有研究还缺失隐私线索类型和产品类型对侵入性感知的影响研究。这种研究将进一步完善本研究模型，并为完善个性化广告侵入性的影响机制提供有力的理论支持。

◎ 参考文献

[1]顾远萍. 网络视频广告侵扰影响因素研究[J]. 现代传播：中国传媒大学学报, 2015 (10).

[2]胡新明, 徐伶俐, 王剑, 等. 包容性设计视域下学龄前视障儿童玩教具设计研究[J]. 包装工程(艺术版), 2020, 41(20).

[3]黄静, 苏婕, 肖皓文. 视频广告呈现速度对消费者新产品评价的影响：整体—细节信息认知的中介作用[J]. 商业经济与管理, 2022, 42(4).

[4]罗映宇, 韦志颖, 孙锐. 隐私悖论研究述评及未来展望[J]. 信息资源管理学报, 2020, 10(5).

[5]王紫薇, 涂平. 寂寞让人如此美丽——社会排斥对女性外表消费的促进作用[J]. 营销科学学报, 2015, 11(3).

[6]Aghakhani, H., Main, K. J. Can two negatives make a positive? Social exclusion prevents carryover effects from deceptive advertising[J]. Journal of Retailing and Consumer Services, 2019, 47.

[7]Baker, W., Hutchinson, J., Moore, D., et al. Brand familiarity and advertising: Effects on the evoked set and brand preference[J]. ACR North American Advances, 1986, 1.

[8]Baumeister, R. F., Dewall, C. N., Ciarocco, N. J., et al. Social exclusion impairs self-regulation[J]. Journal of Personality and Social Psychology, 2005, 88(4).

[9]Boerman, S. C., Kruikemeier, S., Zuiderveen Borgesius, F. J. Online behavioral advertising: A literature review and research agenda[J]. Journal of Advertising, 2017, 46(3).

[10]Carver, C. S., Blaney, P. H., Scheier, M. F. Reassertion and giving up: The interactive role of self-directed attention and outcome expectancy[J]. Journal of Personality and Social Psychology, 1979, 37(10).

[11]Chen, R. P., Wan, E. W., Levy, E. The effect of social exclusion on consumer preference for anthropomorphized brands[J]. Journal of Consumer Psychology, 2017, 27(1).

[12]Citalada, A., Djazuli, A., Prabandari, S. P. The effect of advertising relevance on avoidance with

advertising engagement：Perceived intrusiveness as mediation variable［J］. International Journal of Research in Business and Social Science, 2022, 11(3).

［13］Cupach, W. R., Spitzberg, B. H. Obsessive relational intrusion：Incidence, perceived severity, and coping［J］. Violence and Victims, 2000, 15(4).

［14］De Keyzer, F., Dens, N., De Pelsmacker, P. Is this for me? How consumers respond to personalized advertising on social network sites［J］. Journal of Interactive Advertising, 2015, 15(2).

［15］Edwards, S. M., Li, H., Lee, J. -H. Forced exposure and psychological reactance：Antecedents and consequences of the perceived intrusiveness of pop-up ads［J］. Journal of Advertising, 2002, 31(3).

［16］Fenigstein, A., Levine, M. P. Self-attention, concept activation, and the causal self［J］. Journal of Experimental Social Psychology, 1984, 20(3).

［17］Froming, W. J., Walker, G. R., Lopyan, K. J. Public and private self-awareness：When personal attitudes conflict with societal expectations［J］. Journal of Experimental Social Psychology, 1982, 18 (5).

［18］Gironda, J. T., Korgaonkar, P. K. iSpy? Tailored versus invasive ads and consumers' perceptions of personalized advertising［J］. Electronic Commerce Research and Applications, 2018, 29.

［19］Gu, J., Tian, J., Xu, Y. C. Private or not? The categorical differences in mobile users' privacy decision-making［J］. Electronic Commerce Research and Applications, 2022, 52.

［20］Gutierrez, A., O'leary, S., Rana, N. P., et al. Using privacy calculus theory to explore entrepreneurial directions in mobile location-based advertising：Identifying intrusiveness as the critical risk factor［J］. Computers in Human Behavior, 2019, 95.

［21］Hayes, J. R. The complete problem solver［M］. Routledge, 2013.

［22］Howell, J. L., Shepperd, J. A. Social exclusion, self-affirmation, and health information avoidance［J］. Journal of Experimental Social Psychology, 2017, 68.

［23］Lau-Gesk, L., Drolet, A. The publicly self-consciousness consumer：Prepared to be embarrassed［J］. Journal of Consumer Psychology, 2008, 18(2).

［24］Li, J., Zhang, Y., Mou, J. Understanding information disclosures and privacy sensitivity on short-form video platforms：An empirical investigation［J］. Journal of Retailing and Consumer Services, 2023, 72.

［25］Malhotra, G., Mishra, S., Saxena, G. Consumers' psychological reactance and ownership in in-game advertising［J］. Marketing Intelligence & Planning, 2021, 39(6).

［26］Mead, N. L., Baumeister, R. F., Stillman, T. F., et al. Social exclusion causes people to spend and consume strategically in the service of affiliation［J］. Journal of Consumer Research, 2011, 37(5).

［27］Niu, X., Wang, X., Liu, Z. When I feel invaded, I will avoid it：The effect of advertising invasiveness on consumers' avoidance of social media advertising［J］. Journal of Retailing and Consumer Services, 2021, 58.

［28］Pfundmair, M., Aydin, N., Frey, D. Whatever? The effect of social exclusion on adopting persuasive messages［J］. The Journal of Social Psychology, 2017, 157(2).

[29]Ramirez, S. P., Scherz, G., Smith, H. Perceived stress and interest in non-invasive aesthetic procedures during the COVID-19 pandemic[J]. Clinical, Cosmetic and Investigational Dermatology, 2022, 1.

[30]Scheier, M. F., Carver, C. S., Gibbons, F. X. Self-directed attention, awareness of bodily states, and suggestibility[J]. Journal of Personality and Social Psychology, 1979, 37(9).

[31]Segijn, C. M., Van Ooijen, I. Differences in consumer knowledge and perceptions of personalized advertising: Comparing online behavioural advertising and synced advertising[J]. Journal of Marketing Communications, 2022, 28(2).

[32]Singaraju, S. P., Rose, J. L., Arango-Soler, L. A., et al. The dark age of advertising: An examination of perceptual factors affecting advertising avoidance in the context of mobile youtube[J]. Journal of Electronic Commerce Research, 2022, 23(1).

[33]Taylor, D. G., Lewin, J. E., Strutton, D. Friends, fans, and followers: Do ads work on social networks?: How gender and age shape receptivity[J]. Journal of Advertising Research, 2011, 51(1).

[34]Tucker, C. E. Social networks, personalized advertising, and privacy controls[J]. Journal of Marketing Research, 2014, 51(5).

[35]Van Doorn, J., Hoekstra, J. C. Customization of online advertising: The role of intrusiveness[J]. Marketing Letters, 2013, 24.

[36]Ward, N. Social exclusion, social identity and social work: Analysing social exclusion from a material discursive perspective[J]. Social Work Education, 2009, 28(3).

[37]Wesselmann, E. D., Williams, K. D. Social life and social death: Inclusion, ostracism, and rejection in groups[J]. Group Processes & Intergroup Relations, 2017, 20(5).

[38]Williams, K. D., Jarvis, B. Cyberball: A program for use in research on interpersonal ostracism and acceptance[J]. Behavior Research Methods, 2006, 38.

[39]Xu, Y. The influence of public self-consciousness and materialism on young consumers' compulsive buying[J]. Young Consumers, 2008, 5.

[40]Youn, S., Kim, S. Understanding ad avoidance on Facebook: Antecedents and outcomes of psychological reactance[J]. Computers in Human Behavior, 2019, 98.

The Effect of Social Exclusion on Consumers' Perceived Intrusiveness of Personalized Advertising: The Mediating Role of Perceived Sensitivity to Privacy Cues

Wang Haijun　Liu Jinggang　Wang Hui

(School of Communication, Wuhan Textile University, Wuhan, 430070)

Abstract: Although personalized ads are common on major websites, consumers still feel invaded when viewing ads, so it is critical to explore the factors that influence intrusive perceptions. This paper explores how social exclusion affects consumers' intrusive perceptions of personalized ads based on a heuristic-systems

130

model. Through three studies，it is found that excluded（vs. non-excluded）consumers perceive lower levels of intrusiveness in personalized advertisements and that the perceived sensitivity of privacy cues mediates the effect of social exclusion （vs. non-exclusion） on consumers' perceived intrusiveness of personalized advertisements. In addition，the study found that self-consciousness moderated the effect of social exclusion （vs. no exclusion） on the perceived sensitivity of privacy cues. The findings of this study contribute both to increasing the knowledge of advertising practitioners related to the perceived intrusiveness of personalized advertising and to providing strong theoretical support for firms' personalized advertising policies.

Key words：Personalized advertising；Social exclusion；Intrusive perception；Sensitivity perception

专业主编：寿志钢

珞珈 管理评论

2023 年卷第 6 辑（总第 51 辑）

Luojia Management Review

No. 6, 2023 (Sum. 51)

食品拟人化包装与包装正面营养标签类型的交互对消费者购买意愿的影响[*]

● 黄 帆 柏忠虎 裴梦媛 青 平

（华中农业大学经济管理学院 武汉 430070）

【摘 要】拟人化包装和营养标签是被普遍采用的营销策略，但二者同时被运用时是否对消费者偏好存在交互影响，现有研究还未做充分讨论。本文讨论了食品拟人化包装（拟人化与非拟人化）和包装正面营养标签类型（客观型与评估型）对消费者购买意愿的交互影响。两项实验研究发现：对于拟人化（vs. 非拟人化）包装食品，采用评估型（vs. 客观型）包装正面营养标签会导致更高的购买意愿；消费者比较判断策略中介了食品拟人化包装策略与营养标签类型对购买意愿的交互作用。本文丰富了拟人化包装和包装正面营养标签的研究，对食品企业的包装策略和从消费中缓解我国居民的心理、生理健康风险具有重要的实践启示。

【关键词】食品 拟人化包装 包装正面营养标签 比较判断策略

中文分类号：F713 文献标识码：A

1. 引言

我国居民面临着身体健康和心理健康的双重挑战。生理健康方面，我国有超过一半的成年居民超重或肥胖，6~17 岁青少年、6 岁以下儿童超重肥胖率分别达到 19% 和 10.4%[①]。此外，我国"隐性饥饿"（即微量营养素摄入不足）人口也高达 3 亿[②]。心理健康方面，目前我国孤独症患者已超 1300

---

* 基金项目：国家社科基金重大项目"新形势下我国粮食安全战略问题研究"（22&ZD079）；中国工程院战略研究与咨询项目"农业科技提升粮食安全能力战略研究"（2023-PP-02-04）；国家藻类产业技术体系（CARS-50）。

通讯作者：柏忠虎，E-mail：15927631496@ 126. com

① 国务院新闻办就《中国居民营养与慢性病状况报告（2020 年）》有关情况举行发布会［EB/OL］. https：//www. gov. cn/xinwen/2020-12/24/content_5572983. htm.

② 马爱平. 3 亿中国人面临隐性饥饿困扰［EB/OL］. http：//www. stdaily. com/index/kejixinwen/2019-10/16/content_801788. shtml.

万人，并且以每年近 20 万的速度增长，自闭症发病率已占各类精神残疾首位①。市场营销学者和管理人员也在不断探索缓解我国居民身体健康和心理健康困境的有效措施：在食品包装正面提供营养标签（包装正面营养标签）被认为是教育和引导消费者做出更健康食品选择的有效措施（Ikonen et al.，2020），采取拟人化包装被认为是向孤独者/被社会排斥者提供"联系感"和缓解孤独这一心理健康威胁的有效措施（Chen et al.，2017；徐磊等，2022；徐虹和杨红艳，2022）。

研究表明孤独个体更容易出现肥胖等健康问题（Quadt et al.，2020）。考虑到孤独和生理健康之间的关联，针对孤独消费者，有必要考虑包装正面营养标签和拟人化包装策略的联合对消费者偏好的影响，以降低孤独消费者的心理健康和生理健康风险。由于拟人化包装策略也是增加品牌吸引力和提升品牌资产的有效措施（汪涛等，2014），拟人化策略越来越多被食品营销人员采用。针对非孤独消费者，在采用拟人化策略吸引消费者购买的同时，也应考虑如何采用包装正面营养标签来引导消费者做出更健康的食物选择。将拟人化包装和营养标签结合起来，考虑二者如何共同影响消费者产品偏好对缓解我国居民的心理健康和生理健康风险，助力"健康中国"战略有积极意义。

正是基于目前心理健康和生理健康的严峻形势，学界近年来对拟人化策略与食物消费的关系给予了高度关注。首先，拟人化的包装/标语可以提升食物吸引力（De Bondt et al.，2018），并增加消费者对食物的购买意愿。这一效应在优质外观的食品（Wen Wan et al.，2017）、畸形/丑陋食品（Shao et al.，2020）、儿童食品（Williamson & Szocs，2021）、昆虫类新型食品（Pozharliev et al.，2023）、陌生食品（Suci & Wang，2023）等方面均得到证实。其次，拟人化策略会影响消费者食物消费的健康性。例如：对动物的拟人化会影响消费者肉类消费意愿（Choueiki，2021）和肉食消费健康性（Kim & Yoon，2021），对身体内部器官的拟人化会影响消费者对能量密集型食品的偏好（Newton et al.，2017）；拟人化会影响消费者对食物份量的选择（Kee et al.，2023）、食物健康性评价（Qian et al.，2023）、对医疗保健产品的付费意愿（Chang et al.，2023）等，并且这种影响受到性别（Qian et al.，2023）和身材（Kee et al.，2023）等因素的调节。

尽管拟人化和食物消费间关系的研究是近几年研究的热点，但现有研究更多关注了拟人化对食物吸引力、食物消费量、食物健康性评价等方面的影响，鲜有研究考虑拟人化和食物营养之间的关联。基于此，本文讨论了拟人化包装策略（拟人化 vs. 非拟人化）和包装正面营养标签类型（客观型 vs. 评估型）对食物购买意愿的交互影响。此外，前人研究表明拟人化与否会影响消费者的比较判断策略（绝对判断策略 vs. 分维判断策略）（Huang et al.，2020），但是却没有回答在不同情境下这种差异是否会导致不同的消费行为。本文将消费者比较判断策略作为中介变量，探讨了其在拟人化策略（拟人化 vs. 非拟人化）和包装正面营养标签类型（客观型 vs. 评估型）对食物购买意愿的交互影响中的中介作用。

本文以一般消费者为实证研究对象，通过两个线上实验共招募了 326 位有效被试，对拟人化包装策略、包装正面营养标签类型、消费者比较判断策略之间的关系进行了实证研究。本文的创新点在于：首先，本文基于实践需要将拟人化包装策略和包装正面营养标签关联起来，讨论了拟人化包

---

① 张爽．关爱"星星的孩子"！我国孤独症患者已超 1300 万人，每年新增近 20 万人！［EB/OL］．https：//baijiahao. baidu. com/s？id=1762056220071449873&wfr=spider&for=pc.

装策略和包装正面营养标签对购买意愿的交互影响。其次,本文将消费者比较判断策略作为中介变量,揭示了拟人化包装策略和包装正面营养标签交互影响购买意愿的机制。本文从理论上丰富了拟人化和包装正面营养标签的文献,扩展了消费者比较判断策略对消费偏好的下游影响,对食品企业的营销策略和从消费中缓解我国居民的心理、生理健康风险具有重要的实践启示。

2. 文献回顾与假设推导

2.1 拟人化包装

在市场营销领域,拟人化(anthropomorphism)是指人们认为无生命的产品具有类似人类的身体和心理特征的现象(Aggarwal & McGill, 2007;Landwehr et al., 2011)。市场营销人员可以在品牌(陈增祥和杨光玉,2017)、产品(Kim & Yoon, 2021)、包装(De Bondt et al., 2018)等多个层面采用拟人化的营销策略。其中,拟人化包装(anthropomorphic packaging)指的是在消费品包装上采用类人或拟人化元素(De Bondt et al., 2018),在消费品包装设计实践中是一种普遍趋势。Triantos 等(2016)对尼尔森100 强杂货品牌包装的分析显示,超过45%的液体、糖果和家居用品品牌在其包装设计中至少包含一种语言、图形或结构拟人化元素。比较常见的拟人化包装有:"三只松鼠"包装上的松鼠图案具有人类的服饰和体态(图形拟人化),蒙牛—纯甄设计了"小蛮腰"酸奶包装瓶(结构拟人化),江小白(白酒品牌)包装上的拟人化形象与消费者进行对话(语言拟人化)。本文主要关注的是拟人化包装中的图形拟人化,即在产品包装中的产品图案上增加类人特征(如眼睛、鼻子)来进行拟人化。

人们对人类的性格、行为、特征等方面有大量的经验和知识,将非人类物体进行拟人化可以增强人们理解物体的流畅性(Chen et al., 2021)。当一个物体被赋予人类的属性时,该物体同时也被赋予了代理权(如思想、心智;Hur et al., 2015),这种代理权的赋予对于人类如何看待被拟人化的实体具有重要影响(Newton et al., 2017)。因为消费者倾向于使用类似于他们判断人的信念和规则来评价拟人化的产品(Hur et al., 2015;Kim & McGill, 2011;Wan et al., 2017)。例如,Hur 等(2015)的研究表明,消费者会赋予拟人化(vs. 非拟人化)实体代理权,从而将自己食用不健康食品的责任分散给被拟人化后的实体(即产品)。Kim 和 Yoon(2021)在研究中也表明,消费者会以评价人的标准来评价被拟人化后的实体,因此不同的拟人化方式(温暖型 vs. 能力型)也会影响消费者对产品的评价。接下来本文将探讨拟人化(vs. 非拟人化)导致的消费者评估方式的差异如何影响消费者的产品偏好。

2.2 包装正面营养标签

食品生产企业可以自主地在食品包装上展示营养信息,告知消费者食品的营养价值以便消费者做出健康的食品选择。包装正面营养标签是食品企业采取的一种策略,可以吸引消费者注意力并帮助消费者选择符合目标的食品(Newman et al., 2015)。包装正面(Front-of-Package,FOP)营养是指在食品包装正面以清晰、简单和易于阅读的格式提供营养信息（Ikone et al.，2020）。前人研究主要将 FOP 营养标签分两种类型：客观型营养标签指的是摘自营养信息成分表中简要、客观的营养信息（如卡路里含量、关键营养素含量等）；评估型营养标签指的是关于食品整体是否健康或健康程度的信息（Newman et al.，2016；Lim et al.，2020；Ikone et al.，2020）。

包装正面客观型营养标签的信息摘自产品包装背面/侧面的强制营养成分表（Nutrition Facts Panel，NFP），尽管二者的信息具有一定程度的相似性，但在作用上有很大的不同。首先，相较于 NFP 中的信息，FOP 的客观型营养标签的信息更加简要和关键（Ikone et al.，2020）。其次，强制 NFP 在消费者购买食品时不仅更难以引起消费者注意，而且对于注意到 NFP 的消费者而言也需要花费大量的认知资源去处理这些信息（Lim et al.，2020），因此 NFP 在消费者购买决策中的有效性被质疑。包装正面评估型营养标签是对产品整体健康状况的汇总指标，有多种表现形式（如健康星级评定、健康标志等；Ikone et al.，2020）。FOP 营养标签以简单易理解的形式为消费者提供了关于食品营养和健康状况的信息（Dubois et al.，2021），因此食品制造商、零售商等正广泛推行包装正面营养标签。

关于包装正面营养标签的研究发现，呈现包装正面营养标签（vs. 不呈现）有助于促进消费者注意力、处理和消费决策（Hersey et al.，2013），帮助消费者做出更健康的食品选择（Ikonen et al.，2020；Dubois et al.，2021），而且不同类型包装正面营养标签促进消费者决策的效果、路径和发挥作用的情境有很大的区别（Newman et al.，2016；李涵等，2022）。Newman 等（2016）基于加工流畅性理论和资源匹配理论讨论了客观型营养标签和评估型营养标签在比较和非比较情景下对消费决策的不同影响，李涵等（2022）在网络购物情景下发现评估型（vs. 客观型）营养信息会让消费者购买食品时感知到更高的易于理解性和更低的信息可信性。如前文所述，将包装正面营养标签与拟人化包装策略进行联合，可能是降低孤独消费者生理和心理健康风险的有效途径，因此本文接下来将要讨论在不同的拟人化包装（拟人化 vs. 非拟人化）情境下，应该选择何种包装正面营养标签。

2.3 拟人化包装对比较判断策略的影响

比较判断策略（comparative judgment）指的是个体在包括产品及其替代品的选择集中评估产品的策略（Su & Gao，2014；Huang et al.，2020）。消费者的比较判断策略被分为两种（Huang et al.，2020）：绝对判断策略（absolute strategy）和分维判断策略（dimension-by-dimension strategy）。绝对判断策略指的是个体通过整合每个备选方案的属性值，对每个备选方案进行单独评估，然后确定综合评价最高的选项；分维判断策略指的是个体根据共同的维度对备选方案进行逐维比较，根据比较结果选择具有最多优势维度的选项（Huang et al.，2020）。分维判断策略比绝对判断策略消耗更少的认知资源，绝对判断策略比分维判断策略更准确（Bettman et al. 1998；Creyer et al.，1990）。

前文关于拟人化的文献回顾表明，当一个实体被拟人化以后，消费者会倾向于将实体当作人来对待（Chen et al.，2021）。因此，消费者倾向于使用类似于他们评价人的信念和规则来评价拟人化的产品（Hur et al.，2015；Kim & McGill，2011；Wan et al.，2017）。社会印象形成的研究表明，当个体对他人进行评价时，个体倾向于综合他人的特质以形成更具概括性的整体印象，而不是将他人视为由单独的特征组成(张耀华和朱莉琪，2012；Dotsch & Todorov，2012）。这是因为形成印象的最终目的是预测他人的行为(Swider et al.，2016)，个体依据整体印象来预测行为比依据碎片性的属性信息更加准确(Stopfer et al.，2014)。结合拟人化和社会印象形成的文献，本文认为消费者在评估拟人化产品(vs. 非拟人化产品)时，更加倾向于形成关于产品的整体印象，因此更加倾向于采用绝对判断策略(vs. 分维判断策略)。

H1：当食品采用(vs. 不采用)拟人化包装时，消费者更倾向于采用绝对判断策略(vs. 分维判断策略)。

2.4 拟人化包装与营养标签类型对食品购买意愿的影响

消费者处理不同类型包装正面营养标签所需要花费的时间和精力是不同的：相较于评估型包装正面营养标签，客观型包装正面营养标签提供的信息更加精确(Newman et al.，2016；Lim et al.，2020)，研究表明消费者加工处理精确信息需要消耗更多的精力和认知资源(King & Janiszewski，2011)。因此，评估型包装正面营养标签(vs. 客观型包装正面营养标签)能够降低消费者评估食品时的认知负担，帮助消费者更快速、更容易地对产品进行整体评估(Feunekes et al.，2008)。关于营养标签的研究还表明，包装正面营养标签通过更加突出的格式来展示产品的营养信息，能够提升消费者对产品营养信息的关注(Fenko et al.，2018；Rramani et al.，2020)，并激活消费者选择更营养食品的目标(Ikonen et al.，2020)。因此，营养标签的加入会使得产品多重属性(如价格、品牌等)中的营养属性变得突出。

根据假设 H1，对采用拟人化(vs. 非拟人化)包装时，消费者更倾向于采用绝对判断策略(vs. 分维判断策略)。前人研究表明个体评价刺激的策略会影响消费者对产品的偏好(Monga & John，2010)，因此本文认为包装拟人化与否导致的消费者比较判断策略的差异会进一步影响消费者对贴有不同类型包装正面营养标签的食品的偏好。评估型营养标签为消费者提供了关于产品整体健康情况的解释性信息(Newman et al.，2016)，更符合绝对判断策略下消费者的认知需求；客观型营养标签提供了关于营养属性的多个关键维度的信息(如卡路里含量、关键营养素含量；Newman et al.，2016)，更加符合分维判断策略下消费者的认知需求。本文基于此认为在其他条件不变的情况下，对于拟人化包装(vs. 非拟人化包装)的食品，消费者更偏好具有评估型(vs. 客观型)营养标签的食品，并且消费者的比较判断策略解释了上述差异。

H2：食品包装类型与包装正面营养标签类型对消费者的食品购买意愿存在交互效应，(1)当食品采用拟人化包装时，消费者对具有评估型(vs. 客观型)包装正面营养标签食品的购买意愿更高；(2)当食品未采用拟人化包装时，消费者对具有客观型(vs. 评估型)包装正面营养标签食品的购买意愿更高。

H3：消费者比较判断策略中介了拟人化包装和包装正面营养标签类型的交互对购买意愿的影响。

本研究的概念框架见图 1：

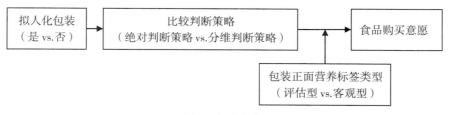

图 1　概念框架

3. 实验 1：拟人化包装和包装正面营养标签类型的交互对食品购买意愿的影响

3.1　实验目的与设计

实验 1 的目的是检验拟人化包装和包装正面营养标签类型的交互对消费者购买意愿的影响，即检验假设 H2。实验 1 借鉴 Landwehr 等（2011）对拟人化形象的操纵和 Newman 等（2016）对包装正面营养标签类型的操纵，用"牛奶"产品作为实验刺激材料，检验了牛奶拟人化包装与包装正面营养标签类型对消费者购买牛奶的交互影响。实验 1 采用 2（拟人化包装：是 vs. 否）×2（包装正面营养标签类型：客观型 vs. 评估型）的组间准实验设计。

3.2　被试与实验流程

实验 1 通过 Credamo 平台招募了 145 名被试参与实验，排除未通过测谎题和人口统计学信息填答失误的被试，得到有效样本 137 份（$M_{年龄} = 29.91$，$SD_{年龄} = 8.54$，男性占比 41.60%）。为保证问卷回收质量，被试在填写正式问卷之前被告知：完成问卷并通过审核之后将会收到一定的现金回报。

被试打开问卷之后，首先要求想象"正要去超市购买牛奶，并且刚好在货架上看到一款牛奶"。随后将被试随机分配到 4 个实验组之一。在拟人化组，向被试展示的牛奶正面包装上印有类似人脸的图案（包含眼睛、鼻子和嘴巴），并印有"乳酸菌牛奶、Milk、healthy life"等文字及普通花纹。在非拟人化组，给被试展示的牛奶正面包装除了没有类似人脸的图案，其他内容均相同。对包装正面客观型营养标签的操纵方法是，在牛奶正面包装上附加客观的营养成分含量信息的标签（包含能量、蛋白质和脂肪含量），对评估型营养标签的操纵则是在牛奶正面包装上附加带有健康星级的标签，具体牛奶刺激材料如图 2 所示。完成拟人化和正面营养标签的操纵后，请被试回答关于拟人化和包装正面营养标签的操纵检验题项。

随后，请被试依次回答对牛奶的购买意愿、产品包装关注度、包装正面营养标签关注度、牛奶消费习惯的测量题项。最后请被试回答性别、年龄、受教育年限等人口统计学信息，以及注意力测试题项(您是否看到产品包装正面附着的营养标签)。实验 1 通过注意力测试题、答题时间等规则对回收问卷进行审核,通过审核的被试将获得一定的现金回报。

拟人化—评估型　　　非拟人化—评估型　　　拟人化—客观型　　　非拟人化—客观型

图 2　牛奶刺激材料

3.3　变量测量

拟人化操纵检验的测量参考 Kim 和 Mcgill(2011)的量表,采用 7 分李克特量表(1 = 非常不同意,7 = 非常同意)进行测量。请被试回答"看完图片中展示的牛奶后,您对下列说法的态度是……"。量表共包含 3 个条目:我觉得这款牛奶看起来像个人、我觉得这款牛奶有自己的思维、我觉得这款牛奶有自己的想法。该量表得分越高,说明感知拟人化的程度越高,反之则越低。量表的信度和效度符合要求(Cronbach's $\alpha = 0.92$,KMO = 0.72)。

包装正面营养标签操纵检验的测量采用 Newman 等(2016)的量表,共包含 3 个题项,均采用 7 分李克特量表进行测量,具体测量题项包括:您认为该营养标签对牛奶健康状况的介绍有多充分(1 = 非常不充分,7 = 非常充分)、您认为该营养标签对牛奶营养信息的介绍有多具体(1 = 非常不具体,7 = 非常具体)、您认为该营养标签对牛奶营养信息的介绍有多细致(1 = 非常不细致,7 = 非常细致)。量表的信度和效度符合要求(Cronbach's $\alpha = 0.92$,KMO = 0.74)。

购买意愿的测量参考 Zaichkowsky(1994)的量表,采用 7 分李克特量表(1 = 非常不同意,7 = 非常同意)进行测量,共包含 4 个题项,具体测量题项包括:我愿意购买这款牛奶、我很想购买这款牛奶、我对该牛奶的态度是积极的、我会向他人推荐这款牛奶。量表的信度和效度符合要求(Cronbach's $\alpha = 0.90$,KMO = 0.83)。

3.4　操纵检验

为检验实验组在基本的人口统计学信息、食品喜爱度和包装关注度方面是否存在系统性差异,实验 1 分别将被试的性别、年龄、受教育年限、牛奶喜爱度、包装关注度和营养标签关注度作为因变量，将拟人化与否和包装正面营养标签类型作为自变量进行双因素方差分析。结果表明：对于性别、年龄、受教育年限、包装关注度和营养标签关注度，拟人化与否的主效应均不显著（all $p>0.1$），包装正面营养标签类型的主效应均不显著（all $p>0.1$），二者交互效应均不显著（all $p>0.1$）。对于牛奶喜爱度，拟人化与否的主效应不显著（$p>0.1$），包装正面营养标签类型的主效应不显著（$p>0.1$），但是二者的交互效应显著（$F(1, 133)=6.38$，$p<0.05$），该结果表明牛奶喜爱度存在组间差异，因此在后续分析中将被试对牛奶产品的喜爱度作为协变量进行分析。

(1)拟人化包装操纵检验。实验 1 以感知拟人化为因变量，拟人化包装和包装正面营养标签类型为自变量，牛奶喜爱度作为协变量进行双因素协方差分析。结果显示：是否拟人化的主效应显著（$F(1, 132)=165.00$，$p=0.000$，$\eta^2=0.56$），包装正面营养标签类型的主效应不显著（$F(1, 132)=0.32$，$p>0.1$），二者交互效应不显著（$F(1, 132)=2.02$，$p>0.1$）。具体而言，拟人化组的牛奶比非拟人化组的牛奶更具有类人特征（$M_{拟人化}=5.02>M_{非拟人化}=2.60$；$F(1, 132)=165.00$，$p=0.000$，$\eta^2=0.56$）。这一结果表明，包装正面营养标签的存在不影响消费者的拟人化感知，消费者的拟人化感知仅受拟人化包装操纵的影响，牛奶包装的拟人化形象操纵成功。

(2)包装正面营养标签操纵检验。实验 1 以感知包装正面营养标签解释程度为因变量，包装正面营养标签类型和拟人化包装为自变量，牛奶喜爱度作为协变量进行双因素协方差分析。结果显示：是否拟人化的主效应不显著（$F(1, 132)=1.82$，$p>0.1$），包装正面营养标签类型的主效应显著（$F(1, 132)=43.32$，$p=0.000$，$\eta^2=0.25$），二者交互效应不显著（$F(1, 132)=0.85$，$p>0.1$）。具体而言，客观型营养标签组被试认为营养标签更具体、更细致地说明了食品营养成分信息（$M_{客观}=5.15>M_{评估}=3.65$；$F(1, 132)=43.32$，$p=0.000$，$\eta^2=0.25$）。这一结果表明，是否拟人化不会影响消费者对包装正面营养标签的解释性程度感知，包装正面营养标签的解释性程度仅受到标签类型操纵的影响，因此营养标签类型操纵成功。

3.5 拟人化包装与包装正面营养标签的交互对购买意愿的影响

实验 1 以购买意愿为因变量，是否拟人化和包装正面营养标签类型为自变量，牛奶喜爱度为协变量进行双因素协方差分析。结果表明：是否拟人化对购买意愿的主效应显著（$F(1, 132)=20.65$，$p=0.000$，$\eta^2=0.14$），包装正面营养标签类型对购买意愿的主效应不显著（$F(1, 132)=0.13$，$p>0.1$），二者的交互效应显著（$F(1, 132)=11.81$，$p=0.001$，$\eta^2=0.08$）。简单效应分析发现：当采用拟人化包装时，相比客观型营养标签，消费者对具有评估型营养标签的食品购买意愿更高（$M_{拟人化+客观型}=5.06<M_{拟人化+评估型}=5.62$；$F(1, 132)=4.53$，$p=0.035$，$\eta^2=0.06$）；当食品未采用拟人化包装时，消费者对具有客观型营养标签的食品购买意愿更高（$M_{非拟人化+客观型}=4.87>M_{非拟人化+评估型}=4.19$；$F(1, 132)=7.86$，$p=0.006$，$\eta^2=0.03$）。主体间效应见图 3，假设 H2 得以验证。实验 1 还发现，拟人化对购买意愿的影响存在主效应，可能因为拟人化形象设计能刺激消费者与产品产生亲密感和心理愉悦感的积极情绪，进而影响消费者偏好（Chen et al., 2017）。

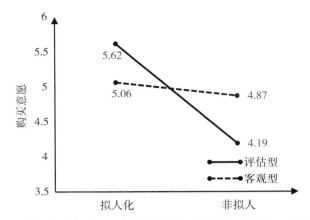

图 3　是否拟人化包装与营养标签类型的交互对购买意愿的影响

3.6　实验讨论

实验 1 在牛奶为刺激物的背景下检验了假设 H2。实验 1 的研究发现：当食品包装为拟人化包装时，消费者对具有评估型营养标签的食品购买意愿更高。当食品包装为非拟人化时，消费者对具有客观型营养标签的食品购买意愿更高。此外，实验 1 还发现了拟人化包装的主效应，说明拟人化包装可能由于拟人化的形象设计为消费者带来了积极情绪，导致消费者增加了对拟人化包装食品的购买意愿(Chen et al. , 2017) 。

4. 实验 2：比较判断策略的中介作用

4.1　实验目的与设计

实验 2 的目的是检验比较判断策略的中介作用，即检验假设 H1 和假设 H3。实验 2 继续沿用实验 1 中对拟人化包装和包装正面营养标签的操纵方法，以一款"玉米酥"产品作为实验刺激物，检验了玉米酥零食拟人化包装与包装正面营养标签类型的交互对消费者购买玉米酥零食的影响，并检验了比较判断策略对拟人化包装和包装正面营养标签交互影响的中介作用。实验 2 采用 2(拟人化包装：是 vs. 否)×2(包装正面营养标签类型：客观型 vs. 评估型)的组间准实验设计。

4.2　被试与实验流程

实验 2 通过 Credamo 在线问卷收集平台招募了 210 名被试，排除未通过测谎题和人口统计学信息填答失误的被试，得到有效样本 189 份($M_{年龄}$ = 28. 97，$SD_{年龄}$ = 7. 72，男性占比 36%)。同实验 1 类似，为保证被试认真完成问卷，被试在填写正式问卷之前被告知：完成问卷并通过审核之后将会收到一定的现金回报。

被试打开问卷之后，首先要求想象"正要去超市购买一款玉米酥零食，并且刚好在货架上看到一款玉米酥"。随后将被试随机分配到 4 个实验组之一。在拟人化组，向被试展示的玉米酥包装上印有类似人脸的图案(包含眼睛、鼻子和嘴巴)，并印有"Hello！我是小玉"的广告文字。在非拟人化组，向被试展示的则是印有玉米图案的玉米酥包装图，其他内容均相同。对营养标签的操纵与实验 1 相似。对包装正面客观型营养标签的操纵方法是，在玉米酥正面包装上附加客观营养成分含量信息的标签(包含能量、蛋白质和脂肪含量)，对评估型营养标签的操纵则是在玉米酥正面包装上附加带有健康星级的标签，具体玉米零食刺激材料如图 4 所示。完成拟人化和包装正面营养标签的操纵后，请被试回答关于拟人化(与实验 1 题项一致；Cronbach's $\alpha = 0.93$，KMO $= 0.75$)和包装正面营养标签(与实验 1 题项一致；Cronbach's $\alpha = 0.92$，KMO $= 0.73$)的操纵检验题项。

随后，请被试依次回答对玉米零食的购买意愿(与实验 1 题项一致；Cronbach's $\alpha = 0.87$，KMO $= 0.81$)、产品包装关注度、包装正面营养标签关注度、玉米酥零食消费习惯的测量题项。最后请被试回答性别、年龄、受教育年限等人口统计学信息，以及注意力测试题项(您是否看到产品包装正面附着的营养标签)。实验 2 通过注意力测试题、答题时间等规则对回收问卷进行审核，通过问卷审核的被试将获得一定的现金回报。

拟人化—评估型　　　　非拟人化—评估型　　　　拟人化—客观型　　　　非拟人化—客观型

图 4　玉米刺激材料

4.3　变量测量

实验 2 中对比较判断策略的测量借鉴了 Huang 等(2020)的研究，采用 7 分语义差异量表进行测量，共包含 2 个问项。被试被问到：(1)您在评估这款玉米酥零食时，更多地偏向于量表的哪一端？(1 = 将玉米酥分解成一系列客观属性(味道、营养、包装)来分别评估，7 = 将玉米酥各个客观属性整合成一个整体，综合玉米酥在味道、营养和包装等方面的表现力，得出整体评价)；(2)为了更好地评估这款玉米酥，您认为更应该怎么做？(1 = 分别比较各个属性(味道、营养、包装)的好坏，7 = 注重玉米酥的综合表现)。该量表的得分越高，表明消费者越倾向于采用绝对判断策略。

4.4 操纵检验

为检验实验组在基本的人口统计学信息、食品喜爱度和包装关注度方面是否存在系统性差异，实验2分别将被试的性别、年龄、受教育年限、玉米零食喜爱度、包装关注度和营养标签关注度作为因变量，将拟人化与否和包装正面营养标签类型作为自变量进行双因素方差分析。结果表明：对于性别、年龄、受教育年限、包装关注度，拟人化与否的主效应均不显著(all $p>0.1$)，包装正面营养标签类型的主效应均不显著(all $p>0.1$)，二者交互效应均不显著(all $p>0.1$)。对于玉米零食喜爱度和营养标签关注度，拟人化与否的主效应不显著($p>0.1$)，包装正面营养标签类型的主效应不显著($p>0.1$)，但是二者的交互效应都显著($F(1, 185)_{玉米零食喜爱度}=4.49$，$p<0.05$；$F(1, 185)_{营养标签关注度}=4.76$，$p<0.05$)，该结果表明玉米零食喜爱度和营养标签关注度存在组间差异，因此在后续分析中将被试对玉米零食喜爱度和营养标签关注度作为协变量进行分析。

(1)拟人化包装操纵检验。实验2以感知拟人化为因变量，拟人化包装和包装正面营养标签类型为自变量，玉米零食喜爱度和营养标签关注度作为协变量进行双因素协方差分析。结果显示：包装正面营养标签类型的主效应不显著($F(1, 183)=0.25$，$p>0.1$)，是否拟人化的主效应显著($F(1, 183)=125.84$，$p<0.001$)，二者交互效应不显著($F(1, 183)=0.10$，$p>0.1$)。简单效应分析发现：拟人化组的玉米酥比非拟人化组的玉米酥更具有类人特征($M_{拟人化}=4.66>M_{非拟人化}=2.56$；$F(1, 183)=125.84$，$p=0.000$，$\eta^2=0.41$)。结果表明拟人化感知仅受到拟人化操纵的影响，不会受包装正面营养标签类型操纵的影响，玉米酥包装的拟人化形象操纵成功。

（2)包装正面营养标签操纵检验。以感知包装正面营养标签解释程度为因变量，包装正面营养标签类型和拟人化包装为自变量，玉米零食喜爱度和营养标签关注度作为协变量进行双因素协方差分析。结果显示：玉米零食喜爱度效应不显著($F(1, 183)=0.05$，$p>0.1$)，营养标签关注度效应边缘显著($F(1,183)=3.81$，$p=0.053$，$\eta^2=0.02$)。是否拟人化的主效应不显著($F(1,183)=0.33$，$p>0.1$)，包装正面营养标签类型的主效应显著($F(1, 183)=42.23$，$p<0.005$)，二者交互效应不显著($F(1,183)=1.49$，$p>0.1$)。具体而言，客观型营养标签组的被试认为营养标签更具体、更细致地说明了食品营养成分信息($M_{客观}=4.99>M_{评估}=3.69$；$F(1,183)=44.12$，$p=0.000$，$\eta^2=0.19$)。结果表明包装正面营养标签的解释性程度仅受到包装正面标签类型操纵的影响，不会受到拟人化操纵的影响，因此标签类型操纵成功。

4.5 拟人化包装与包装正面营养标签的交互对购买意愿的影响

实验2以购买意愿为因变量，是否拟人化和营养标签类型为自变量，玉米零食喜爱度和营养标签关注度为协变量进行双因素协方差分析。结果表明：是否拟人化对购买意愿的主效应不显著($F(1, 183)=0.10$，$p>0.1$)；包装正面营养标签类型对购买意愿的主效应不显著($F(1, 183)=0.90$，$p>0.1$)，二者的交互效应显著($F(1, 183)=14.20$，$p=0.000$，$\eta^2=0.07$)。简单效应分析发现：当食品为拟人化包装时，相较于客观型营养标签，消费者对具有评估型营养标签的食品购买意

愿更高 ($M_{拟人化+客观型}$ = 5.06 < $M_{拟人化+评估型}$ = 5.36；$F(1，183)$ = 3.83，p = 0.052，η^2 = 0.02)；当食品为非拟人化包装时，相较于评估型营养标签，消费者对具有客观型营养标签的食品购买意愿更高 ($M_{非拟人化+客观型}$ = 5.42 > $M_{非拟人化+评估型}$ = 4.93；$F(1，183)$ = 11.93，p = 0.003，η^2 = 0.06)。主体间效应见图 5，据此，假设 H2 再次被验证。

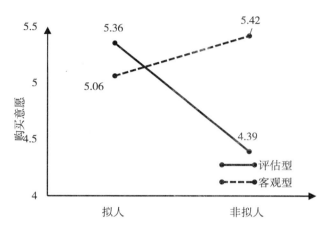

图 5　是否拟人化包装与营养标签类型的交互对购买意愿的影响

4.6　拟人化包装对比较判断策略的影响

以比较判断策略为因变量，是否拟人化为自变量，玉米零食喜爱度和营养标签关注度为协变量进行单因素协方差分析。结果表明：是否拟人化对比较判断策略的效应显著 ($F(1，185)$ = 7.22，p<0.01)。具体而言，采用拟人化包装时，消费者更倾向于采用绝对判断策略 ($M_{拟人化}$ = 4.91 > $M_{非拟人化}$ = 4.25；$F(1，185)$ = 7.22，p<0.01，η^2 = 0.038)。这一结果表明，拟人化包装会导致消费者更加倾向于采用绝对判断策略来评估产品，假设 H1 通过检验。

4.7　比较判断策略的中介作用

根据本研究的理论框架，实验 2 采用 Hayes(2017) 的 Bootstrap 法(model 14，样本量 5000)检验比较判断策略的中介作用。以食品购买意愿为因变量，拟人化为自变量，包装正面营养标签类型为调节变量，比较判断策略为中介变量进行分析，结果显示：当包装正面营养标签为客观型时，比较判断策略负向中介了拟人化和食品购买意愿之间的关系(β = -0.1448，95%CI = [-0.2664，-0.0097])，也就是说当标签为客观型时，拟人化包装相比于非拟人化包装表现出更低水平的绝对判断，进而表现出更低的购买意愿；当包装正面营养标签为评估型时，比较判断策略正向中介了拟人化和食品购买意愿之间的关系(β = 0.1155，95%CI = [-0.0018，-0.2921])，也就是说当标签为评估型时，拟人化包装相比于非拟人化包装表现出更高水平的绝对判断，进而表现出更高的购买意愿。此外，比较判断策略被调节的中介效应也是显著的($\beta = 0.2233$, SE $= 0.1176$, $95\%\mathrm{CI} = [\,0.0432,\ 0.5023\,]$)。这一结果验证了假设 H3。

4.8　实验讨论

实验 2 在玉米酥为刺激物的背景下检验了假设 H1 和假设 H3。实验 2 的研究发现:拟人化包装与包装正面营养标签类型的交互对食品购买意愿的影响显著,具体而言:对于拟人化包装的食品,相比提供客观型营养标签,消费者对提供评估型营养标签的食品购买意愿更高;对于非拟人化包装的食品,相比提供评估型营养标签,消费者对提供客观型营养标签的食品购买意愿更高。此外,拟人化包装对食品购买意愿的影响被比较判断策略完全中介,具体而言:当食品包装正面提供评估型营养标签时,拟人化包装通过更高水平的绝对判断增加消费者购买意愿;当食品包装正面提供客观型营养标签时,非拟人化包装提升食品购买意愿是通过分维判断策略来驱动的。

5. 研究结论与启示

5.1　研究结论

本研究围绕食品拟人化包装和包装正面营养标签对食品购买意愿的交互影响及其机制这个核心问题开展研究,运用两个准实验研究检验了食品拟人化包装(拟人化 vs. 非拟人化)、包装正面营养标签(评估型标签 vs. 客观型标签)、食品购买意愿、比较判断策略(绝对判断策略 vs. 分维判断策略)之间的关系,本文主要有以下几点研究结论:(1)对食品进行拟人化包装(vs. 非拟人化包装)会导致消费者在评估该食品时更偏向于采用绝对判断策略(vs. 分维判断策略);(2)这会进一步导致消费者更偏好购买评估型包装正面营养标签的拟人化包装食品以及购买客观型包装正面营养标签的非拟人化包装食品。

5.2　理论贡献

首先,本研究对拟人化与食物消费的研究做出了贡献。因为心理健康(如孤独)和生理健康(如肥胖)越来越成为一种全球性的挑战,学者们越来越关注拟人化和食物消费之间的关联。通过文献回顾,本文发现关于拟人化与食物消费的研究更多关注了拟人化对食物吸引力(Mukherjee & Mukherjee, 2021; Pozharliev et al., 2023; Suci & Wang, 2023)、食物消费量(Kee et al., 2023)、食物健康性评价(Qian et al., 2023)等方面的影响,鲜有研究考虑拟人化和食物营养线索之间的关联。本文在前人研究基础上关注了食品拟人化包装与包装正面营养标签对消费者食品购买意愿的交互影响,补充了拟人化与食物消费的文献。

其次,本文扩展了比较判断策略的研究。本研究发现对食品进行拟人化包装(vs. 非拟人化包装)

会导致消费者在评估该食品时更偏向于采用绝对判断策略(vs. 分维判断策略)，这与 Huang 等 (2020)的研究结论完全一致。Huang 等(2020)在研究中发现，在具有多个选择的选择集中，如果选择集中的产品被拟人化(vs. 未被拟人化)，消费者在评估选择集中的产品时会更倾向于采用绝对判断策略(vs. 分维判断策略)，并且最终会选择总体评价最优的产品(vs. 具有更多优越维度的产品)。本文在只有一个选项的选择集的情境下发现，当食品包装被拟人化以后，消费者在评估该产品时更偏向于采用绝对判断策略(vs. 分维判断策略)，这会导致消费者更加偏好于具有总体评价性质(vs. 分维评价性质)的评估型包装正面营养标签(vs. 客观型包装正面营养标签)的产品。本文在 Huang 等 (2020)的研究基础上扩展了比较判断策略的研究。

最后，本研究以比较判断策略为中介变量，丰富了拟人化对消费行为影响的机制的研究。以往研究在解释拟人化对消费行为的影响时多从图示一致性、互动、认同的角度切入。例如：有学者从图示一致性的角度出发，发现一定程度上的产品拟人化与图示范畴的相符可以提高消费评价 (Peracchio & Tybout, 1996)；也有学者从认知的角度出发，发现产品拟人化可以通过提升消费者的感知流畅性来提升消费者态度(Aggarwal & Mcgill, 2007)；还有学者从互动的角度切入，发现拟人化可以通过满足消费者的社交需求来帮助消费者理解和接受品牌(Epley et al., 2007)。本文与前人研究的角度不同，从认知心理中消费者比较判断策略的角度切入，揭示了食品拟人化包装和包装正面营养标签对食品购买意愿的交互影响的机制。

5.3 管理启示

在心理健康(如孤独)和生理健康(如肥胖)越来越成为一种全球性的挑战的背景下，本文的研究结论在多个层面具有实践价值。本文发现，当对食品采用拟人化包装时，消费者更加偏好含有评估型营养标签的产品，但是当不对食品采用拟人化包装时，消费者则更加偏好含有客观型营养标签的产品。这一研究结论的启示如下：

第一，对孤独消费者的意义。前人研究已经广泛证明了采取拟人化包装是向孤独者/被社会排斥者提供"联系感"和缓解孤独这一心理健康威胁的有效措施(徐磊等，2022；徐虹和杨红艳，2022)。因此，在面向孤独消费者进行拟人化食品营销的过程中，应当更多采用评估型营养标签，以帮助孤独个体对食物进行健康性评估，在帮助孤独个体缓解心理健康风险的同时，帮助孤独个体进行生理健康管理。

第二，对市场营销管理者的意义。前人研究发现，拟人化包装策略是增加品牌吸引力和提升品牌资产的有效措施(汪涛等，2014)，因此品牌管理者越来越喜欢采用拟人化包装策略。本文的研究结论指出，当市场营销管理人员在同时考虑对食品采用拟人化包装和贴包装正面营养标签时，应当依据包装情境选择合适的包装正面营养标签。如果市场营销管理者决定采用非拟人化包装，应该考虑贴客观型的包装正面营养标签，以帮助消费者进行食物健康性评估。

第三，对政策制定者的意义。考虑到心理健康(如孤独)和生理健康(如肥胖)的严峻形势，如果政策制定者希望从消费的角度潜移默化地帮助居民缓解心理健康和生理健康的风险，有必要将拟人化包装和包装正面营养标签联合起来，依据具体的包装情境制定合适的包装正面营养标签建议。

5.4 研究局限与展望

首先,本文在食品拟人化包装策略的背景下讨论了消费者对具有不同类型包装正面营养标签食品的购买意愿以及潜在机制,但是没有探究该机制存在的边界条件。因此未来研究可进一步探索拟人化营销策略的适用边界。其次,为了保证研究结论的内部效度,本文在对食品包装进行拟人化操纵时,采用的是图形拟人化,即在产品包装中的产品图案上增加类人特征(如眼睛、鼻子)来进行拟人化。拟人化包装除了图形拟人化以外,还包括结构拟人化和语言拟人化,未来研究可以讨论在其他的包装拟人化形式下,研究结论是否依旧成立。最后,本文的实证研究只选取牛奶和虚拟的玉米制品作为刺激物,与真实消费情况可能存在一定的误差。另外,本研究通过准实验的方法收集实验数据,且样本规模有限,可能导致实验结果存在一定的局限性。因此未来研究可通过田野实验、二手数据等对本研究假设进行验证。

◎ 参考文献

[1]陈增祥,杨光玉. 哪种品牌拟人化形象更受偏爱——归属需要的调节效应及边界[J]. 南开管理评论,2017(3).

[2]李涵,唐一凡,青平. 营养信息对消费者食品网购意愿的影响[J]. 西北农林科技大学学报(社会科学版),2022,22(6).

[3]汪涛,谢志鹏,崔楠. 和品牌聊聊天——拟人化沟通对消费者品牌态度影响[J]. 心理学报,2014,46(7).

[4]徐虹,杨红艳. 社会排斥对消费者拟人化品牌选择倾向的双路径影响机制研究[J]. 南开管理评论,2022,25(2).

[5]徐磊,段雅,姚亚男. 拟人化总是有效的吗?元分析的证据[J]. 珞珈管理评论,2022(5).

[6]张耀华,朱莉琪. 基于面孔的印象形成:神经科学的视角[J]. 心理科学进展,2012,20(7).

[7]Aggarwal, P., Mcgill, A. L. Is that car smiling at me? Schema congruity as a basis for evaluating anthropomorphized products[J]. Journal of Consumer Research,2007,34(4).

[8]Bettman, J. R., Luce, M. F., Payne, J. W. Constructive consumer choice processes[J]. Journal of Consumer Research,1998,25(3).

[9]Chang, C. T., Lee, H. C., Lee, Y., et al. "I doubt it works!" The negative impacts of anthropomorphizing healthcare products[J]. Journal of Business Research,2023,164.

[10]Chen, R. P., Wan, E. W., Levy, E. The effect of social exclusion on consumer preference for anthropomorphized brands[J]. Journal of Consumer Psychology,2017,27(1).

[11]Chen, S., Wei, H., Ran, Y., et al. Waiting for a download:The effect of congruency between anthropomorphic cues and shopping motivation on consumer patience[J]. Psychology & Marketing,2021,38(12).

[12]Choueiki, Z., Geuens, M., Vermeir, I. Animals like us: Leveraging the negativity bias in anthropomorphism to reduce beef consumption[J]. Foods, 2021, 10(9).

[13]De Bondt, C., Van Kerckhove, A., Geuens, M. Look at that body! How anthropomorphic package shapes systematically appeal to consumers[J]. International Journal of Advertising, 2018, 37(5).

[14]Dotsch, R., Todorov, A. Reverse correlating social face perception[J]. Social Psychological and Personality Science, 2012, 3(5).

[15]Dubois, P., Albuquerque, P., Allais, O., et al. Effects of front-of-pack labels on the nutritional quality of supermarket food purchases: Evidence from a large-scale randomized controlled trial[J]. Journal of the Academy of Marketing Science, 2021, 49(1).

[16]Epley, N., Waytz, A., Cacioppo, J. T. On seeing human: A three-factor theory of anthropomorphism [J]. Psychological Review, 2007, 114(4).

[17]Fenko, A., Nicolaas, I., Galetzka, M. Does attention to health labels predict a healthy food choice? An eye-tracking study[J]. Food Quality and Preference, 2018, 69.

[18]Feunekes, G., Gortemaker, I. A., Willems, A., et al. Front-of-pack nutrition labelling: Testing effectiveness of different nutrition labelling formats front-of-pack in four European countries[J]. Appetite, 2008, 50(1).

[19]Hersey, J. C., Wohlgenant, K. C., Arsenault, J. E, et al. Effects of front-of-package and shelf nutrition labeling systems on consumers[J]. Nutrition Reviews, 2013, 71(1).

[20]Huang, F., Wong, V. C., Wan, E. W. The influence of product anthropomorphism on comparative judgment[J]. Journal of Consumer Research, 2020, 46(5).

[21]Hur, J. D., Koo, M., Hofmann, W. When temptations come alive: How anthropomorphism undermines self-control[J]. Journal of Consumer Research, 2015, 42(2).

[22]Ikonen I, Sotgiu F, Aydinli A, et al. Consumer effects of front-of-package nutrition labeling: An interdisciplinary meta-analysis[J]. Journal of the Academy of Marketing Science, 2020, 48.

[23]Kee, J. Y., Segovia, M. S., Palma, M. A. Slim or plus-size burrito? A natural experiment of consumers' restaurant choice[J]. Food Policy, 2023.

[24]Kim, D. J. M., Yoon, S. Guilt of the meat-eating consumer: When animal anthropomorphism leads to healthy meat dish choices[J]. Journal of Consumer Psychology, 2021, 31(4).

[25]Kim, S., McGill, A. L. Gaming with Mr. Slot or gaming the slot machine? Power, anthropomorphism, and risk perception[J]. Journal of Consumer Research, 2011, 38(1).

[26]King, D., Janiszewski, C. The sources and consequences of the fluent processing of numbers[J]. Journal of Marketing Research, 2011, 48(2).

[27]Landwehr, J. R., McGill, A. L., Herrmann, A. It's got the look: The effect of friendly and aggressive "facial" expressions on product liking and sales[J]. Journal of Marketing, 2011, 75(3).

[28]Lim, J. H., Rishika, R., Janakiraman, R., et al. Competitive effects of front-of-package nutrition labeling adoption on nutritional quality: Evidence from facts up front-style labels[J]. Journal of

Marketing, 2020, 84(6).

[29]Monga, A. B., John, D. R. What makes brands elastic? The influence of brand concept and styles of thinking on brand extension evaluation[J]. Journal of Marketing, 2010, 74(3).

[30]Newman, C., L., Howlett, E., Burton, S. Effects of objective and evaluative front-of-package cues on food evaluation and choice: The moderating influence of comparative and noncomparative processing contexts[J]. Journal of Consumer Research, 2016, 42(5).

[31]Newton, F. J., Newton, J. D., Wong, J. This is your stomach speaking: Anthropomorphized health messages reduce portion size preferences among the powerless [J]. Journal of Business Research, 2017, 75.

[32]Peracchio, L. A., Tybout, A. M. The moderating role of prior knowledge in schema-based product evaluation[J]. Journal of Consumer Research, 1996, 23(3).

[33]Pozharliev, R., De, Angelis, M., Rossi, D., et al. I might try it: Marketing actions to reduce consumer disgust toward insect-based food[J]. Journal of Retailing, 2023, 99(1).

[34]Qian, D., Yan, H., Pan, L., et al. Bring it on! Package shape signaling dominant male body promotes healthy food consumption for male consumers[J]. Psychology & Marketing, 2023, 40.

[35]Quadt, L., Esposito, G., Critchley, H. D., et al. Brain-body interactions underlying the association of loneliness with mental and physical health[J]. Neuroscience & Biobehavioral Reviews, 2020, 116.

[36]Rramani, Q., Krajbich I, Enax L, et al. Salient nutrition labels shift peoples' attention to healthy foods and exert more influence on their choices[J]. Nutrition Research, 2020, 80.

[37]Shao, X., Jeong, E. H., Jang, S. C. S., et al. Mr. Potato Head fights food waste: The effect of anthropomorphism in promoting ugly food [J]. International Journal of Hospitality Management, 2020, 89.

[38]Stopfer, J. M., Egloff, B., Nestler, S., et al. Personality expression and impression formation in online social networks: An integrative approach to understanding the processes of accuracy, impression management and meta-accuracy[J]. European Journal of Personality, 2014, 28(1).

[39]Su, L., Gao, L. Strategy compatibility: The time versus money effect on product evaluation strategies [J]. Journal of Consumer Psychology, 2014, 24(4).

[40] Suci, A., Wang, H. C. Can whimsically cute packaging overcome young consumer product unfamiliarity? [J]. Marketing Intelligence & Planning, 2023, 4.

[41]Swider, B. W., Barrick, M. R., Harris, T. B. Initial impressions: What they are, what they are not, and how they influence structured interview outcomes[J]. Journal of Applied Psychology, 2016, 101 (5).

[42]Triantos, A., Plakoyiannaki, E., Outra, E., et al. Anthropomorphic packaging: Is there life on "Mars"? [J]. European Journal of Marketing, 2016, 50(1/2).

[43]Wan, E, W., Peng, Chen, R., Jin, L. Judging a book by its cover? The effect of anthropomorphism on product attribute processing and consumer preference[J]. Journal of Consumer Research, 2017, 43

（6）.

［44］Williamson, S., Szocs, C. Smiling faces on food packages can increase adults' purchase likelihood for children［J］. Appetite, 2021, 165.

［45］Zaichkowsky, J. L. The personal involvement inventory：Reduction, revision, and application to advertising［J］. Journal of Advertising, 1994, 23(4).

The Effect of the Interaction between Anthropomorphic Food Packaging and the Type of Front-of-pack Nutrition Labeling on Consumer Purchase Intentions

Huang Fan　Bai Zhonghu　Pei Mengyuan　Qing Ping

（Economics and Management School, Huazhong Agricultural University, Wuhan, 430070）

Abstract：Anthropomorphic packaging and nutritional labeling are commonly adopted marketing strategies, but whether there is an interaction effect on consumer preferences when both are used at the same time has not been fully discussed in existing research. This paper discusses the interaction effects of anthropomorphic packaging (anthropomorphic vs. non-anthropomorphic) and the type of nutrition labeling on the front of the package (objective vs. evaluative) on consumer purchase intention. Two experimental studies found that (1) for anthropomorphic (vs. non-anthropomorphic) packaged foods, the use of evaluative (vs. objective) front-of-package nutrition labels led to higher purchase intentions, and (2) the consumer comparative judgment strategy mediated the interaction between anthropomorphic food packaging strategy and nutrition label type on purchase intentions. This paper enriches the research on anthropomorphic packaging and front-of-pack nutrition labeling with important practical implications for food companies' packaging strategies and for mitigating the psychological and physiological health risks of China's residents from consumption.

Key words：Food；Products anthropomorphic packaging；Front-of-pack nutrition labeling；Comparative judgment strategies

专业主编：寿志钢

珞珈管理评论
2023 年卷第 6 辑（总第 51 辑）

Luojia Management Review
No. 6，2023（Sum. 51）

粉丝因何狂热？*
——基于企业内容营销的社会化媒体广告传播效果研究

● 郑仕勇[1,2]　李文杰[3]　刘　华[2]

（1　海南大学管理学院　海口　570228；2　桂林电子科技大学商学院　桂林　541004；
3　山东财经大学工商管理学院　济南　250014）

【摘　要】社会化媒体为企业创造了良好的创新机遇和发展机会，其增强了内容营销传播的多元性，使企业更加在意和用户之间的"联结"与"共情"。有学者指出，情感型内容能够很好地建立企业和消费者间的联结关系，从而达到良好的内容营销传播效果。因此本研究通过社会化媒体中的内容营销作为切入点，深入探究信息型内容、娱乐型内容和情感型内容在内容营销领域中的传播影响效果。通过二手数据和实验法研究发现：相比享乐性产品，信息型内容营销传播模式更利于功能性产品的营销推广；相比功能性产品，娱乐型内容和情感型内容营销传播模式更利于享乐性产品的营销推广。理智动机是信息型内容和产品类型交互项对口碑推荐影响过程的中介变量；情感动机是娱乐型内容/情感型内容和产品类型交互项对口碑推荐影响过程的中介变量。

【关键词】内容营销　产品类型　理智动机　情感动机　口碑推荐
中图分类号：C93　　　文献标识码：A

1. 引言

社会化媒体和通信技术的兴起，正在改变用户信息获取的习惯，其网络搜索和评估信息愈加便利，使得内容营销成为社交媒体时代企业重要的营销方式，在企业品牌形象建立和推广过程中发挥积极作用（Kantrowitz，2014）。与此同时，社会化媒体的出现，拓宽了企业的宣传渠道并增强了企业

* 基金项目：中国博士后科学基金"网络效应视角下的在线医疗社区医生参与行为机制研究"（项目编号：2022M710038）；广西哲学社会科学规划研究课题"乡村农文旅高质量融合促进乡村振兴的路径与政策优化"（项目编号：22FGL024）；广西十四五教育科学规划重点专项课题"短视频分享对来华留学生中华文化认同的影响研究——以抖音为例"（2021ZJY1607）；"研学旅行高质量发展促进乡村振兴的模式机制研究"（2022ZJY1699）。

通讯作者：李文杰，E-mail：1207362700@ qq. com。

的影响力，各大企业纷纷建立自身的自媒体平台，利用粉丝关系帮助其进行品牌推广。有些企业将宣传的侧重点定位在产品本身，通过强化消费者对产品的熟悉程度达到品牌推广的效果，如联想ThinkPad系列产品，运用专业的行业术语及IT领域相关的信息内容展开营销；也有企业将宣传的侧重点定位在与消费者之间的互动和情感联结上，如联想Yoga系列产品，通过宣传其产品的轻便、时尚与娱乐等特点，吸引了更多年轻人的关注。可见，针对不同产品，企业采取的内容营销方式有所差别，选择哪类内容营销方式才更适合产品在社会化媒体中的推广呢？探讨不同类型内容营销方式的适用情景及其内在作用机理显得尤为关键。

以往研究大多将内容营销作为单一营销方式进行分析，少数学者对其进行了不同维度的划分。卢亚丽(2022)从价值型、娱乐型、情感型内容三方面研究了内容营销对消费者购买意愿的影响。张建(2023)从短视频互动类、剧情类及种草类内容出发，研究了内容营销对消费者购买决策的影响。总结以往研究，可以发现虽有学者从不同维度出发探讨了内容营销刺激方式对消费者行为的影响，却鲜有研究能够对比分析几种内容营销刺激的传播效果及其内在机制的差异。本研究将企业内容营销刺激方式划分为信息型内容、娱乐型内容和情感型内容。信息型内容主要是指企业发布的实用性高、时效性强和可信度高的产品推广信息(Dedeoglu et al., 2020)；娱乐型内容更具有新潮、高趣味性的特点(Sabermajidi et al., 2020)；情感型内容更注重和消费者的情感联结，具有温馨感和怀旧感等特点(Waqas et al., 2021)。动机理论指出，消费者购买决策和口碑推荐行为的内在动机分为理智动机和情感动机(Gilliland & Bello, 2002)，理智动机更易被实用型和任务型信息驱动，诱发消费者对产品和服务的理性判断，而情感动机更易被娱乐性和情感性较强的外部刺激驱动，诱发消费者对产品和服务的情感联想(Sharma et al., 2006)，因此我们认为信息型内容营销刺激能够激发消费者的理智动机，而娱乐型和情感型的内容营销刺激则能够激发其情感动机。同时，由于消费者在购买不同产品时的决策动机也存在差异，我们认为不同类型的内容营销刺激和不同类型产品之间存在交互效应，功能性产品主要受到理智动机的内在促进作用，享乐性产品则主要受到情感动机的内在促进作用。本文以社会化媒体中企业内容营销的刺激方式为切入点，通过将内容营销刺激类型与产品类型进行匹配，对消费者口碑推荐意愿的影响作用进行理论探索。

本文通过社会化媒体二手数据和实验法两种研究，验证了企业不同类型内容营销和产品匹配方式产生的差异化传播效果，同时深入探究了消费者口碑推荐的差异化中介作用机制。二手数据表明：信息型内容更有利于功能性产品的口碑推荐，娱乐型和情感型内容更有利于享乐性产品的口碑推荐。实验法表明：消费者对功能性产品的口碑推荐出于理智动机，对享乐性产品的口碑推荐出于情感动机。

2. 理论与研究假设

2.1 内容营销对消费者口碑推荐意愿的影响

进入数字时代，面对海量信息，如何吸引消费者注意力成为一个值得关注的问题。内容营销作

为这一趋势改变而兴起的一种营销方式，旨在通过品牌本身的内容创造价值，以为消费者提供价值
为核心，取代以往仅依靠销售进行品牌推广的经营管理理念（Mpinganjira，2023）。其数字媒体的常用
载体主要包括图片、音频、视频、博客等。内容营销与企业的主要销售目标和品牌形象高度契合，
能够显著提升企业产品在不同渠道的销量，增强客户参与程度和口碑推荐意愿（Jiang et al.，2022）。
随着社会化媒体的兴起，企业开始利用不同维度的内容营销刺激方式，不断为消费者提供满足其需
求的优质内容，逐渐与其建立深层次的情感与信任关系（程明，2022）。不同学者对内容营销的维度
划分有所差异。有学者提出内容营销包括信息型内容、娱乐型内容和能够使消费者产生情感共鸣的
情感型内容（Dolan et al.，2019）。后续研究也从不同维度对内容营销的效果进行了分析，表 1 提供了
关于内容营销对消费者行为影响的文献总结。

表 1 内容营销对消费者行为影响文献梳理

参考文献	自变量	因变量	理论	研究结论
Dolan 等（2019）	信息型内容、娱乐型内容	购买意愿	用途和满足理论	基于信息的内容和基于娱乐的内容都对品牌识别产生显著的积极影响
Lou 等（2019）	信息型内容、娱乐型内容	品牌忠诚度和购买意愿	社会学习理论	消费者能从相关内容中获得价值，随后形成更有利的品牌态度、更高的品牌忠诚度和更高的购买意愿
Wahid 等（2023）	信息型内容、情感型内容	社交媒体参与	交换和使用理论	信息型内容比情感型内容会引发更高的社交媒体参与
卢亚丽（2022）	价值型、娱乐型、情感型	购买意愿	品牌认同理论	博物馆文创产品内容营销正向影响消费者的购买意愿
Izogo 和 Mpinganjira（2023）	内容营销	高产品参与度品牌与低产品参与度品牌	消费价值理论	内容营销在高产品参与度和低产品参与度品牌的品牌忠诚度中的机制不同
Jiang 等（2022）	内容营销	搜索型产品/体验型产品	价值理论	VSM-DCM 模式对不同产品的品牌态度和电子口碑意图有显著提升作用
Lou 和 Xie（2021）	内容营销	消费者忠诚度	信任理论	信息和互动内容对消费者忠诚度产生正向和显著的影响，而娱乐和情感内容对消费者没有积极和显著的影响

本研究将内容营销划分为信息型内容、娱乐型内容、情感型内容三个维度。信息型内容营销
主要以消费者对新产品的外观、功能价值、基本参数、实用性范围等方面的心理诉求为切入点，
强调新产品能够为消费者带来的功能价值或实用性收益（Lou et al.，2019）。消费者在接触此类内
容营销刺激时，若认为新产品能够给自己的生活提供便利，或满足某种特定的功能型需求等，便
会增强对该产品的购买意愿和口碑推荐意愿（Lou & Xie，2021）。娱乐型内容营销主要是指企业在
为新产品制订营销计划过程中，推广和强调新产品能够为消费者带来的娱乐型价值，以及消费者

在使用或体验新产品的过程中，能够获得的良好的使用体验和愉悦感，即能够给消费者带来更好的休闲、娱乐体验（Choi et al.，2018）。若消费者在接触娱乐型内容营销刺激过程中，能够自发地联想到产品为自身带来的良好的用户体验，或者自身在使用产品过程中，能够拥有良好的兴致和心理状态，便会增强对该产品的购买意愿和口碑推荐行为，同时增强对该产品的忠诚度和美誉度（Brown et al.，2013）。

此外，企业在内容营销过程中，也逐渐关注到同消费者内心情感的联结和交互，采用情感型的内容营销刺激增强和消费者之间的心理交互。社会化媒体中大多企业致力于和粉丝创造更深入的交互关系，通过联结用户、家人、朋友等相关群体的情感型诉求，结合产品为其创造良好的情感氛围和使用体验，开展情感型内容营销（Block et al.，2010）。表2展示了企业内容营销刺激范式的定义、特点与实例。

表2   企业内容营销刺激范式总结

内容营销刺激	信息型内容营销	娱乐型内容营销	情感型内容营销
基本定义	以消费者对新产品的外观、功能价值、基本参数、实用性范围等方面的心理诉求为切入点，强调新产品能够为消费者带来的功能价值或者实用性收益	强调消费者在使用或体验新产品的过程中，能够获得良好的使用体验，满足消费者的兴趣和需求，从而激发消费者的愉悦感、满足感	企业通过联结用户、家人、朋友等相关群体的情感型诉求，增强消费者对产品、企业、自身和相关群体的情感联结
内容特点	实用性强、信息真实准确、功能参数详尽规范	娱乐性强、能满足大众化娱乐需求	深度交互性、能定制化满足用户的情感需要
实例	"ThinkPad，工程师的选择"，联想ThinkPad在宣传时强调ThinkPad的品质、工作性能和可靠性	"一台电脑，多个形态，联想Yoga2 Pro"，联想Yoga通过发布有趣的视频，使用幽默的风格和生动的插图吸引消费者的关注	"放轻松，安全有我"，华为宣传"AITO问界M5智驾版"时，结合微博视频，紧扣自驾出行担心"疲劳"和心系平安两点

结合以往研究，可以看出内容营销帮助企业提升了产品销量，塑造了良好的品牌形象，增强了消费者的口碑推荐意愿。而不恰当的内容营销也会降低消费者的购买意愿，不利于产品的推广。以往研究虽然探讨了信息型、娱乐型和情感型三个维度内容营销方式对消费者行为的影响，但研究结果并不一致，其原因可能是未考虑不同产品类型的调节作用。早期的研究表明消费者对于不同类型产品的消费动机和消费需求存在差异（Crowley et al，1992），因此本研究引入产品类型作为调节变量，试图挖掘产品类型差异是否会引起内容营销对消费者口碑推荐的差异化影响。

2.2　功能性产品和享乐性产品的调节作用

功能性产品是指能够满足消费者日常生活需要、工作需要或者在执行某种特定任务时需要的产品，其使用范围和场景较为广泛，且品类较多，同消费者的日常生活消费行为有着十分密切的关系（Chen et al.，2017）。

消费者在选择功能性产品的过程中，会投入充足的时间和精力去了解该产品能够为自己的生活带来的价值，决策时间较长，并且会保持理智的消费心理行为状态，因此消费者会投入大量的时间，获取更多关于该产品的外观功能、基础参数等方面的基本信息，在保证信息充裕的情况下，再进行产品决策行为（Palazon & Delgado，2013）。

享乐性产品是指能够为消费者的生活提供乐享身心、缓解生活和工作疲劳作用的产品，能够显著提升消费者的生活品质，具备多元化、定制化、趣味性等特点，通常涉及趣味性较强或者奢侈的产品，能让消费者在使用过程中保持一种积极良好的生活心态。

消费者在选择享乐性产品的过程中，更多出于趣味性和享乐主义的心理动机，决策行为更加感性，因此消费者不会投入过多的时间和精力去了解产品的功能信息、基础参数等基本特点，会更加关注该种产品能否为自己带来愉悦的使用体验和心理状态（Zhong & Mitchell，2010）。同时，消费者更易受到身边相关群体和营销刺激的影响，决策更加感性（Zadelaar et al.，2021）。表 3 总结了功能性产品和享乐性产品的基本定义、产品举例、产品特点和消费者决策动机的内容。

表 3   功能性产品和享乐性产品

产品类型	功能性产品	享乐性产品
基本定义	满足消费者日常生活需要、工作需要或者在执行某种特定任务时需要的产品	能够为消费者的生活提供乐享身心、缓解生活和工作疲劳作用的产品
产品举例	挖掘机、刮胡刀等	糖果、游戏模型等
产品特点	功能独特性、迎合大众化市场需求、标准化产品、制作成本最小化	高趣味性、多元化、独特性、成本不固定
消费者决策动机	理性思维、决策时间较长、决策更依赖于产品的基本信息等	感性思维、决策时间较短、决策更易受到相关群体和营销刺激的影响

消费者选择不同产品的诉求点存在差异，这种差异可能源于消费者内在偏好，也可能源于产品的外部刺激（Vázquez et al.，2006）。社交媒体增强了内容营销的宣传效果（Kantrowitz，2014）。企业为了增强内容营销的话题性，会采用高知识含量的信息型内容、妙趣横生的娱乐型内容或者温暖怀旧的情感型内容吸引消费者参与品牌的话题讨论。动机理论指出，理智动机驱使消费者更加关注产品的实用性、经济性、可靠性等方面的信息，情感动机驱使消费者更加关注产品自身具有的趣味性、享乐性等特点（Gilliland & Bello，2002）。在进行内容营销的过程中，不同类型内容营销方式的关注点存在差异，信息型内容营销更关注消费者对实用性的诉求，内容更加真实准确；娱乐型与情感型内容营销更加关注消费者对趣味性与享乐性的诉求，内容更易满足大众的娱乐化及情感需要。因此，我们认为内容营销范式和产品类型对消费者口碑推荐的影响过程存在交互作用。基于内容营销和产

品类型匹配关系对消费者口碑推荐的影响作用，我们提出如下假设：

H1a：企业采用信息型内容营销刺激范式，相比享乐性产品，更有利于提升消费者对功能性产品的口碑推荐；

H1b：企业采用娱乐型内容营销刺激范式，相比功能性产品，更有利于提升消费者对享乐性产品的口碑推荐；

H1c：企业采用情感型内容营销刺激范式，相比功能性产品，更有利于提升消费者对享乐性产品的口碑推荐。

2.3 理智动机和情感动机的中介作用

以往研究普遍用动机理论解释人们消费行为的差异，特别是在企业市场中，想要维护现有客户并吸引潜在客户，必须深刻理解消费者的内在决策动机，同消费者建立良好的客户关系（Wang et al.，2023），利用客户的关系网络提高品牌的认可度和美誉度。早期学者大多从"培养长期客户资产"的角度细分消费者的决策动机（Tao & Kim，2022），然而在过去的20年中，有学者指出消费者的内在决策动机由理智动机和情感动机两部分组成（Gilliland & Bello，2002）。结合社会化媒体中用户的行为特点和年轻化的特征，本研究试图从理智动机和情感动机两个层面提供中介机制的论证。

理智动机是指消费者在选择新产品或服务的过程中，时刻保持的一种清醒的认知和公正的判断能力，主要体现在对新产品或服务的选择过程中能够不断寻找更真实或更有助于自身消费决策的信息等方面（Shin & Yoon，2016）。消费者的决策在受到理智动机驱动时，会更加关注新产品的实用性、经济性、可靠性、安全性、便利性及售后服务完整性等特点，保证消费的产品更加实用，性价比更高。

理智动机源于消费者对商品或服务信息适用性、经济性、可靠性和便利性等方面的评估，是消费者和企业关系效益的重要评估标准（Sweeney & Webb，2002）。管理学中提出的"经济人"假设，揭示了消费者理性的购买决策动机，该假设认为消费者在决定购买某种产品或者服务时，会作出"理性的经济的计算"。企业利用消费者的理性决策动机可以更好地维护客户关系（Gilliland & Bello，2002）。Sharma 等（2006）认为消费者理智动机决策可能会给企业带来正面作用，也可能不利于企业的品牌推广，最终取决于消费者和企业之间的关系效益。

情感动机是指由内心深处情绪驱动的如喜、怒、哀、乐和道德标准等心理状态诱发的消费动机。消费者在决策过程中能否得到内心的满足，取决于消费行为发生前对产品使用后的预期心理状态与实际心理状态间的对比，在预期判断的过程中，使消费者产生积极或消极的感情体验（Gruen et al.，2000）。消费者在行为决策过程中，如果受到情感动机的驱动，会更加关注产品和营销信息的以下几种特点：第一，好奇心理特征。消费者会受到产品独特精致的外观特征、颜色等参数的影响，反而不太在意产品是否经济实惠或者具备更高的性价比，例如跳跳糖、动感魔方等产品便是由于消费者追求新奇事物的心理特征，才受到广泛关注（Teixeira & Palmeira，2015）。第二，趣味性心理特征。新产品能否刺激消费者的消费行为取决于消费者对它的趣味性感知，若消费者认为使用后能够给自己带来愉快的购物体验，就能增强其购买决策行为（Silfverkuhalampi et al.，2015）。第三，情感共鸣心理特征。企业为了和顾客建立长期的消费合作关系,培育长期的客户资产,会更加注重和消费者之间的双向沟通行为,如果企业能够和消费者产生共情,就会显著提升品牌的美誉度,从而增强企业营销品牌的传播(Schultheiss et al., 2008)。第四,从众心理特征。消费者决策过程的独立性相对较差,很大程度上受到周围已经使用过该产品群体的影响,这种消费行为的连带反应会刺激群体中的个体产生和群体保持一致性的消费行为特点(Li & Wang, 2014)。

情感动机源于消费者购物过程或者体验过程中产生的一种友谊感、群体感、道德感和美感等方面的心理活动。企业和消费者之间的情感联结是维持长期利益关系的基础(Sharma et al., 2006)。情感动机具体表现为消费者和企业通过长时间接触而产生的一种熟悉感和依赖感,消费者在此过程中会产生一种强烈的维护长期关系的美好愿望,它源于情感的表达和共同价值观的维护(Bansal et al., 2004)。客户愿意帮助企业传播良好的品牌形象,源于客户对企业的喜爱和对合作关系的信任(Fullerton, 2005b)。因此,情感动机一般对企业和关系伙伴有正向的影响作用(Konovsky & Cropanzano, 1991),一般来讲,消费者对企业的情感动机越强烈,越利于企业维护良好的客户关系。表 4 总结了理智动机和情感动机的基本定义、决策关键因素等内容。

表 4   理智动机和情感动机

动机类型	理智动机	情感动机
基本定义	消费者在选择新产品或服务的过程中,时刻保持的一种清醒的认知和公正的判断能力,主要体现在对新产品或服务的选择过程中不断寻找更真实或者更有助于自身消费决策的信息等方面	指由内心深处情绪驱动的,如喜、怒、哀、乐和道德标准等心理状态诱发的消费动机。消费者在决策过程中能否得到内心的满足,取决于消费行为发生前对产品使用后的预期心理状态与实际心理状态间的对比,在预期判断的过程中,使消费者产生积极或消极的感情体验
决策关键因素	更关注产品的实用性、经济性、可靠性、安全性、便利性以及售后服务完善性	更关注产品的外观特征与趣味性、是否能让消费者产生情感共鸣

基于此,本研究认为信息型内容营销更能强化产品为消费者带来的功能价值或实用性收益,从而唤起消费者对产品实用性的关注,即驱动消费者对产品或服务的理智动机,而理智决策动机更有利于增强对功能性产品的口碑推荐意愿;此外,娱乐型和情感型内容营销更能强化产品带给消费者的情感满足,增强消费者对产品、企业、自身和相关群体的情感联结,即驱动消费者对商品或服务的情感动机,而情感决策动机更有利于增强对享乐性产品的口碑推荐意愿。因此我们提出假设:

H2a:信息型内容更能强化消费者的理智动机,进而增强消费者对功能性产品的口碑推荐。

H2b:娱乐型内容更能强化消费者的情感动机,进而增强消费者对享乐性产品的口碑推荐。

H2c:情感型内容更能强化消费者的情感动机,进而增强消费者对享乐性产品的口碑推荐。

综上所述,本研究的理论模型如图 1 所示。

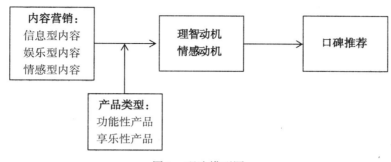

图 1 理论模型图

3. 研究一：内容营销范式和产品类型的交互作用对消费者口碑推荐的影响

为了初步检验不同形式的内容营销对消费者口碑推荐是否存在影响，本研究选择新浪微博作为研究对象，从网站中抓取了企业内容营销相关的帖子，用以分析消费者对不同形式内容营销的分享意愿是否存在差异，并探究产品类型是否对主效应存在调节作用。

3.1 数据收集

研究一以"新浪微博"作为二手数据源，为了保证数据的时效性和结果的稳定性，本研究选择"2016 年度企业微博风云排行榜"前十的企业作为参考对象，其中主要包括 OPPO 公司、华为公司、百度公司、高德地图等官方微博网站发布的所有和营销相关的帖子，具体抓取的内容包含企业发布每条帖子对应的标题内容、发布时间、点赞量、回复量和转发量数据。由于二手数据源存在干扰数据和缺失数据，因此本研究借助人工排查的方式，排除了偶然因素对本研究可能造成的干扰。

首先，我们对数据进行了初步的筛选，为了保证数据的有效性，充分验证消费者和企业内容营销之间的互动行为，本研究仅保留点赞量、回复量和转发量中至少有一个数值大于 500 的帖子，并且人工排除和内容营销无关的企业宣传信息后，选择具有较强科学性和实用价值的企业内容营销帖子作为本研究的二手数据源。

其次，参考以往研究对内容营销的划分标准（Berger et al, 2012），利用文本编码分析的方式将研究样本区分为信息型内容、娱乐型内容和情感型内容。为了提高实验结果的科学性和稳定性，我们组织另外 5 名不熟悉本研究的研究人员来帮助判别内容营销范式，具体的操作方式为，利用以往学者提供的较为成熟的量表，邀请相关专家对筛选后的帖子进行打分，分值的设置区间为 1~7 分，如果某帖子的信息型内容专家打分均值超过 4，而娱乐型内容和情感型内容专家打分均值均低于 4，且文本分析的结论也显示同专家打分一致，那么就可以认为该内容营销的帖子属于信息型内容。同理，娱乐型和情感型内容营销的帖子也采取同信息型内容营销帖子相同的操纵方式。专家基于以下题项对具体的内容营销材料进行打分。信息型内容判定测项如"该广告内容能让我获取更多有用的信息""该广告呈现的产品信息实用性很强"(改编自 Bazi et al., 2023；Dedeoglu et al., 2020)；娱乐型内容判定测项如"该广告文案让我觉得很有趣""该广告文案让我充满想象和好奇"(改编自 Hurwitz et al., 2018)；情感型内容判定测项如"该广告文案让我产生了情感共鸣""这则广告文案让我想起了自己的经历"(改编自 Sawaftah et al., 2021；Waqas et al., 2021)。

最后，我们通过总结以往关于功能性产品和享乐性产品的研究成果(Hirschman & Holbrook, 1982；Botti & McGill, 2011)，进一步区分内容营销帖子中产品的类型。同样，本研究邀请了 5 位和研究无关的研究人员，通过专家打分的方式，设置李克特七级打分量表，判定企业营销帖子中代言的产品属于功能性产品还是享乐性产品。当专家对产品的打分满足以下条件时，即对新产品的功能性属性打分均值高于 4，而对该产品的享乐性属性打分均值低于 4，本研究便认定该产品属于功能性产品。同理，享乐性产品的专家打分和判定标准同功能性产品类似。其中功能性产品和享乐性产品的专家打分和判定量表均借鉴以往学者关于新产品类型的相关研究。功能性产品判定测项如"该产品实用性很强""该产品能够帮助到我"(改编自 Yang et al., 2019；Shabi et al., 2021)；享乐性产品判定测项如"该产品的外观设计很好看""该产品让我感觉到快乐"(改编自 Aydinli et al., 2021；Zanetta et al., 2021)。最终的专家打分和判别结果表明，功能性产品如华为 Mate 9(主打商务旗舰功能)、路由器和儿童手表等，享乐性产品如华为 G9 Plus(主打外观设计和摄影)和电影等。

根据数据预处理和筛选分类结果，最终保留了 220 条企业内容营销相关的帖子，表 5 为不同类型内容营销帖子(信息型内容 vs. 娱乐型内容 vs. 情感型内容)数量和不同类型产品(功能性产品 vs. 享乐性产品)数量的交叉表。结果表明，本研究共计选择信息型内容营销帖子 78 条，其中，有 42 条属于功能性产品营销内容，36 条属于享乐性产品营销内容；娱乐型内容营销帖子 89 条，其中，有 42 条属于功能性产品营销内容，47 条属于享乐性产品营销内容；情感型内容营销帖子 53 条，其中，有 26 条属于功能性产品营销内容，27 条属于享乐性产品营销内容。不同内容营销范式的帖子数量和不同产品类型的帖子数量较为均衡，表明本研究具备较强的稳健性和实际价值。同时，本研究在表 6 中选取了部分抓取的数据内容，展示了内容营销范式(信息型内容营销/娱乐型内容营销/情感型内容营销)和产品类型(功能性产品/享乐性产品)对应的具体帖子的内容。

表 5 　　　　　　　　　　　　　　内容营销范式与产品类型交叉表

	功能性产品	享乐性产品	总计
信息型内容	42	36	78
娱乐型内容	42	47	89
情感型内容	26	27	53
总计	110	110	220

注：交叉表中的数字表示对应帖子数量。

产品系列	产品类型	内容营销范式	具体内容
华为 Mate9	功能性产品	信息型内容	#华为 Mate9#支持 Cat. 12 4G LTE 网络，全球支持多达 217 个国家和 1334 个运营商，配合独有的天际通功能，实现真正的全球漫游
华为 G9 Plus	享乐性产品	信息型内容	#华为 G9Plus#采用 1600 万像素摄像头，具有旗舰级新一代光学防抖功能，给你专业级拍照体验。升级版美颜美妆大法，只为留住更美的你
路由器	功能性产品	娱乐型内容	#华样聊天#华为路由 A1，双千兆，穿墙信号好，是华为给大户型打造的智能理想家居设备。告诉终端君，你有多需要华为路由 A1？
华为 nova	享乐性产品	娱乐型内容	#nova 星人#张艺兴爱创作大家都知道，可他的灵感来源是什么呢？快戳开视频，和他一起通过#华为 nova#寻找灵感吧
儿童手表	功能性产品	情感型内容	今年 #华为儿童手表#和@ 伊利 QQ 星 一起给大家准备了礼物哦~一起来玩个造句，圣诞节礼物等你拿！
英雄电影	享乐性产品	情感型内容	这是一个关于超能力的故事，谨以此片致敬 #平凡的超级英雄# L 一部超级英雄大片，但 99% 的人却看哭了！

表 6　　　　　　　　　　　　　　内容营销范式举例

注：此处仅列举部分企业内容营销帖子内容。

3.2　数据分析

内容营销对消费者口碑推荐意愿的影响：在对二手数据进行数据清洗和预处理后，我们比较了三种内容营销的帖子在点赞量、回复量和转发量上是否存在显著性差异。其中均值检验结果如图 2 所示。

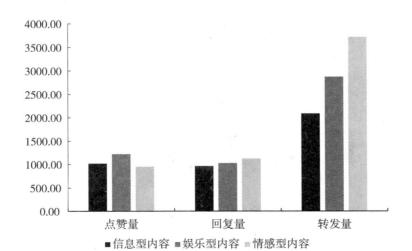

图 2　内容营销对消费者口碑推荐意愿的影响

159

通过 SPSS 提供的方差分析方法,本研究将不同帖子的点赞量、回复量和转发量作为因变量,同时将信息型内容、娱乐型内容和情感型内容作为自变量,通过方差分析研究不同内容营销范式对消费者口碑推荐的影响是否存在差异。分析结果显示,消费者对不同内容营销范式帖子的点赞量($M_{信息型内容} = 1015.74$,$M_{娱乐型内容} = 1222.13$,$M_{情感型内容} = 950.70$,$F(1,220) = 0.378$,$p = 0.686 > 0.05$)、回复量($M_{信息型内容} = 963.31$,$M_{娱乐型内容} = 1028.70$,$M_{情感型内容} = 1125.51$,$F(1,220) = 0.145$,$p = 0.865 > 0.05$)和转发量($M_{信息型内容} = 2088.14$,$M_{娱乐型内容} = 2877.03$,$M_{情感型内容} = 3722.77$,$F(1,220) = 0.743$,$p = 0.477 > 0.05$)均无显著性差异。内容营销的形式能够带来良好的口碑推广效果,却无法比较不同类型的内容营销范式的适用情境,因此我们引入产品类型作为调节变量,进一步探究内容营销与产品类型匹配方式对消费者口碑传播是否存在差异。

内容营销范式和产品类型的交互作用:为检验交互效应,我们使用 3(信息型内容 vs. 娱乐型内容 vs. 情感型内容)× 2(功能性 vs. 享乐性)分组方差分析,分析结果如图 3 所示。由分析结果可知:首先,对于信息型内容的帖子而言,点赞量($M_{功能性产品} = 1592.88$,$M_{享乐性产品} = 342.42$,$F(1,78) = 6.702$,$p = 0.016 < 0.05$)、回复量($M_{功能性产品} = 1430.23$,$M_{享乐性产品} = 416.33$,$F(1,78) = 4.030$,$p = 0.016 < 0.05$)和转发量($M_{功能性产品} = 3226.05$,$M_{享乐性产品} = 760.58$,$F(1,78) = 3.990$,$p = 0.049 < 0.05$)均表明信息型内容更利于功能性产品传播;其次,对于娱乐型内容的帖子而言,点赞量($M_{功能性产品} = 469.69$,$M_{享乐性产品} = 1894.53$,$F(1,89) = 13.277$,$p = 0.000 < 0.05$)、回复量($M_{功能性产品} = 542.19$,$M_{享乐性产品} = 1463.45$,$F(1,89) = 13.058$,$p = 0.001 < 0.05$)和转发量($M_{功能性产品} = 781.69$,$M_{享乐性产品} = 4749.47$,$F(1,89) = 3.991$,$p = 0.049 < 0.05$)均表明娱乐型内容更利于享乐性产品传播;最后,对于情感型内容的帖子而言,点赞量($M_{功能性产品} = 526.35$,$M_{享乐性产品} = 1359.33$,$F(1,53) = 4.525$,$p = 0.038 < 0.05$)、回复量($M_{功能性产品} = 568.62$,$M_{享乐性产品} = 1661.78$,$F(1,53) = 10.867$,$p = 0.002 < 0.05$)和转发量($M_{功能性产品} = 1003.73$,$M_{享乐性产品} = 6341.11$,$F(1,53) = 11.063$,$p = 0.002 < 0.05$)均表明情感型内容更利于享乐性产品传播。表 7 为内容营销范式和产品类型匹配作用对口碑推荐影响的描述统计分析结果。

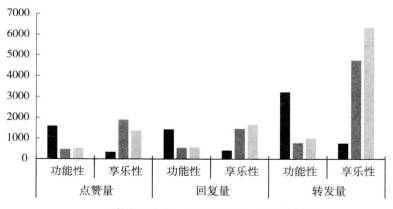

图 3　内容营销和产品类型匹配方差分析结果

表7   内容营销范式和产品类型匹配作用对口碑推荐的影响描述统计分析

内容营销范式	产品类型	点赞量		回复量		转发量	
		平均值	标准差	平均值	标准差	平均值	标准差
信息型内容	功能性产品（42）	1592.88	3025.28	1430.29	3022.52	3226.05	7391.18
	享乐性产品（36）	342.42	343.00	416.33	191.90	760.58	360.49
娱乐型内容	功能性产品（42）	469.69	423.27	542.19	328.90	781.69	515.57
	享乐性产品（47）	1894.53	2500.95	1463.45	1621.73	4749.47	12854.17
情感型内容	功能性产品（26）	526.35	511.72	568.62	278.15	1003.73	772.31
	享乐性产品（27）	1359.33	1931.87	1661.78	1668.12	6341.11	8144.21

注：表中产品类型括号内表示个案数。

最后，为了检验内容营销和产品类型之间的交互作用，我们使用点赞量、回复和转发量作为因变量，将"内容营销范式"和"产品类型"作为固定因子，使用单因素 F 分析来检验交互效应。根据分析结果可知，不管是在点赞量（调整后 $R^2 = 0.080$，$F(1, 220) = 10.776$，$p = 0.000 < 0.001$）、回复量（调整后 $R^2 = 0.088$，$F(1, 220) = 9.358$，$p = 0.000 < 0.001$）还是转发量（调整后 $R^2 = 0.074$，$F(1, 220) = 5.721$，$p = 0.004 < 0.05$）上，交互效应均显著，说明产品类型对内容营销和消费者口碑推荐意愿之间的影响存在显著调节作用。

3.3 结果讨论

研究一基于二手数据的初步分析发现：企业在推广新产品的过程中，通过社交媒体发布不同形式的内容开展营销活动，例如信息型内容、娱乐型内容和情感型内容。对于功能性产品而言，信息型内容更能提高消费者的口碑推荐意愿；对于享乐性产品而言，娱乐型内容和情感型内容对提高消费者口碑推荐意愿更有效。预研究部分对本研究的主效应和调节效应均作出了检验，接下来我们将通过实验设计的方法重复探究预实验结果的合理性，并进一步检验有调节的中介效应机制。

4. 研究二：内容营销范式的中介机制研究

为了进一步检验内容营销范式和产品类型匹配方式的调节中介机制，我们采用情景实验的方法验证上文提出的假设。

4.1 研究设计与数据收集

本研究采用3（内容营销刺激：信息型内容，娱乐型内容，情感型内容）×2（产品类型：功能性产品，享乐性产品）的因子矩阵设计。218 名来自某大学的大学生参与了本轮研究。参与调查的男性比例为 51.4%，女性比例为 48.6%，被调查者随机分配到 6 个小组中，样本年龄在 18~25 岁。

首先，借鉴以往研究，我们选择手机为功能性产品刺激物，糖果为享乐性产品刺激物（Botti & McGill，2011）。随后设计让消费者进入以下情景"假设您正计划购买一款手机（糖果），您在浏览某知名购物网站时，恰巧看到一则产品宣传广告"，消费者被随机分配到信息型广告刺激组、娱乐型广告刺激组和情感型广告刺激组，广告内容由网络二手数据改编，不同广告类型和产品类型均借鉴以往学者的量表进行操控检验（Berger & Milkman，2012；Crowley et al.，1992）。

接着，研究测量了消费者对不同广告文案的口碑推荐意愿，相关量表改编自 Brakus 等（2009）的研究，具体为：我会转发这篇广告；我愿意转发这篇广告；我愿意跟大家分享和讨论这篇广告；我会跟同学或朋友聊到这篇广告；我会跟身边的人聊到这篇广告代言的产品。对于动机测量的题项改编自 Xiao 等（2022）的研究。理智动机的测量题项为：我做决定前会经过慎重的思考；我会把它当作任务一样理性分析；我会首先做出系统全面的分析；我很注重决策的逻辑和理性。情感动机的测量题项为：我很注重购物过程中心情是否愉悦；我做决策很大程度上会受到心情的影响；我愿意购买让我感到开心的商品；我喜欢购买趣味性较强的商品；我更喜欢轻松愉悦的购物氛围。所有测项均为 7 级量表，其中"1"代表"非常不同意"；"7"代表"非常同意"。

4.2 结果分析

操控检验：被试对不同内容营销形式的感知水平存在显著性差异。在信息型内容刺激分组中，被试对广告文案的感知信息水平明显较高（$M_{感知信息水平}$ = 5.41，SD = 0.93；$M_{感知娱乐水平}$ = 3.69，SD = 1.22；$M_{感知情感水平}$ = 3.00，SD = 0.93；$F(1, 218)$ = 105.27，$p < 0.001$）；娱乐型内容刺激分组中，被试对广告文案的感知娱乐水平更高（$M_{感知信息水平}$ = 3.63，SD = 0.85；$M_{感知娱乐水平}$ = 5.22，SD = 0.75；$M_{感知情感水平}$ = 3.45，SD = 0.83；$F(1, 218)$ = 104.33，$p < 0.001$）；同样，在情感型内容刺激分组中，被试对广告文案的感知情感水平更高（$M_{感知信息水平}$ = 2.94，SD = 0.71；$M_{感知娱乐水平}$ = 3.08，SD = 0.78；$M_{感知情感水平}$ = 5.01，SD = 0.90；$F(1, 218)$ = 153.66，$p < 0.001$）。因此，关于广告文案的内容营销刺激操纵是成功的。

另外，被试对不同产品刺激物的感知水平也存在显著性差异。在功能性产品刺激分组中，被试对产品的功能感知水平明显较高（$M_{感知功能性}$ = 5.77，SD = 0.96；$M_{感知享乐性}$ = 3.55，SD = 1.11；$F(1, 218)$ = 248.84，$p < 0.001$）；在享乐性产品刺激分组中，被试对产品的享乐感知水平更高（$M_{感知功能性}$ = 2.57，SD = 0.95；$M_{感知享乐性}$ = 5.39，SD = 1.04；$F(1, 218)$ = 437.36，$p < 0.001$）。因此，关于产品类型的刺激物操纵也是成功的。

主效应分析：首先，本研究试图分析不同类型内容营销刺激对消费者口碑推荐意愿的影响是否存在差异。方差分析结果显示，内容营销能够促进消费者口碑推荐意愿，而不同类型内容营销刺激对消费者口碑推荐意愿的影响不存在显著性差异（$M_{信息型}$ = 5.10，SD = 1.04；$M_{娱乐型}$ = 4.86，SD = 0.90；$M_{情感型}$ = 4.89，SD = 0.97；$F(1, 218)$ = 1.26，$p = 0.286$）。图 4 为均值分析图。

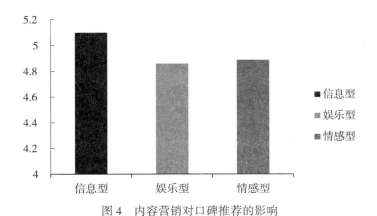

图 4　内容营销对口碑推荐的影响

调节效应分析：接着，我们引入产品类型作为调节变量，检验产品类型在模型中的调节作用。以"口碑推荐"为因变量，将"内容营销类型"和"产品类型"作为固定因子，用单因素 F 检验的方法检验调节效应。结果如图 5 所示。

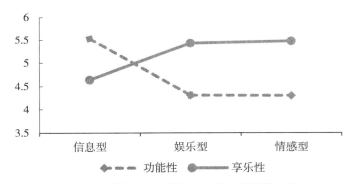

图 5　内容营销和产品类型交互对口碑推荐的影响

根据调节效应分析发现，交互效应显著（调整后 $R^2 = 0.298$；$F(1, 218) = 37.47$，$p < 0.001$，$\eta^2 = 0.14$）。由检验结果可知，被试在信息型内容的刺激下，对功能性产品的口碑推荐意愿较高（$M_{功能性} = 5.53$，SD $= 0.76$；$M_{享乐性} = 4.64$，SD $= 1.11$；$F(1, 72) = 15.68$，$p < 0.001$，Cohen's d $= 0.94$）；在娱乐型内容的刺激下，对享乐性产品的口碑推荐意愿更高（$M_{功能性} = 4.31$，SD $= 0.67$；$M_{享乐性} = 5.43$，SD $= 0.74$；$F(1, 71) = 45.14$，$p < 0.001$，Cohen's d $= 1.59$）；在情感型内容的刺激下，对享乐性产品的口碑推荐意愿更高（$M_{功能性} = 4.30$，SD $= 0.77$；$M_{享乐性} = 5.47$，SD $= 0.79$；$F(1, 75) = 42.85$，$p < 0.001$，Cohen's d $= 1.50$）。研究结果同研究一相同，即假设 H1a、H1b 和 H1c 均得到验证。

信息型内容中介机制检验：我们首先采用 Baron 和 Kenny（1986）的回归分析方式检验中介效应，随后依据 Bootstrap 程序再次进行中介效应检验（Hayes，2013）。

如表 8 所示，信息型内容中介机制检验包括四个模型。我们先用信息型内容、产品类型、信息型内容×产品类型对口碑推荐进行回归，得出交互项显著（模型 1）；其次用信息型内容、产品类型、信息型内容×产品类型对理智动机进行回归, 交互项显著(模型 2); 再次用信息型内容、产品类型、信息型内容×产品类型对情感动机进行回归, 交互项不显著(模型 3); 最后用信息型内容、产品类型、信息型内容×产品类型、理智动机和情感动机对口碑推荐进行回归, 发现理智动机显著且情感动机不显著, 交互项也不再显著(模型 4)。回归分析显示, 理智动机在模型中存在完全中介作用。

表 8 信息型内容中介机制检验

变量	模型 1 口碑推荐		模型 2 理智动机		模型 3 情感动机		模型 4 口碑推荐	
	β	t	β	t	β	t	β	t
信息型内容	0.27	1.87	0.33*	2.18	0.01	0.06	0.17	1.22
产品类型	-1.56**	-2.78	-1.32*	-2.20	0.003	0.004	-1.19	-2.12
信息型内容×产品类型	**1.25***	2.32	**1.23***	2.15	0.346	0.50	**0.91**	1.69
理智动机							**0.28***	2.47
情感动机							-0.01	-0.12
调整后 R^2	0.46		0.39		0.08		0.47	

注: * 代表 $p<0.05$, ** 代表 $p<0.01$, *** 代表 $p<0.001$。下同。

我们使用 Bootstrap 方法再次进行中介检验, 选择模型 8, 样本量 5000, 在 95% 的置信水平下, 对理智动机的中介效应检验中, 有调节的中介效应的区间没有包括 0(LLCL = 0.19, ULCL = 0.69), 表明有调节的中介效应存在, 且当中介存在时, 内容营销和产品类型的交互效应的区间包含 0 (LLCL = -0.80, ULCL = 1.80), 因此理智动机对信息型内容和产品类型的交互项存在完全中介效应。

娱乐型内容中介机制检验: 如表 9 所示, 娱乐型内容中介机制检验包括四个模型。我们先用娱乐型内容、产品类型、娱乐型内容×产品类型对口碑推荐进行回归, 得出交互项显著(模型 1); 其次用娱乐型内容、产品类型、娱乐型内容×产品类型对理智动机进行回归, 交互项不显著(模型 2); 再次用娱乐型内容、产品类型、娱乐型内容×产品类型对情感动机进行回归, 交互项显著(模型 3); 最后用娱乐型内容、产品类型、娱乐型内容×产品类型、理智动机和情感动机对口碑推荐进行回归, 发现情感动机显著且理智动机不显著, 交互项也不再显著(模型 4)。回归分析显示, 情感动机在模型中存在完全中介作用。

表 9 娱乐型内容中介机制检验

变量	模型 1 口碑推荐		模型 2 理智动机		模型 3 情感动机		模型 4 口碑推荐	
	β	t	β	t	β	t	β	t
娱乐型内容	0.30*	2.48	0.15	0.43	0.30*	2.02	0.22	1.81
产品类型	-0.88	-1.47	-0.40	-0.43	-1.31	-1.85	-0.49	-0.85
娱乐型内容×产品类型	**1.39***	2.18	0.55	0.57	**1.65***	2.17	**0.90**	1.44

变量	模型 1 口碑推荐		模型 2 理智动机		模型 3 情感动机		模型 4 口碑推荐	
	β	t	β	t	β	t	β	t
理智动机							−0.003	−0.04
情感动机							**0.30****	3.02
调整后 R^2	0.60		0.05		0.44		0.64	

我们使用 Bootstrap 方法再次进行中介检验，选择模型 8，样本量 5000，在 95% 的置信水平下，对情感动机的中介效应检验中，有调节的中介效应的区间没有包括 0（LLCL = 0.26，ULCL = 0.74），表明有调节的中介效应存在，且当中介存在时，内容营销和产品类型的交互效应的区间包含 0（LLCL = −1.42，ULCL = 0.77），因此情感动机对娱乐型内容和产品类型的交互项存在完全中介效应。

情感型内容中介机制检验：如表 10 所示，情感型内容中介机制检验包括四个模型。我们先用情感型内容、产品类型、情感型内容×产品类型对口碑推荐进行回归，得出交互项显著（模型 1）；其次用情感型内容、产品类型、情感型内容×产品类型对理智动机进行回归，交互项不显著（模型 2）；再次用情感型内容、产品类型、情感型内容×产品类型对情感动机进行回归，交互项显著（模型 3）；最后用情感型内容、产品类型、情感型内容×产品类型、理智动机和情感动机对口碑推荐进行回归，发现情感动机显著且理智动机不显著，交互项显著但回归系数变小了（模型 4）。回归分析显示，情感动机在模型中存在部分中介作用。

我们使用 Bootstrap 方法再次进行中介检验，选择模型 8，样本量 5000，在 95% 的置信水平下，对情感动机的中介效应检验中，有调节的中介效应的区间没有包括 0（LLCL = 0.06，ULCL = 0.20），表明有调节的中介效应存在，且当中介存在时，内容营销和产品类型的交互效应的区间不包含 0（LLCL = 0.59，ULCL = 2.87），因此情感动机对情感型内容和产品类型的交互项存在部分中介效应。

表 10   **情感型内容中介机制检验**

变量	模型 1 口碑推荐		模型 2 理智动机		模型 3 情感动机		模型 4 口碑推荐	
	β	t	β	t	β	t	β	t
情感型内容	0.31**	2.74	0.28	1.53	0.27*	2.25	0.25*	2.13
产品类型	−0.88	−1.89	0.18	0.24	−0.74	−1.51	−0.67	−1.47
情感型内容×产品类型	**1.37****	2.72	−0.22	−0.28	**1.26***	2.36	**1.03***	2.02
理智动机							−0.03	−0.42
情感动机							**0.27***	2.47
调整后 R^2	0.61		0.02		0.56		0.63	

4.3　结果讨论

研究二通过实验法研究，在重复检验主效应和调节效应的同时，深度剖析了理智动机和情感动机在模型中的中介作用机制。其中信息型内容、娱乐型内容和情感型内容在方差分析检验中，被试口碑推荐意愿的均值均大于 4($M_{信息型}$ = 5.10，SD = 1.04；$M_{娱乐型}$ = 4.86，SD = 0.90；$M_{情感型}$ = 4.89，SD = 0.97；$F(1,218)$ = 1.26，p = 0.286)，说明三种类型的内容营销方式均能带来良好的口碑传播效果。但是引入产品类型(功能性/享乐性)作为调节项时，发现被试对这两种产品的口碑推荐意愿存在显著性差异，信息型内容刺激对功能性产品更加有效，而娱乐型内容和情感型内容刺激对享乐性产品更加有效，研究二结果与研究一相同，结论支持假设 H1a、H1b 和 H1c。

同时，本研究在中介机制检验中，发现理智动机在信息型内容和产品类型交互项对口碑推荐意愿的影响过程中存在完全中介作用，情感动机在娱乐型内容和产品类型交互项以及情感型内容和产品类型交互项对口碑推荐意愿的影响过程中分别存在完全中介作用和部分中介作用。实验法结果支持 H2a、H2b 和 H2c。综上所述，二手数据和实验法结果支持本文提出的所有假设。

5.　研究贡献和未来研究方向

5.1　研究结论

本文以社会化媒体中的内容营销作为切入点，通过二手数据和实验法深入探究了不同类型内容营销的传播效果，主要结论如下：

(1)不同类型产品调节了内容营销对消费者口碑推荐意愿的影响。对于功能性产品而言，信息型内容营销更能提高消费者的口碑推荐意愿；对于享乐性产品而言，娱乐型和情感型内容营销对提高消费者口碑推荐意愿更有效。

(2)不同决策动机中介了内容营销和产品类型交互对口碑推荐的影响。对于信息型内容营销方式而言，驱动消费者理智动机更有利于功能性产品的口碑推荐意愿；对于娱乐型内容和情感型内容作为营销宣传方式而言，驱动消费者情感动机更有利于享乐性产品的口碑推荐意愿。理智动机在信息型内容和产品类型交互项对口碑推荐意愿的影响过程中存在完全中介作用，情感动机在娱乐型内容和产品类型交互项以及情感型内容和产品类型交互项对口碑推荐意愿的影响过程中分别存在完全中介作用和部分中介作用。

5.2　理论贡献

通过对社会化媒体中企业内容营销作用效果的研究，二手数据分析结果和实验法研究的结论主要提供以下三个重要的理论贡献：

（1）拓宽了对内容营销范式的研究。以往研究虽然也探讨了信息型、娱乐型和情感型三个维度内容营销范式对消费者行为的影响，但研究结果不一致，其原因可能是未考虑不同产品类型的调节作用。虽有学者关注到了不同类型产品的内容营销存在差异，但未从不同内容营销维度进行分析。基于此，本研究重点关注了不同维度内容营销与不同产品类型之间的交互作用，拓宽了对内容营销范式的研究。

（2）深化了对产品差异化理论的理解。功能性产品和享乐性产品由于自身属性的差异，会导致消费者对产品属性的关注点存在差别。部分学者虽针对差异化的产品进行了内容营销的研究，但是未关注到功能性产品与享乐性产品在内容营销领域的研究。企业可以对产品采用不同类型的内容营销范式，即使是对功能属性或者享乐属性相似程度较高的产品而言，消费者也会对不同的内容营销刺激产生不同的偏好。产品差异是主导市场的关键因素之一，企业能否成功控制市场，很重要的一个评价因素就是产品是否能够区别于传统市场，因此内容营销范式和产品功能/享乐属性的匹配方式对市场是至关重要的。

（3）拓展了对动机理论的认知。以往学者对于动机理论的研究较为广泛，其中划分依据和划分标准也不尽相同，本文结合产品类型差异的观点，重点探究了理智动机和情感动机在内容营销传播过程中的中介机制。研究结果表明社会化媒体中的消费者不仅注重信息获取，也会注重情感的表达，根本原因在于内容刺激和产品属性的差异，本研究丰富了动机理论在企业内容营销传播领域的应用。

5.3　管理意义

（1）有助于企业制定合适的内容营销策略。企业应当针对不同类型的产品采取不同的内容营销策略。本研究认为，对于受消费者理性动机、长时间决策影响的功能性产品（例如相机、移动硬盘）来说，企业应当注重对信息型内容的传播；对于受消费者情感动机、短时间决策影响的享乐性产品（例如电影、糖果类食品）来说，企业应当注重对娱乐型与情感型内容的传播。

（2）有助于企业认识不同维度内容营销的作用。在管理中，企业需要对信息型、情感型、娱乐型等内容营销进行区别。以往研究大多将内容营销作为单一营销方式，探讨其对消费者行为的影响，忽视了对不同维度营销细节的把握，可能造成企业不恰当的营销推广。因此企业在利用内容营销进行推广时，要正确分析不同维度内容营销的效果，采用正确的内容营销方式。

5.4　未来研究方向

内容营销能让企业和消费者更加亲近，是个具有较强营销意义和战略意义的课题，未来关于内容营销方面，仍有较多值得深入挖掘和讨论的内容。

首先，虽然已有研究从消费者视角出发，引入产品涉入度作为调节变量探讨内容营销对消费者行为的影响，但未关注到内容营销刺激因为产品差异而造成的营销效果的差别，在未来研究中有待深入挖掘。同时可以通过探讨消费者态度、消费者偏好等其他调节变量对研究模型进行丰富。

其次，已有研究虽然探讨了不同维度的内容营销刺激带来的传播效果差异，但未考虑到刺激方式与企业品牌形象的匹配性问题。有学者已经证实电商平台中品牌形象的匹配性以及品牌代言人与品牌形象的匹配均会产生不同的效果，那么当内容营销刺激的方式和企业品牌形象匹配性不高时，是否会影响内容营销传播效果，有待深入研究。

最后，本文通过实证研究发现不同类型产品调节了内容营销对消费者口碑推荐意愿的影响，而口碑推荐对消费者购买行为的影响效果可能存在差异，对于不同内容营销刺激方式，购买意愿和口碑推荐之间是否存在差异或者联系，这有待在后续研究中深入探讨。

◎ 参考文献

[1]程明，龚兵，王灏. 论数字时代内容营销的价值观念与价值创造路径[J]. 出版科学，2022，30(3).

[2]黄敏学，郑仕勇，王琦缘. 网络关系与口碑"爆点"识别——基于社会影响理论的实证研究[J]. 南开管理评论，2019，22(2).

[3]卢亚丽，樊林芳，翟露雨. 博物馆文创产品内容营销对消费者购买意愿的影响研究[J]. 华北水利水电大学学报(社会科学版)，2022，38(4).

[4]张建. 短视频内容营销对消费者购买决策的影响机制研究[J]. 商业经济研究，2023(4).

[5]Bazi, S., Filieri, R., Gorton, M. Social media content aesthetic quality and customer engagement: The mediating role of entertainment and impacts on brand love and loyalty[J]. Journal of Business Research, 2023, 160(4).

[6]Berger, J., Milkman, K. L. What makes online content viral? [J]. Journal of Marketing Research, 2012, 49(2).

[7]Block, S. D., Greenberg, S. N., Goodman, G. S. Remembrance of eyewitness testimony: Effects of emotional content, self-relevance, and emotional tone[J]. Journal of Applied Social Psychology, 2010, 39(12).

[8]Brown, J. D., Zhao, X., Wang, M. N., et al. Love is all you need: Content analysis of romantic scenes in Chinese entertainment television[J]. Asian Journal of Communication, 2013, 23(3).

[9]Chen, C. Y., Lee, L., Yap, A. J. Control deprivation motivates acquisition of utilitarian products [J]. Journal of Consumer Research, 2017, 43(6).

[10]Choi, D., Bang, H., Wojdynski, B. W., et al. How brand disclosure timing and brand prominence influence consumer's intention to share branded entertainment content [J]. Journal of Interactive Marketing, 2018, 42(1).

[11]Dedeoglu, B. B., Taheri, B., Okumus, F., et al. Understanding the importance that consumers attach to social media sharing (ISMS): Scale development and validation[J]. Tourism Management, 2020, 76(3).

[12]Dolan, R., Conduit, J., Frethey-Bentham, C., et al. Social media engagement behavior: A framework for engaging customers through social media content [J]. European Journal of Marketing, 2019, 53

（10）.

［13］Fullerton, G. The impact of brand commitment on loyalty in retail service brands［J］. Canadian Journal of Administrative Sciences, 2005, 22(2).

［14］Gilliland, D. I., Bello, D. C. Two sides to attitudinal commitment: The effect of calculative and loyalty commitment on enforcement mechanisms in distribution channels［J］. Journal of the Academy of Marketing Science, 2002, 30(1).

［15］Gruen, T. W., Summers, J. O., Acito, F. Relationship marketing activities, commitment and membership behaviors in professional associations［J］. Journal of Marketing, 2000, 64(3).

［16］Hirschman, E. C., Holbrook, M. B. Hedonic consumption: Emerging concepts, methods and propositions［J］. Journal of Marketing, 1982, 46(3).

［17］Hurwitz, L. B., Alvarez, A. L., Lauricella, A. R., et al. Content analysis across new media platforms: Methodological considerations for capturing media-rich data［J］. New Media & Society, 2018, 20(2).

［18］Jiang, Y. P., Cheng, B. Q., Han, C. Y. Impact of content marketing on consumer loyalty on cross-border e-commerce import platforms［J］. Transformations in Business & Economics, 2022, 21(3).

［19］Kantrowitz, A. The CMO's guide to marketing automation［J］. Advertising Age, 2014, 85(17).

［20］Konovsky, M. A., Cropanzano, R. Perceived fairness of employee drug testing as a predictor of employee attitudes and job performance［J］. Journal of Applied Psychology, 1991, 76(5).

［21］Li, M., Wang, Z. Emotional labour strategies as mediators of the relationship between public service motivation and job satisfaction in Chinese teachers［J］. International Journal of Psychology, 2014, 51(3).

［22］Lou, C., Xie, Q. Something social, something entertaining? How digital content marketing augments consumer experience and brand loyalty［J］. International Journal of Advertising, 2021, 40(3).

［23］Palazon, M., Delgado-Ballester, E. Hedonic or utilitarian premiums: Does it matter? ［J］. European Journal of Marketing, 2013, 47(8).

［24］Sabermajidi, N., Valaei, N., Balaji, M. S., et al. Measuring brand-related content in social media: Socialization theory perspective［J］. Information Technology & People, 2020, 33(4).

［25］Sawaftah, D., Aljarah, A., Lahuerta-Otero, E. Power brand defense up, my friend! Stimulating brand defense through digital content marketing［J］. Sustainability, 2021, 13(18).

［26］Schultheiss, O. C., Jones, N. M., Davis, A. Q., et al. The role of implicit motivation in hot and cold goal pursuit: Effects on goal progress, goal rumination, and emotional well-being［J］. Journal of Research in Personality, 2008, 42(4).

［27］Sharma, N., Young, L., Wilkinson, I. F. The commitment mix: Dimensions of commitment in international trading relationships in India［J］. Journal of International Marketing, 2006, 14(3).

［28］Shin, S., Yoon, S. Consumer motivation for the decision to boycott: The social dilemma ［J］. International Journal of Consumer Studies, 2018, 42(4).

［29］Silfverkuhalampi, M., Figueiredo, A., Sortheix, F., et al. Humiliated self, bad self or bad behavior?

The relations between moral emotional appraisals and moral motivation[J]. Journal of Moral Education, 2015, 44(2).

[30]Sweeney, J. C., Webb, D. Relationship benefits: An exploration of buyer-supplier dyads[J]. Journal of Relationship Marketing, 2002, 1(2).

[31]Tao, S. T., Kim, H. S. Online customer reviews: Insights from the coffee shops industry and the moderating effect of business types[J]. Tourism Review, 2022, 77(5).

[32]Teixeira, D. S., Palmeira, A. L. Analysis of the indirect effects of the quality of motivation on the relation between need satisfaction and emotional response to exercise[J]. International Journal of Sport Psychology, 2015, 46(4).

[33]Vázquez-Carrasco, R., Foxall, G. R. Positive vs. negative switching barriers: The influence of service consumers' need for variety[J]. Journal of Consumer Behaviour, 2006, 5(4).

[34]Wahid, R., Karjaluoto, H., Taiminen, K., et al. Becoming TikTok famous: Strategies for global brands to engage consumers in an emerging market[J]. Journal of International Marketing, 2023, 31(1).

[35]Wang, M. Y., Li, Y. Q., Ruan, W. Q., et al. How B&B experience affects customer value cocreation under the social servicescape: An emotional psychological perspective[J]. Tourism Review, 2023, 78(1).

[36]Xiao, J., Gong, Y. P., Li, J., et al. A study on the relationship between consumer motivations and subjective well-being: A latent profile analysis[J]. Frontiers in Psychology, 2022, 13(5).

[37]Zadelaar, J. N., Van Rentergem, J. A. A., Schaaf, J. V., et al. Development of decision making based on internal and external information: A hierarchical Bayesian approach[J]. Judgment and Decision Making, 2021, 16(6).

[38]Zheng, S. Y., Chen, J. D., Liao, J. Y., et al. What motivates users? Viewing and purchasing behavior motivations in live streaming: A stream-streamer-viewer perspective [J]. Journal of Retailing and Consumer Services, 2023, 72(1).

[39]Zheng, S. Y., Wu, M. Y., Liao, J. Y. The impact of destination live streaming on viewers' travel intention[J]. Current Issues in Tourism, 2023, 26(2).

[40]Zhong, J. Y., Mitchell, V. A mechanism model of the effect of hedonic product consumption on well-being[J]. Journal of Consumer Psychology, 2010, 20(2).

Why Are Fans so Insane? —Research on the Effectiveness of Social Media Advertising on Communication Based on Enterprise Content Marketing

Zheng Shiyong[1,2] Li Wenjie[3] Liu Hua[2]

(1 Management School, Hainan University, Haikou, 570228;

2 School of Business, Guilin University of Electronic Technology, Guilin, 541004;

3 School of Business Administration, Shandong University of Finance and Economics, Jinan, 250014)

Abstract: The social media has created excellent opportunities for innovation and growth for business.

Social media enhances the diversity of content marketing communication, and businesses place greater emphasis on "connection" and "empathy" with users. According to a number of scholars, emotional content can facilitate a strong connection between businesses and consumers, resulting in effective content marketing communication. Therefore, this study examines in depth the influence of information content, entertainment content, and emotional content within the field of content marketing, using social media content marketing as the starting point. The information content marketing communication model is more conducive to the marketing and promotion of functional products than hedonic products, according to secondary data and experimental research. The marketing communication mode of entertainment content and emotional content is more conducive to the marketing promotion of hedonic products than that of functional products. Intellectual motivation is a variable that mediates the influence of information content and product type on word-of-mouth endorsement. In the process of the interaction between entertainment content/emotional content and product type on word-of-mouth recommendation, emotional motivation is the intermediate variable.

Key words：Content marketing；Product type；Rational motivation；Emotional motivation；Word-of-mouth recommendations

专业主编：寿志钢

2023 年总目录

第 1 辑

第 2 辑

第 3 辑

投 稿 指 南

《珞珈管理评论》是由武汉大学主管、武汉大学经济与管理学院主办的管理类集刊，创办于2007年，由武汉大学出版社出版。2017年始入选《中文社会科学引文索引（2017—2018年）来源集刊目录》（CSSCI），2021年《珞珈管理评论》再次入选《中文社会科学引文索引（2021—2022年）来源集刊目录》，2023年，《珞珈管理评论》入选中国人文社会科学期刊AMI（集刊）核心集刊。

自2022年第40辑起，《珞珈管理评论》每2个月出版1辑。

《珞珈管理评论》 以服务中国管理理论与实践的创新为宗旨，以促进管理学学科繁荣发展为使命。本集刊主要发表管理学领域有关本土问题、本土情境的学术论文，介绍知识创造和新方法的运用，推广具有实践基础的研究成果。热忱欢迎国内外管理学研究者踊跃赐稿。敬请投稿者注意以下事项：

1. 严格执行双向匿名评审制度；不收取版面费、审稿费等任何费用。

2. 启用网上投稿、审稿系统，请作者进入本网站（http://jmr.whu.edu.cn）的"作者中心"在线投稿。根据相关提示操作，即可完成注册、投稿。上传稿内容包括：文章标题、中文摘要（300字左右）、关键词（3～5个）、中图分类号、正文、参考文献、英文标题、英文摘要。完成投稿后，还可以通过"作者中心"在线查询稿件处理状态。如有疑问，可与《珞珈管理评论》编辑部（027-68755911）联系。不接受纸质版投稿。

3. 上传文稿为Word和PDF两种格式，请用正式的ＧＢ简体汉字横排书写，文字清晰，标点符号规范合理，句段语义完整，全文连贯通畅，可读性好；全文以10000字左右为宜（有价值的综述性论文，可放宽到15000字，包括图表在内），论文篇幅应与其贡献相匹配。图表、公式、符号、上下角标、外文字母印刷体应符合规范。若论文研究工作受省部级以上基金项目支持，请用脚注方式注明基金名称和项目编号。

4. 正文文稿格式为：（中文）主题→作者姓名→工作单位→摘要→关键词（3～5个）→1引言（正文一级标题）→内容（1．1（正文二级标题）…，1．2…）……→结论→参考文献→（英文）主题→作者姓名→工作单位→摘要→关键词→附录；摘要不超过300字。

5. 来稿录用后，按规定赠予当期印刷物两本（若作者较多，会酌情加寄）。

6. 注释、引文和参考文献，各著录项的具体格式请参照网站投稿指南。

7. 文责自负。作者须郑重承诺投稿论文为原始论文，文中全部或者部分内容从来没有以任何形式在其他任何刊物上发表过，不存在重复投稿问题，不存在任何剽窃与抄袭。一旦发现论文涉及以上问题，本编辑部有权采取必要措施，挽回不良影响。

8. 作者应保证拥有论文的全部版权（包括重印、翻译、图像制作、微缩、电子制作和一切类似的重新制作）。作者向本集刊投稿行为即视作作者同意将该论文的版权，包括纸质出版、电子出版、多媒体出版、网络出版、翻译出版及其他形式的出版权利，自动转让给《珞珈管理评论》编辑部。